U0877962

产业与区域经济法治研究丛书

陈婉玲 主编

RESEARCH ON
GOVERNMENT POWER ALLOCATION IN

PUBLIC-PRIVATE PARTNERSHIP

公私合作（PPP）模式政府权力配置研究

陈婉玲 胡莹莹◎著

法律出版社
LAW PRESS·CHINA
北京

图书在版编目(CIP)数据

公私合作(PPP)模式政府权力配置研究 / 陈婉玲，胡莹莹著. -- 北京 : 法律出版社，2022(2023.7 重印)
(产业与区域经济法治研究丛书/ 陈婉玲主编)
ISBN 978 -7 -5197 -6837 -9

Ⅰ. ①公… Ⅱ. ①陈… ②胡… Ⅲ. ①政府投资－合作－社会资本－研究－中国 Ⅳ. ①F832.48②F124.7

中国版本图书馆 CIP 数据核字(2022)第 107707 号

公私合作(PPP)模式政府权力配置研究 **GONGSI HEZUO (PPP) MOSHI ZHENGFU QUANLI PEIZHI YANJIU**	陈婉玲　胡莹莹　著	策划编辑 陈　妮 责任编辑 陈　妮　张思婕 装帧设计 李　瞻

出版发行 法律出版社	**开本** 710 毫米×1000 毫米　1/16
编辑统筹 法治与经济出版分社	**印张** 13.75　　**字数** 307 千
责任校对 李景美　裴　黎	**版本** 2022 年 8 月第 1 版
责任印制 吕亚莉	**印次** 2023 年 7 月第 2 次印刷
经　　销 新华书店	**印刷** 固安华明印业有限公司

地址:北京市丰台区莲花池西里 7 号(100073)
网址:www. lawpress. com. cn　　销售电话:010－83938349
投稿邮箱:info@ lawpress. com. cn　　客服电话:010－83938350
举报盗版邮箱:jbwq@ lawpress. com. cn　　咨询电话:010－63939796
版权所有·侵权必究

书号:ISBN 978－7－5197－6837－9　　**定价**:86.00 元
凡购买本社图书，如有印装错误，我社负责退换。电话:010－83938349

自 序

本书关于公私合作(PPP)模式政府权力配置的研究,源于对我国PPP模式发展乱象和异化根源的思索。我国早在20世纪80年代就开始了以BOT为主要表现形式的公私合作模式,其主要目的是在基础设施建设领域引入外资,解决我国改革开放初期建设资金不足的问题;始于2015年的PPP热潮,其初衷是激励社会资本参与基础设施建设,推进公共服务供给侧结构性改革,同时,为了规范地方政府举债融资机制,化解地方政府债务危机,PPP模式成为地方政府各类投融资平台剥离后合规融资的替代性方式。地方政府庞大的融资需求与融资渠道的有限性之间的矛盾短时间内推动了我国PPP产业规模的加速扩大。

但从目前的情况看,我国PPP发展问题较多,模式异化,并未实现预期。PPP作为现代政府改进的产物,蕴含了政府权力配置和行使方式变革的最新成果。政府权力变革以合作治理为优化路径,其权力结构与分配呈现社会化,行使方式则呈现契约化,以私人部门介入公共服务领域为表现形式的公共服务多元治理模式得以形成并发挥实效。PPP的多元治理包括参与主体的多元以及运作模式的多元,最终落实于治理权的多元。在我国,随着PPP模式附带的融资功能被无限放大,其培育现代多元治理模式的功能被边缘化,多元合作的理念逐渐工具化,PPP模式的发展表现出典型的政府主导型特质。我国PPP模式政府干预具有主动性和常态化特点,虽然政府行为在PPP发展初期起到了很好的促进作用,但随着PPP制度的不断深化和市场的逐步成熟,PPP内在运行规律出现了一些问题。

我国政府的PPP干预惯性主要表现在两个方面:一是

PPP 政策的密集多变。诚如有学者所言,各级政府乐见政策立竿见影的效果,中国成为 PPP 政策高产出和政策高度依赖的国家。借助政策的灵活性,政府可以采取“临时”让渡权力的方式吸纳私人部门,并根据自身需求通过临时的政策回收或调整授权,这不利于公私合作关系的稳定性。必须审慎评估政府在 PPP 模式中应该扮演的角色和发挥的实际效用。二是虽然我国 PPP 政策具有灵活性,但其决策的形成也需要经过一定的论证程序,目前我国 PPP 政策倾向于以单个部门的行政权力方式下发政策文件,存在政策“急刹车”现象,损害了私人部门的积极性与参与热情。

政策手段本就有灵活性有余合法性不足的问题,兼之惯于以行政权力方式下发带有命令色彩的政策文件,PPP 政策的政府主导性特质更加突出。政策多变将导致人们无法预测未来,主张 PPP 的投机和短期获利动机。[①] 2019 年 3 月,财政部发布《关于推进政府和社会资本合作规范发展的实施意见》(财金〔2019〕10 号),明确指出了当前 PPP 模式在发展中面临的突出问题,并从规范运行、严格监管、公开透明和诚信履约四个方面对 PPP 发展提出了新要求。显然,PPP 模式通过政府信用背书,吸引私人部门投资相关建设项目的做法并不具有可持续性。

从深层原因看,首先,PPP 项目的涵盖范围非常广,普遍涉及政府财政资金运用、产业投资规划等事权,其同时由财政部和发改委直接领导,即我国 PPP 实行“双轨制”管理。但两部委的 PPP 管理职能和权力划分并没有清晰的界限,这直接导致我国 PPP 发展设计缺乏统一、明确的稳定方向,影响了 PPP 政策法律化进程。

其次,央地政府权力配置不清晰导致地方政府无法与私人部门形成稳定的权力(利)让渡关系。本轮 PPP 热潮在推广初期,中央政府及其部委通过文件向地方政府授予了大量权力,以激励地方政府启动 PPP 项目;到后期的严管阶段,地方政府的 PPP 治理权又受到了中央政府及两部委包括项目入库、财政能力论证红线、财政监督等政策文件的严格约束。地方政府不具有稳定的治理权限。而 PPP 模式所强调的公私主体合作主要发生于公共服务供给场合的地方政府与私人部门之间,地方政府才是 PPP 项目的执行者,私人部门的参与治理权来源于地方政府的实际授权。从权力授予链条上看,PPP 模式的运作过程,就是中央政府向地方政府授权,再经由地方政府向私人部门授权的过程。

PPP 模式以“伙伴关系”构建政府与私人部门的关系,从项目特征层面看,没有伙伴关系就没有 PPP。“伙伴关系”是从协作关系到合作关系的过渡形态,以“合作治理”为基本原则和实现路径。合作关系是一种对称性的相互依赖关系,以双方地位平等为基础。PPP 模式作为合作治理的典型实践,其改变了政府与私人资本之

---

① 参见张维迎:《信息、信任与法律》,生活·读书·新知三联书店 2003 年版,第 21 页。

间的互动关系，与政府作为行政主体以行政命令控制下级部门或者干预市场的政府权力主导型关系不同，PPP 模式通过契约关系在公私之间构建一种新的“交流系统”，使当事人尤其是私人部门通过合同关系理解自己的行为和职责，而不是基于权力的威慑或依赖。这种“交流系统”将复杂性简化为合同框架之内有意义的元素和路径，使社会关系易于管理和重建。[①] 由此可见，公私伙伴式的平等权力（利）关系与行政命令式的上下级权力关系不同，前者是政府治理权力变革现代化和PPP 模式权力关系的应然状态，后者则属传统政府管理权力关系。政府治理权力现代化强调政府与私人部门之间多元化的权力配置结构和权力行使方式，而借助于合同所构建的“交流系统”能够为新的政府治理权力关系提供稳定的话语系统和规范依据。因此，在两种权力关系结构中，权力运作的逻辑、权力分配的规范依据、权力互动的话语系统均存在质的差别。虽然目前 PPP 公私主体难以达至绝对的权力（利）平等，但以合作治理理念为引导，能够矫正我国公私主体过于失衡的权力关系，推动 PPP 在以契约为载体的“交流系统”中建立稳定、平等的合作关系。

PPP 模式不仅是项目融资方式，更是一种治理模式。这种模式下的政府和私人部门是一种平等合作、良性互动的关系，政府与私人部门的利益联系更密切。PPP 模式本身就建立在多元主体参与、合作的基础上，以利益与风险分配合理化为原则，重新调整政府、市场以及社会之间的利益关系。之所以如此，是因为 PPP 模式中关于公私主体 PPP 治理权的共享方式是对现代网络状社会结构的回应和呈现。网络结构不断密实的现代社会，主体间相互依赖关系的非对称性逐渐趋于对称，与单一中心权威治理结构之间的张力越发凸显。随着互联网技术的发展，全球化趋势的蔓延，我国社会结构同样呈现出网络状，社会主体虽然在治理经验和能力上较薄弱，但对分享治理权力的诉求日益高涨。

我国 PPP 理论与实践对“伙伴关系”的本质尚无明确的界定和足够的认知，公私合作过程中利益相关方的权力、权利和责任关系尚不够明确。PPP 项目从规划到实施的权力配置仍由政府主导，企业、金融机构以及其他非政府组织对项目策划的参与度仍然不足。基于部门利益固化、监管权竞争和行政思维导向，PPP 模式推广与项目实施过程中政府不恰当行使权力现象较多。[②] 这意味着只有形成规范化的制度约束，才能巩固我国 PPP 模式政府权力配置结构和行使方式的变革成果。但新型权力关系制度规范的形成，需要抽象和总结政府与私人部门权力配置的逻辑框架，并筛选与融合有助于优化政府与私人部门权力关系的价值体系。这就是

---

① 参见[英]休·柯林斯：《规制合同》，郭小莉译，中国人民大学出版社 2014 年版，第 17 页。

② 参见徐玉德、李化龙：《我国 PPP 发展制约因素解析与路径优化》，载《中国行政管理》2020 年第 1 期。

本书尝试解决的问题。

本书以政府在现代公共服务领域的角色变化和定位为出发点,探讨政府与非政府主体在PPP模式中分配权力的基本逻辑和基本框架,并根据PPP政府权力的特殊性分析其固有权限和具体边界的厘定方式,提出我国PPP制度创新所需要的权力结构。笔者认为,政府分配PPP治理权力的基本逻辑是权力让渡与保留。让渡是分享PPP治理权的方式,而保留是承担PPP治理责任的方式。政府让渡权力的基本逻辑就是通过权力资源向私人部门流动以形成相对对称的权力结构,以达至实质平等合作的状态。政府保留权力的逻辑是政府具有不可离弃的规制者身份,其肩负的公共服务担保责任需要保留一定权力以避免合作治理的失败。经过政府PPP治理权的让渡与保留,形成了以PPP项目公共控制权和PPP项目政府监管权为主的新政府权力体系。但新的政府PPP治理权力边界具有模糊性,通常以行政裁量和自由协商为基本边界厘定方式,前者仍然是政府权力控制方式,后者主要以契约为媒介与私人部门PPP治理权发生互动,两种确定政府权力边界方式之间存在紧张关系。在我国,地方政府作为制度创新的行动者扮演关键角色,对PPP模式的发展和实施效果产生很大影响。因而,公私合作机制在我国的本土化,需要融入我国政府变革过程中,只有完善央地政府、政府部门间等政府内部权力配置结构,政府才能以相对清晰的主体地位与私人部门展开实质性的合作,这才是我国PPP健康发展的基本前提。

本书是师徒二人历经两年艰辛磨合的学术结晶,也是我们继《政府与社会资本合作(PPP)模式立法研究》(陈婉玲、汤玉枢著,法律出版社2017年出版)之后,对我国PPP模式发展历程进行理性思考后交出的又一答卷。这次著述的过程,对青年人是一种锤炼,莹莹同学完成了从硕士生到博士生的身份转换,也实现了学术功底脱胎换骨的飞跃,可谓“不经一番寒彻骨,怎得梅花扑鼻香”;对老师而言,是一种学术情怀的释放,也是与身体和境遇进行较量的过程,可谓千淘万漉,行路艰难。此书从付梓到正式出版历经两年时间,感谢法律出版社的不懈努力,愿拙作的最终出版能够继续为我国PPP事业的健康发展添砖加瓦。

陈婉玲　胡莹莹

2022年5月15日

Contents

目录

第一章　PPP 模式政府权力结构

一、PPP 模式政府角色的变化与定位

国家福利制度的问题表明，政府不再是唯一的社会福利责任承担者，多元社会福利责任主体结构开始形成。但多元责任主体结构只是社会福利多元供给方式得以产生的基本条件之一，不同主体资源占有的有限性与供给能力的差异性才是多元供给方式产生的根本原因。不同主体基于不同优势，相互作用形成更加高效的多元供给方式，并催生政府角色变化。20 世纪 90 年代以后，公共服务公私合作供给模式被视为最高效的社会福利供给方式，它对政府角色的定位与要求不同于其他供给模式。

（一）政府不是唯一的社会福利责任承担者

国家在社会福利发展中扮演的角色一定程度上代表了国家与社会关系的实质。① 众所周知，20 世纪初的全球经济“大萧条”表明自由市场无法充分有效供给公共物品，市场失灵为凯恩斯国家干预主义提供了发展机会，它是西方福利国家制度建立的时代背景，政府逐渐成为“从摇篮到坟墓”的国家福利供给者和社会福利责任不可替代的承担者。作为社会福利制度发展的一个阶段，福利国家制度的全面形成意味着国家功能与行为方式发生重大转变。作为一种制度安排，福利国家制度由国家承诺并提供社会福利，表明确保全社会的福利保障和福利供给已经成为国家的基本职能之一，国家在社会福利方面发挥主导作用，扮

---

① 参见刘继同：《国家与社会：社会福利体系结构性变迁规律与制度框架特征》，载《社会科学研究》2006 年第 3 期。

演社会福利供给唯一责任主体的角色。① 但是,20 世纪 70 年代的石油危机使西方各国陷入经济滞胀,难以为继的全面福利国家制度遭受新自由主义的质疑,政府在社会福利责任上的不可替代性受到挑战。由于“国家福利”即“政府福利”,因此“福利国家危机实际上是政府社会福利责任的危机”②,即对政府社会福利唯一责任主体地位的质疑。

由英国撒切尔政府“去国有化”运动掀起的、席卷西方国家的新公共管理改革实践是对政府干预能力和福利供给效率的否定与质疑,其实质是对福利国家制度的国家功能和行为方式的冲击。“没有任何逻辑理由证明公共服务必须由政府官僚机构提供,私人企业、非营利性组织、半独立的公共企业也可以提供公共服务”的公共选择观点,③从理论上否定了政府独占社会福利供给的正当性,为其他非政府主体参与社会福利供给提供了理论依据。而随着人类需求变迁,第三部门的志愿服务、企业的市场供给以及政府的服务等多种公共服务共存局面的形成,非政府主体获得了独立的社会福利责任主体地位,表明在现代社会福利治理中,国家(政府)不再是唯一的中心主体,多元的社会福利责任主体结构逐渐形成。多元社会福利责任主体结构的形成源自满足需求能力的提升,即人的需求最早通过自给自足的生产活动以及之后日渐发达的交换活动解决,随着国家的出现,公民基本生存权、公民政治诉求等的需求开始通过政府职能加以满足;而志愿者组织、社会团体等第三部门的出现则意味着社会也具备了满足人们部分需求的能力。可见,多元社会福利责任主体结构是不同主体满足人们需求能力提升的结果。

然而,在公私合作浪潮之前,各类主体的社会福利责任承担方式主要是自行组织供给,政府垄断供给、市场化供给和第三部门供给之间并不存在特定关系,政府作为秩序维护者对其他主体的社会福利责任供给行为实施一定程度的监管,此时的多元社会福利责任主体结构是简单且静态的。但是,“没有一个单一行动者能够拥有解决综合、动态、多样性问题所需要的全部知识与信息,也没有一个个体行动者有足够的知识和能力去应用所有有效的工具”④,人类的有限理性总会导向行为失灵。不仅福利国家制度中政府垄断供给暴露的政府低效率问题备受质疑,市场供给和第三部门供给同样面临行为失灵问题,同时,福利国家制度形成的“路径依

---

① 参见祁亚辉:《福利国家的制度分析:全球化背景下福利国家的改革与选择》,南方出版社 2006 年版,第 78 页。

② 彭华民:《中国政府社会福利责任:理论范式演变与制度转型创新》,载《天津社会科学》2012 年第 6 期。

③ [美]詹姆斯·M. 布坎南:《自由、市场与国家——80 年代的政治经济学》,平新乔、莫扶民译,上海三联书店 1989 年版,第 40 页。

④ See J. KOOIMAN, *Social-Political Governance: Introduction*, In Modern Governance, J. Kooiman ed., Sage Publication, Inc., 1993, p. 4.

赖”及其遗留的体制机制框架构成了社会政策变革的障碍。[1] 这些都意味着多元社会福利责任主体结构虽然丰富了社会福利供给主体和机制类型，但静态的、孤立的独立行动不能解决各类治理机制的失灵问题，只有各主体之间的合作与互动才能有效满足社会不断增长与复杂化的福利需求。

单一福利责任主体治理失败，意味着不同主体需要在互动过程中调适其原有角色，以形成新的主体角色分工与合作框架。杰索普提出了解决治理失败的方案，即将国家（政府）视为“元治理者”，国家的“元治理者”角色要求其发挥多方面的作用，其中最重要的是要在其他子系统（市场、工会或科学政策界）失败的情况下作为最高权力机关负责采取“最后一着”补救措施，即不再以权力手段为优先，权力成为其他治理手段失效时的兜底手段。此时国家不再是中心权威，“元治理者”首先是多元制导系统的成员，但扮演的是“同辈中的长者”角色，为谈判过程贡献自己独有的资源，如提供谈判规则、组织谈判活动、维护谈判秩序等，它更加侧重于责任而非权力。[2] 因此，在多元主体合作供给方式中，政府应具有建立共同愿景，构建战略视野与发展能力，促进利益关系人之间合作、分享资源、斡旋、协调和冲突解决等管理素质。[3] 政府“元治理者”角色主要强调其对合作供给失败的补救，福利供给的大部分角色则由非政府主体扮演，即非政府主体承担实际的供给活动或治理活动，它包括合作供给规则的参与制定、公共服务的实际生产与提供，公共服务质量的参与管理等。“元治理者”理论重新塑造了合作关系中的政府与非政府主体角色及其特定关系，它倡导“优势互补”原则，强调不同主体发挥各自优势，为合作供给提供优势资源，以实现合作剩余最大化；同时它秉持“相互依赖”原则，借由非政府主体供给高效率解决政府供给低效率问题，同时借助政府协调能力和权力资源矫正非政府主体的失当行为，更关键的是，不同主体在重新确定变动的合作目标中均扮演不可或缺的角色，政府需要为变动目标的再协商过程提供规则与组织服务，非政府主体需要为此提供谈判信息和利益诉求。

（二）社会福利供给方式的多元化催生政府角色变化

社会福利制度的价值在于满足公民不断发展的福利诉求，其功能的实现以社会福利供给能力的有效性为前提，它涉及特定经济发展条件下国家供给制度、市场供给制度、第三部门供给制度以及多元合作供给制度的比较与选择，需要在福利需

---

① 参见［瑞士］弗朗索瓦－格扎维尔·梅里安：《治理问题与现代福利国家》，载俞可平主编：《治理与善治》，社会科学文献出版社2000年版，第117页。

② 参见［英］鲍勃·杰索普：《治理理论的兴起及其失败的风险：以经济发展为例的论述》，载《国际社会科学杂志（中文版）》1999年第1期。

③ 参见孙柏瑛：《当代地方治理——面向21世纪的挑战》，中国人民大学出版社2004年版，第28页。

求与社会资源之间寻得平衡。因此,福利需求的多样性要求构建社会福利多元供给体系。不同的福利需求通过不同的供给方式实现,为了保障不同供给方式的有效性,政府在不同供给方式中需要扮演不同角色,这是催生政府角色嬗变的现实动因。社会福利供给方式多元化首先体现在主体多元化,市场、第三部门等非政府福利供给主体的出现冲击了政府社会福利供给垄断者地位,而多元主体合作供给则改变了政府社会福利直接供给者的角色定位。

具体而言,多元社会福利责任主体结构推动政府供给、市场供给、第三部门供给等多种社会福利供给方式的形成,这是新公共管理改革运动的结果。西方国家存在两种较为典型的社会福利供给模式,即社会民主主义福利国家模式和自由主义社会福利模式,①前者强调国家在社会福利方面的主导责任,主张采取全面福利国家制提供社会福利保障,秉持国家主导社会福利责任的原则;后者强调国家对社会福利供给的补充责任,主要采取由市场、第三部门社会福利供给模式,强调社会福利供给的市场化。② 诚如上述分析所言,单一的福利供给模式独自运行极易产生供给低效或者失败问题,自由主义的社会福利政策更多地倾向于效率,主张公民最基本需求的平等满足,将绝大部分的社会福利供给进行市场化,如英国撒切尔政府的"国有化"运动,其导致的问题是公共服务质量低下与分配不均。而社会民主主义的社会福利政策更多地倾向于公平,将公民社会福利的获得视为国家责任,主张公民在社会福利分配上的最大平等,其问题是政府公共财政支出不足以覆盖所有社会福利。

实际上,20 世纪 70 年代后,公民福利需求的多样化程度已非常显著。现代社会公民福利需求已经从阿马蒂亚·森的"基本生存需求"发展到米奇利的"理想生存状态"福利需求,它包含了人的自由全面发展所需的一切条件。③ 效率与公平逐渐成为公民多样化社会福利需求是否获得满足的基本判断标准。原有的社会福利供给制度只能提供某种特定的福利产品,如纯公共物品或准公共物品,它们既不能实现所有社会福利的最大化供给也不能实现社会福利的均等分配。所以,20 世纪 90 年代,发达国家对社会福利制度作出了调整并逐渐趋同,"社会民主主义在福利国家困境中,不断调整最初对市场的认知,逐渐向右倾斜,潜移默化地接受市场;而

① 参见[丹麦]考斯塔·艾斯平-安德森:《福利资本主义的三个世界》,古允文译,巨流图书公司 1999 年版,第 45~48 页。

② 参见彭华民:《中国组合式普惠型社会福利制度的构建》,载《学术月刊》2011 年第 10 期。

③ 阿马蒂亚·森将"福利"界定为"基本物质保障"和"必要医疗保障"下的基本"生存状态"。参见景天魁等:《福利社会学》,北京师范大学出版社 2010 年版,第 5 页。而米奇利则将福利描述为"当社会问题得到控制时,当人类需要得到满足时,当社会机会最大化时,人类正常存在的一种状态"。See James Midgley, *Social Welfare in Global Context*, Sage Publication, Inc., 1997, p. 5.

由于社会风险的不确定性和未知性，导致新自由主义的政策逐渐地忽视市场的作用，逐渐地向左倾斜"①。以 1997 年英国布莱尔政府提出的公私伙伴关系（Public-Private Partnership，PPP）为起点，公共服务作为典型的社会福利，因其兼具经济性与公共性，开始尝试以公私合作方式供给。

公共服务公私合作供给方式是融合自由主义倡导的社会福利供给方式和社会民主主义倡导的国家福利供给方式的结果，它进一步推进了社会福利供给方式的多元化。从多种主体供给方式的各行其是到不同主体的合作供给，主体间的关系从互不相关到互相依赖，社会福利多元合作供给方式成为实现福利供给双重目标的最佳选择。随着公民福利责任观念的产生，个人与政府之间的契约发生了转变，自主与自我发展这些个人责任将成为重中之重。② 公民福利责任观念主张"积极福利"政策，它不再要求福利开支完全由政府来创造和分配，而是由政府与非政府主体合作提供。在多元主体合作供给模式中，政府不是直接提供者，其承担的是公共服务"元治理者"角色。首先，政府是非政府主体参与公共服务供给的环境创造者，为合作供给提供基本制度；其次，政府是非政府主体参与公共服务供给的合作者，包括通过让渡各类资源、利益辅助其他参与主体实现公共服务供给；最后，政府是多元主体合作关系的维系者，在合作关系出现障碍时负责协调，在合作关系破裂时负责兜底。

（三）公共服务公私合作 PPP 模式政府角色定位

1997 年，英国布莱尔政府在继续推广公共服务私有化模式——"私人融资计划"（Private Finance Initiative，PFI）的同时，引入公私伙伴关系（Public-Private Partnership，PPP）概念，③指出公私伙伴关系是政府同私人部门联合工作的形式。PPP 是英国工党政府在 PFI 基础上引入的公共服务新理念，它是英国政府与私人之间关系演变的自然结果，④也是政府与私人部门开展合作的新形式。这种合作形式是在吸取传统官僚制低效率和新公共管理改革实践公共利益损失的经验教训

---

① 解静：《福利国家模式变迁的历史比较研究》，辽宁大学 2013 年博士学位论文，第 87 页。

② 参见［英］安东尼·吉登斯：《第三条道路：社会民主主义复兴》，北京大学出版社 2000 年版，第 132 页。

③ 公私伙伴关系即 PPP 模式的基本概念要素包括公共部门（Public）、私人部门（Private）、伙伴关系（Partnerships）。公共部门的内涵和外延由于采纳的认定标准和评价方式不同，有广义与狭义之分，广义的公共部门包括政府部门、公共企业和非政府部门（第三部门）等部门，而狭义的公共部门则特指政府组织。政府是人民权利让渡的产物，突出了政府的"公共"性质，使政府成为最主要、最纯粹的公共部门。在我国，"Public"主要指各省、自治区、直辖市人民政府及其授权机构、各行业主管部门以及事业单位、行业运用公司等其他相关机构。为了统一用语，本书中 PPP 模式所涉主体要素采用政府和私人部门的措辞。

④ 参见陈婉玲、汤玉枢：《政府与社会资本合作（PPP）模式立法研究》，法律出版社 2017 年版，第 53 页。

基础上形成的,旨在取长补短。至此,社会福利制度变革在国家主义和自由主义之间取得暂时性平衡,政府治理在官僚治理机制和市场治理机制之间取得暂时性平衡,形成了福利的多元供给模式。结合治理以及元治理理论,我们可以发现,作为社会福利制度发展和新公共管理改革运动的产物的公共服务公私合作机制,政府在其中扮演着较复杂的角色,它既不是国家主义传统中公共责任的唯一承担者,更不是自由主义领域的"旁观者"。政府在公共服务公私合作模式中的角色是主动又克制的,这种"模棱两可"的状态造成定位的模糊,可能引致公私合作模式的"失灵"。

1. PPP 模式政府的角色分离

政府角色"是指一定范围内充当社会公共权力主体的政府所具有的功能作用的人格化"①。本质上,政府角色与政府职能、政府作用没有实质性差异,均是对政府责任的反映。政府角色始终伴随政府责任的变化而变化,因而在整个国家理论中形成了形形色色的关于政府角色的描述。依政府作用方式,有"划桨者""掌舵者"或"运动员""裁判员"之分;依政府功能变化,则出现从市场秩序"守夜人"到社会福利"供应者"再到公共服务"协调者"的转变。在公共服务领域,政府角色的变化由公共服务供给方式的多元化引起,而供给方式的选择取决于公共物品的特质、治理机制的优势以及社会政策导向。政府角色的具体变化需要在特定的供给方式中观察。由于公共物品及其供应在公共性程度上是一个连续体,在不同供给方式中政府表现出的干预程度和力度不同,其角色具有多样性和动态性。

公私合作供给模式改变了政府公共服务供给垄断者的地位。非政府主体以独立平等的合作者身份参与公共服务的供给,其不再是接受行政命令的受托人,政府供给垄断者地位受到冲击,引发政府角色的分离与重构。首先是"掌舵者"与"划桨者"即决策者与执行者的分离。英国在传统官僚制组织科层结构中建立的执行局体制(executive agency)就是这方面改革的典型实践,"把政府的服务提供和执行职能从掌管他们的集中决策部门中分离出来,将现行的统一的政府部门划分为核心部(core executive)和执行局(executive agency),前者履行政策分析、政策制定和政策评估职能,后者负责执行政策,提供服务"②。其次是公共服务生产者与公共服务提供者身份的区分,竞争性政府理念就是公共服务生产者与提供者角色分离的充分体现。③ 而在萨瓦斯看来,这种区分"是整个民营化概念的核心,是政府角

① 陈建平:《试论政府角色定位之理论范式的变迁及启示》,载《云南行政学院学报》2005 年第 5 期。

② 赵成根:《新公共管理改革:不断塑造新的平衡》,北京大学出版社 2007 年版,第 191 页。

③ 参见[美]戴维·奥斯本、特德·盖布勒:《改革政府》,周敦仁译,上海译文出版社 2006 年版,第 54 页。

色界定的基础”,“政府可以做出用公共开支来提供某种服务的决定,但不意味必须依靠政府雇员和设施来提供这种服务”①。最后是政府的公共服务监管角色也将发生分离。在传统模式下,对政府公共服务供给责任的监督主要依赖官僚制的内部控制机制,其最有效的控制机制之一是对工作绩效进行检查与报告的独立监控机构。② 但等级制内部的控制机制存在一个未能有效解决的问题,即“监控监督者”困境。新公共管理改革虽然促使政府决策权与执行权分离,并将公共服务的生产与提供加以区分,但是对公共服务供应情况的监督责任仍是政府的重要职责,即“政府以授权、提供部分财政支持、指导和监督方式,确保公众获得所需要的服务和基础设施,而不是直接提供服务”③。这种包含在政府公共服务提供责任中的监督职能,存在严峻的监督者监控问题,加上市场生产部门与政府部门存在的信息不对称问题,可能会产生新的监管问题。因而对公共服务供应的监督职能倾向于授权外部独立第三方机构进行。对政府而言,其监管者角色亦存在分离的趋势,并且其角色要求趋于专业化。

2. PPP 模式政府的三类主要角色④

PPP 模式中政府角色的定位离不开对 PPP 模式内涵的理解,但公共服务提供与生产分离程度的差异性使公私合作关系呈现出很强的包容性,很难给 PPP 模式下一个准确定义。它的包容性表现在“其结构可以是一个松散的约定,也可以是一个正式的合同,如租赁、商业特许经营、特许经营、BOT、TOT、BOOT 等”⑤,因而“试图去总结 PPP 是什么或者应该是什么几乎没有任何意义,它没有固定的定义,并且也很难去考证这个含义模糊的英文单词的起源,PPP 的确切含义要根据不同的案例来确定”⑥。不过,一个宽泛而开放的定义意味着 PPP 模式中的政府角色具有灵活性、多样性和互动性。基于确保 PPP 全周期都符合公共利益的核心职责,政府在公共服务公私合作过程中具有双重身份:一方面,以平等主体身份与私人部门签订协议,让渡项目建设(生产)、经营权;另一方面,又以管理者的身份,承担规则制定、

---

① [美]E. S. 萨瓦斯:《民营化与公私部门的伙伴关系》,周志忍等译,中国人民大学出版社 2002 年版,第 68、69 页。

② 参见[美]安东尼·唐斯:《官僚制内幕》,郭小聪等译,中国人民大学出版社 2006 年版,第 157 页。

③ [美]E. S. 萨瓦斯:《民营化与公私部门的伙伴关系》,周志忍等译,中国人民大学出版社 2002 年版,第 342 页。

④ 参见陈婉玲、汤玉枢:《政府与社会资本合作(PPP)模式立法研究》,法律出版社 2017 年版,第 173 ~ 200 页。

⑤ 陈婉玲:《公私合作制的源流、价值与政府责任》,载《上海财经大学学报(哲学社会科学版)》2014 年第 5 期。

⑥ Hall D. et al., *Terminology of Public-private Partnerships*, Public Services International Research Unit (PRISU) Paper, 2003.

选择合作者和运行监管的职责。在重新定位中,政府借助和通过市场的力量协调供应行动,完成从直接的公共资源配置者和公共服务供应商到 PPP 制度的安排者和推动者(决策者)、合作者和监管者角色的转变。

首先,作为 PPP 的决策者,基于与消费者的社会契约关系,为追求公共利益的价值目标,政府应做好 PPP 规划与制度安排,控制包括规划、决策与审批在内的 PPP“准入权”,“掌好舵”是政府作为 PPP 决策者的主要职责。“掌舵的人应该看到一切问题和可能性的全貌,并且能对资源的竞争性需求加以平衡。划桨的人聚精会神于一项使命并且将这件事做好。掌舵型组织机构需要发现抵达目标的最佳途径,划桨型组织机构倾向于不顾任何代价保住其行事之道。”①其次,作为 PPP 的合作者,在 PPP 合作协议的签订与履行过程中,政府应以交易对象的平等地位与私人部门订立合同,履行契约义务。在交易成本经济学看来,“经济组织的核心问题是为了达到节约交易成本的目的而如何签订合同的问题”②,因此,产生“合作剩余”,以最大化节约交易成本同样是政府以合作者身份签订合同的目的,即“在某个具体项目上,以最少的资源,实现最多的产品或服务”③。最后,作为 PPP 的监管者,政府应行使包括质量、价格、财务、服务水平和普遍服务在内的 PPP 项目绩效“监管权”,承担因合作风险带来的补充与终极提供责任。在监管过程中,政府通过制定市场规则,提供奖励和惩罚措施,引导市场资源配置和市场主体活动,间接改变项目公司和消费者供需矛盾。

3. PPP 模式政府不同角色的独立性

政府公共服务提供者与生产者的角色分离,并不是对政府责任做减法,政府仍负有广泛的责任,即以生产责任的分离换取决策、监管责任的重置,PPP 模式在获得公共服务供应效率的同时,政府的保留责任较过去更加复杂。公私合作制内在优势的发挥取决于政府明确的职责分工和恰当的职责履行,政府 PPP 决策者、合作者、监管者三种角色职责分明、边界独立是公私合作制成功的关键。

首先,政府的 PPP 合作者地位必须具有独立性。公共服务提供与生产的区分剥离了政府执行职能中的生产责任,但政府仍保留了对公共服务供给的监督职能,即政府在 PPP 模式中仍然扮演着“运动员”和“裁判员”的双重角色。政府集 PPP 项目实施与监管职能于一身容易导致“政企不分”,极易出现监管的“捕获”现象。因此,区分政府 PPP 合作者与 PPP 监管者的不同身份定位尤为重要。纵然 PPP 合作者与监管者的定位可以通过机构独立实现,但在根本目的上,作为 PPP 合作者对

---

① 叶响裙:《公共服务多元主体供给:理论与实践》,社会科学文献出版社 2014 年版,第 16 页。

② [美]奥利弗·E. 威廉姆森:《资本主义经济制度》,段毅才、王伟译,商务印书馆 2002 年版,第 30 页。

③ 贾康、孙洁:《公私伙伴关系(PPP)的概念、起源、特征与功能》,载《财政研究》2009 年第 10 期。

政府公共政策进行执行，独立的监管机构虽然可以减轻政府作为PPP项目实施机构的大部分监管职责，但无法完全解除实施机构在PPP项目运行过程中的公共利益保障义务。基于这种剩余监管职责扩张性与PPP项目实施独立性之间的张力，对政府在项目合作过程的监督职责进行契约化是必要手段，即“监管不是由法定监管机构或不可见的市场力量产生的，而是由细则明确的合同产生的直接结果”①。政府作为PPP合同的缔约者参与公共服务供应，“划好桨”是其在合同框架下履职的正确定位。政府部门作为PPP的合作方，只能以合同约束的方式和适应市场要求的经济手段达成PPP项目所追求的公共利益目标；只能依靠契约控制工程质量、进度和投资规模，平衡投资效益和社会效益的冲突和矛盾。显然，基于合同对项目的控制本质上是一个持续不断地对项目健康状态实施全程监督的过程，它既是对政府实施机构监督职责的明确和保障，又是对PPP项目独立性的尊重。

其次，PPP监管者与PPP决策者之间应保持一定距离。政府PPP合作者与决策者、监管者的分离，客观上解决了公共服务供应过程“政企不分”的问题。政府的政策制定与市场监管职能也有本质与内容上的差异。“一个国家要实施PPP，政府必须表明对应用PPP的清晰而长期的政治支持”②，“政策制定者”角色的核心内容是“方针的制定和制度的生产”，旨在从宏观层面上建立既对私人部门有吸引力又符合社会公共利益的政策与法律框架、目标和实施策略，为公私合作提供稳定的制度环境，③公共服务生产与提供责任的分离，强化了政府PPP政策制定者的身份。相较于PPP决策者对“掌好舵”职责的履行，PPP监管更关注公共服务微观层面的“划桨”行为，通过具体的监管执法活动对各个PPP项目运营过程以及私人部门经营行为实施约束和引导。相较而言，政府PPP决策者身份是从宏观层面上塑造公私合作制度环境，其政策具有普适性，并非针对特定PPP项目和项目参与主体；而政府PPP监管者角色更侧重于对公私合作制度环境的维护，其关注点在于特定PPP项目，包括PPP项目的外部秩序环境和内部合作环境。本质上，两者属于政治与行政分离的具体表现。因此，两者应当保持适当距离，混为一体容易使政府陷入低效率困境。

政府在PPP模式中的三种角色分配体现了现代行政权分权制衡思想。分权理念一方面试图通过分权实现对权力的制约，以保护公民权利免受国家权力的侵害，

---

① ［英］达霖·格里姆赛、［澳］莫文·K.刘易斯：《公私合作伙伴关系：基础设施供给和项目融资的全球革命》，济邦咨询公司译，中国人民大学出版社2008年版，第56页。

② 欧亚PPP联络网编著：《欧亚基础设施建设公私合作（PPP）案例分析》，王守清主译，北方联合出版传媒（集团）股份有限公司、辽宁科学技术出版社2010年版，第21页。

③ 参见李开孟、伍迪：《完善PPP监管体系关键在于政府找准角色定位》，载中国经济导报网，http://www.ceh.com.cn/ep_m/ceh/html/2017/01/11/B06/B06_98.htm。

另一方面则是通过分权实现管理的科学化。管理的科学化是国家对社会化大生产时期专业化分工要求的回应。但“如果想要让政府的计划顺利完成,公共机关之间必须精诚合作。为了成功地完成计划必须有一个机关对另一个机关的依赖。如果一个行政机关不能通过必要的签订或类似的方式进行合作,那么这个行政机关就可能会扼杀另一个行政机关的计划”[①]。因此,对于政府而言,行政权的适度分权和制衡是必要的,各个部门之间的相互协调和合作也极为重要。[②] PPP 模式政府各部门在分工基础上的协作表现为,PPP 决策者应当以制度环境的营造为核心,为私人部门实施公共服务项目提供制度条件和激励机制;PPP 合作者应当秉持契约精神,专注于合作伙伴关系的长期性和稳定性,并为 PPP 监管者提供公开透明的项目运营过程;而 PPP 监管者应当保持专业性和独立性,引导 PPP 项目的健康运营并向决策者反馈具体制度的落实情况。

二、PPP 模式政府权力配置的前提与原则

(一)传统政府权力结构与 PPP 模式政府角色的不适应性

国家与社会、政府与市场边界的划分决定了政府角色,因此它总是处于不断调适与变化的状态。例如,前福利国家时期,自由主义市场是私人活动的专有领域,国家或政府扮演“守夜人”角色;“市场失灵”现象的出现以及公民对社会财富公平分配的诉求,对国家提出了更多要求,政府负责公民“从生到死”各个方面的观点变得平常;[③]福利国家危机则体现着国家(政府)能力的有限性。可见,政府角色变化不仅受到社会经济变迁的影响,还要根据政府自身的能力和条件作出调整。政府角色决定政府职能,全能政府要求政府承担多种职能,反之亦然。而政府职能范围进一步决定政府权力配置结构,政府角色的限定性要求政府约束其行为,政府角色的适应性要求政府权力结构保持一定的有效性。可见,政府角色直接影响政府权力结构,政府权力结构要适应政府角色定位,即彼此之间存在匹配度问题。在多元化社会福利供给模式背景下,传统政府权力配置结构与政府角色变化产生不适应性。

传统政府权力结构以韦伯—威尔逊范式的官僚制为基础。韦伯的思想来源于

---

① [美]肯尼思·F. 沃伦:《政治体制中的行政法》,王丛虎等译,中国人民大学出版社 2005 年版,第 55 页。

② 参见崔卓兰、刘福元:《行政自制理念的实践机制:行政内部分权》,载《法商研究》2009 年第 3 期。

③ 参见[美]托马斯·戴伊:《谁掌管美国——卡特年代》,梅士、王殿宸译,世界知识出版社 1980 年版,第 66 页。

这样一种观念,行政是工具性和技术性的,应远离政治领域。[①] 同样秉持这种观念的还有美国改革运动活动家伍德罗·威尔逊。政治与行政理念主张政治领导人和公务员的责任制原则是相反的,“公务员的荣誉来自其认真履行上级命令的能力,即使这个命令是错误的……然而,政治领导人、国家领袖的荣耀,准确地说来自独有的对其所作所为‘排他的个人’的责任”[②]。韦伯将领导权留给了政治家,将行政人员明确排除在外。政治与行政的分离以及领导权的保留,建立了政治领导人与官僚组织间的联结规则即政治控制机制,这又契合韦伯法律权威在官僚制中的控制作用。美国学者弗兰克·古德诺则进一步将国家功能区分为国家意志表达功能和意志执行功能,与政策或国家意志表达相关的称作“政治”,而与政策执行相关的则称作“行政”。[③] 在现代国家,法律制定通常被视为国家意志的表达,而法律执行被视为国家意志的执行,那么政治和行政的分离可理解为立法权和执法权的分离。结合韦伯官僚制中的权威来源,国家意志表达功能为官僚制提供了法律权威,而官僚制作为一种行政管理机制,旨在通过非人格化的等级制安排,标准化地、技术性地、中立性地、效率性地执行法律。综上所述,韦伯—威尔逊范式的官僚制政府权力结构是关于法律或政策执行权的配置和行使问题。

20 世纪 70 年代,韦伯—威尔逊范式官僚制政治与行政绝对分离的科学性受到质疑。学者们通过对国家政治行政实践的考察认为,政治情况极端复杂,绝对的分权是不存在的,“法律与执行法律之间缺乏协调就会导致政治的瘫痪,为了得到协调,需要牺牲不同机构之间的独立性”[④]。政治与行政由分离到协调,是因为现代国家的政府职能逐渐扩大。“行政权力大幅度扩张,旧的限制行政权力范围的主题不再适应社会发展的需要”[⑤],大多数西方国家从“小政府”进入“管理政府”。“管理政府”需要获得超越政策执行的权限,享有更多的决策功能,使政治与行政的合作大于分离,政府也获得更多的国家意志表达功能即决策职能。[⑥] 换言之,韦伯—威尔逊范式官僚制政府形成于积极行政不断扩张的时期,政府行政执行权的单一职能已经完全不适应发展需求,几乎所有国家的政府行政权已经超越了执行权范畴,包括部分决策职能与监督职能,以适应管理政府的要求。“服务型政府”理念的出现,不仅要求政府具备多种管理职能,而且需要政府转变管理思维为服务理念。

---

① 参见[澳]欧文·E. 休斯:《公共管理导论》,张成福、马子博等译,中国人民大学出版社 2015 年版,第 35 页。

② See Gerth et al., *From Max Weber: Essays in Sociology*, Oxford University Press, 1946, p. 95.

③ 参见[美]F. J. 古德诺:《政治与行政》,王元译,华夏出版社 1987 年版,第 10 页。

④ [美]F. J. 古德诺:《政治与行政》,王元译,华夏出版社 1987 年版,第 14 页。

⑤ 黎军:《行政分权与行政主体多元化》,载《深圳大学学报(人文社会科学版)》2002 年第 4 期。

⑥ 参见竺乾威:《理解公共行政的新维度:政府与社会的互动》,载《中国行政管理》2020 年第 3 期。

如果说“管理型政府”强调政府为社会直接提供服务，那么“服务型政府”则关注为社会自主提供服务创造条件，使社会形成良好的自觉服务系统。① 在政治与行政二分的传统官僚制中，政府供给公共服务的行为就是执行命令的行为，政府不仅是唯一的供给主体，其角色也仅是国家福利政策的执行者，呈现出主体单一和角色单一的特征，这与公共服务公私合作供给模式中主体多元、角色多样的基本特征格格不入。

首先，传统行政权专属性与公共服务主体多元性产生不适应。韦伯—威尔逊范式官僚制政治与行政两分理论认为行政权具有专属性和不可转让属性。② 专属性主要是指行政权只属于行政主体即政府，受委托组织也是政府的延伸。行政权的不可转让性或称不可处分性，强调行政的独立性和专业性，是对政府行为的约束，旨在保持法律执行的严肃性和规范性。随着现代政府公共服务职能的产生与发展，行政权包含了更多指导与服务内容，其内涵发生变化和拓展；同时，在服务性内容的提供上政府与不断发展的社会组织存在同质性，行政管理职能不再专属于政府，行政主体开始打破专属性走向多元化。公共服务职能包含公共服务供给责任，属于给付行政范畴。政府履行给付行为是积极履行行政职能的过程，不同于传统行政对执法职能的消极履行，因给付行为的“积极性”要求，政府开始享有自由裁量权即行政决策职能以应对给付责任的实际要求。

我们知道，西方治理理论产生的前提是市民社会(公民社会)的产生和成熟。独立市民社会的产生表明，在国家之外出现了新的主体和主体需求，这种由主体多样性引起需求多元性的发展，是治理理论多元共治模式产生的社会基础。这种多主体共存的社会结构改变了当代治理的组织载体。不同治理主体之间呈现一种互动与相互影响的关系，它是政府权力分割化与分散化的结果。公共服务职能中行政决策与行政执行均要对公民需求保持回应性，它对政府工作人员的能力提出了不同于官僚制对文官的要求，吸纳社会主体成为政府履行公共服务职能的主要手段。诚如有学者所言，“监管不一定由政府当局进行，可以采取私人秩序的形式，公共监管和自我监管之间没有明显区别”③。经济社会日趋复杂，市场监管需要专业技术，政府在专业技术上并不如社会或市场有优势，行业协会监管和第三方授权监管的产生均是对政府市场监管的补充。因此，公私合作过程就是一个政府与社会互动完成行政任务的过程，社会主体在分担部分行政职能或公共服务职能时获得了公共权力主体地位，与政府构成 PPP 模式中的多元主体结构，政府不再是唯一的

---

① 参见赵肖筠、张建康：《行政权的定位与政府机构改革》，载《中国法学》1999 年第 2 期。

② 参见张树义、梁凤云：《现代行政权的概念及属性分析》，载《国家行政学院学报》2000 年第 2 期。

③ 马英娟：《监管的语义辨析》，载《法学杂志》2005 年第 5 期。

公共权力主体。

其次,传统行政权职能单一性与 PPP 模式中政府角色多重性的不适应。行政权专属于政府由行政职能单一性决定。传统行政职能仅限于政治决策或法律的执行,具有明确的执行标准和"流水线"的操作特征,不需要灵活性和创新性。传统行政权职能单一性是建立在官僚制工具理性基础上的理论抽象,与实然状态的政府责任存在张力,在国家任务趋于复杂的现代社会,这种张力越发凸显。在资本主义早期,"政府的目的是充当警察和卫士,而不是提供衣食住行"①,政府行政权被限定在最小限度内。但到 19 世纪末,行政任务急剧扩张,以执行国家意志为主要功能的政府机关,在事实上通常被赋予表达国家意志的具体细节的职责。② 它虽承袭了政府行政权控权思想,但主张"行政不仅仅是议会法律的单纯执行,而是多种职能的结合,这些职能具有一种特殊的(法律)创造者能力"③,强调政府行政权的独立性、专业性和效率性。

政府职能多重性在理论上的回归与现实的推进,在突破政府唯一行政权主体设定的同时改变了政府角色的单一性。韦伯—威尔逊范式官僚制政府建立于积极行政的形成与扩张时期,官僚制政府实际上以执行权的名义行使着不同性质的行政权,它至少包含了决策权。同时,鉴于政治控制的必要性和普遍性,"政府中的政治家向议会承担政治责任,这种责任不仅包括政策的制定,也包括政策的具体执行"④。因此,政府行政权单一执行职能的设定无法适应社会现实,几乎所有国家的政府行政权都已经超越了执行权范畴,包含了一定的准立法权和准司法权,以适应管理型政府的要求。而"服务型政府"理念的出现,不仅要求政府具备多种管理职能,还需要政府转变管理思维为服务理念。服务理念意在为社会主体参与公共事务提供辅助。此时,政府角色已发生了变化,不再限于政策执行者,它还是行政决策者与监督者。

政府角色的多样性催生政府内部权力结构的重置,政府内部权力结构再配置就是行政权力的内部分化过程。行政权执行职能与决策职能等多种职能共存,虽然是适应纷繁复杂的现代政府治理需求的必要手段,但上述职能具有不同性质和价值取向,不宜由政府内同一部门集中行使。比如,决策职能的履行侧重于体现公平、正义和民主,执行职能则更注重效率,监督职能的履行体现的是对公共性秩序

---

① 杨小君:《二十世纪西方国家行政权的扩张》,载《西北政法学院学报》1986 年第 2 期。

② 参见[美]F. J. 古德诺:《政治与行政》,王元译,华夏出版社 1987 年版,第 9 页。

③ [德]汉斯·J. 沃尔夫等:《行政法(第 2 卷)》,高家伟译,商务印书馆 2002 年版,第 197 页。

④ 陆柯萍:《英国执行局改革对深圳行政三分制改革的启示》,载《江西行政学院学报》2004 年第 1 期。

的维护。[①] 因此,现代政府行政权在内部划分为由不同政府部门行使的决策权、执行权、监督权。分权以制衡,不同政府部门之间需形成相互制约的局面,决策部门专职决策即为执行部门和监督部门提供执法依据,执行部门专职执行,监督部门则专职监督决策部门和执行部门,三个部门均受公众监督。政府行政权分化后,政府内部不同部门开始分离并具有独立角色。

政府多重角色的内部分离与重置,使社会主体与政府的关系趋于复杂化和多样化,对政府部门不同角色间的协调性提出了更高要求。在政府专司行政权时期,政府(包括其分支部门或委托部门)与社会主体之间只存在行政主体与行政相对人的法律关系。在政府行政权分化时期,政府不同部门与社会主体之间存在不同法律关系和法律效果,决策部门与社会主体之间产生的是立法与参与立法、立法与守法关系,执行部门与社会主体之间产生的是合作关系,监督部门与社会主体之间产生的是合作以及监督与被监督关系。但在国家或政府的公共服务供给任务下,行政决策、执行、监督职能服务于同一目标,换言之,政府部门与社会主体间的不同法律关系要与公共服务有效供给责任相契合。这意味着政府部门在行政权分化后所获得的角色独立具有相对性。不同部门间以及不同行政权之间保持协调同样是政府权力结构重置的重要方面。决策部门在决策时要将政策执行效果和执行监督效果纳入考量范围,执行部门在执行时要充分理解并遵守政策意图并为监督工作提供便利,监督部门在监督时要契合政策决策意图并充分尊重执行工作的现实性。

正如上文所述,PPP 模式是政府适应现代多样化公共服务职能履行要求的产物,现代政府多重角色间"相对独立与相互协调"特质投射于公共服务合作供给过程,构造了 PPP 模式中政府角色的多重性。PPP 模式中政府角色的多重性体现于 PPP 政策决策部门、PPP 项目执行部门、PPP 项目监督部门之间的权力配置关系,还体现于私人部门与政府不同部门间在 PPP 项目不同阶段存在的不同法律关系,以及不同法律关系与权力配置关系的协调统一。概言之,PPP 模式中政府角色的多重性以及公私主体间法律关系的多样性,早已突破了政府传统行政权单一的职能结构。

(二)PPP 模式政府权力配置的历史前提:权力分化与整合

传统政府权力结构是无法孕育 PPP 模式的,PPP 模式的最终出现意味着政府权力结构经历了一个变迁过程,这个过程既是现代政府权力结构获得重置的历史前提,也是 PPP 模式中政府权力配置的历史前提。一般而言,权力结构是指权力的

---

① 参见吕俊杰:《行政三分的演变逻辑、研究进展和解构模式研究》,载《甘肃行政学院学报》2010年第3期。

组织体系、权力的配置以及各种不同权力之间的相互关系。[①] 现代政府权力结构变化包括两方面内容：一是公共权力在多元治理主体以及政府内部不同部门之间的分权，即权力配置方式；二是多元治理主体以及政府内部不同部门之间的权力互动方式，即权力行使方式。虽然分权与制衡也是传统国家（政府）权力结构的基本要求，但以政府专司执法权为基础的传统分权方法已不适应现代政府的角色与职能要求。现代政府新型权力结构以"决策权、执行权、监督权"三分法重新划分政府权力，同时，加强权力间的相互协调、配合，新的权力三分法以及权力相互制约又相互协调的关系成为现代政府权力结构合理性的新标准。

20 世纪 70 年代，政府权力结构经历了分权以竞争到分权以合作的变迁过程。新公共管理改革推动政府按照新标准进行权力划分的同时，推动政府进行执行局化制度改革，引入市场力量以推进执行部门的竞争。到新公共管理改革后期，为了矫正权力竞争导致的问题，才开始强调政府在内部和外部进行合作。分权以合作强调权力协调理念，主张通过合作实现权力行使的有效性。公共服务供给权力是典型的现代公共权力，其权力结构合理性遵循分权与合作的理念，因此，它是形塑 PPP 模式中政府权力结构的基本原则。

政府内部权力分化始于政府行政执行权与执行部门的独立。尼斯坎南在分析官僚制弊病的基础上提出竞争型官僚制理论作为解决科层官僚制问题的备选方案。竞争型官僚制的构建，其核心是变革现行官僚制结构，其方式是成立新的执行机构，或引入社会组织参与政策执行以打破公共服务供给垄断权，以增强供给相同和相似服务的官僚机构之间的竞争。[②] 关于政府组织结构的改造，奥斯本和盖布勒则提出了影响更为深远的"企业家政府十条原则"，[③]在政府权力社会化的基础上，通过政府内部分权以调整内部组织结构，并在组织之间引入市场竞争机制。英国政府的执行局化制度改革是上述理论的实践，政府部门内部被划分为行使决策权的部门与行使执行权的部门。执行部门的设立为政府向社会分权并开展竞争创造了条件。[④]

分权以竞争，一定程度上确实提升了政府公共服务提供与执行效率，但以政府控制能力和公共性的丧失为代价。由于大量采取私有化和竞争等手段，政府边界

---

① 周永坤：《规范权力——权力的法理研究》，法律出版社 2006 年版，第 221 页。

② 参见［美］威廉姆·A. 尼斯坎南：《官僚制与公共经济学》，王浦劬等译，中国青年出版社 2004 年版，第 189 ~ 195 页。

③ "企业家政府十条原则"：1. 起催化作用的政府；2. 社区拥有的政府；3. 竞争性政府；4. 有使命感的政府；5. 讲究效果的政府；6. 受顾客驱使的政府；7. 有事业心的政府；8. 有预见的政府；9. 分权的政府；10. 以市场为导向的政府。参见［美］戴维·奥斯本、特德·盖布勒：《改革政府》，周敦仁译，上海译文出版社 2006 年版，第 1 ~ 292 页。

④ 参见赵成根：《新公共管理改革：不断塑造新的平衡》，北京大学出版社 2007 年版，第 191 页。

过度限缩导致治理能力空心化。罗兹(R. A. W. Rhodes)的国家(政府)“空心化”理论总结了英国保守党政府20余年新公共管理改革所造成的政府空心化和碎片化问题,将“空心化”视为英国政府逐渐被“吞噬”即丧失控制力的一种趋势,这种趋势将产生政府机构或公共服务机构的碎片化(fragmentation)、公共责任的缺失、中央控制能力(掌舵能力)减弱等不利后果。① 因此,新公共管理的私有化改革并没有提供有效的协调机制,但是协调机制是必要的,因为“任何组织在资源(包括权力资源)上都是相互依赖的,为了达成组织目标,不同组织之间需要进行资源交换”②。影响深远的是,原本在官僚体系中起着中央控制作用的决策部门(core executive)在分权化改革之后对行政部门的控制能力明显减弱,对私人部门的控制更是受限于契约。

“若政府缺乏足够的控制能力以应对公共灾难,政府回归官僚制以增强其掌舵能力就成为必要选项。”③为此,英国布莱尔政府提出了合作政府及其进阶版整体政府理念,英国政府改革开始进入权力合作阶段。合作政府是第三条道路,本质上是对传统官僚体制和新公共管理模式的调和和修正。④ 但由于政府部门之间缺乏信任和操作经验,“合作政府”推行初期并不理想。因而,英国布莱尔政府推出了合作与协调更高层次的整体政府思维,更高层次的合作和协调不仅包括新责任机制的形成,新信息技术的运用,还包括政府项目合作或整合战略实施步骤的设计。⑤英国布莱尔政府不仅在公共服务输出方面进行了合作治理的尝试,还强调政策制定方面对合作基础的创造,包括结果导向的政策目的,富有包容性的政策内涵,高度参与的政策制定,鼓励决策部门跨部门合作或内外交流。⑥ 而在公共服务质量监督方面,英国梅杰政府为了应对早期改革导致的公共服务质量牺牲问题,设立了

---

① 罗兹从四个方面阐述了这种趋势:公共干预范围和形式的限制和私有化;中央和地方政府及其部门公共服务提供职能的分离;英国政府向欧盟让渡权力;通过新公共管理强调行政人员的管理责任、限制其自由裁量权并且通过政治与行政分离明晰政治控制责任。See R. A. W. Rhodes, *The Hollowing out of the State*, The Political Quarterly Publishing Co. Ltd., 1994, p. 138 – 151.

② See R. A. W. Rhodes, *Understanding Governance: Ten Years on*, Organization Studies, Vol. 28:8, p. 1245(2007).

③ R. A. W. Rhodes, *The Hollowing out of the State*, The Political Quarterly Publishing Co. Ltd., 1994, p. 151.

④ 参见曾令发:《合作政府:后新公共管理时代英国政府改革模式探析》,载《国家行政学院学报》2008年第2期。

⑤ 参见陈振明主编:《政府再造——西方“新公共管理运动”述评》,中国人民大学出版社2003年版,第63页。

⑥ 参见陈振明主编:《政府再造——西方“新公共管理运动”述评》,中国人民大学出版社2003年版,第61页。

跨部门的独立监督机制。[①] 此时，英国政府内部行政决策权、行政执行权、行政监督权配置结构及相互协调合作关系正式形成。整体政府的合作与整合理念不仅提升了政府行政决策(控制)能力，还提升了不同部门间的合作能力。

政府权力的社会化始于社会主体的出现与公共权力由政府向社会主体流动的现象。社会主体类型非常丰富，其不仅包括自由主义者主张的市场主体，还包括非营利的社会组织。社会主体具有无限能力，是实现公共服务职能的重要主体力量。社会主体参与公共事务需要获得独立的公共权力主体地位，但政府权力社会化是一个渐进过程，早期由非公共部门行使政府权力的特许经营、行政授权等方式，社会主体并没有获得独立地位，而仅仅是政府权力的延伸，非真正意义上的权力社会化。政府作为公共权力主体地位的正当性是通过全体公民委托并经宪法、法律确认的途径获得的，政府公共权力的让渡并不构成社会主体享有公共权力的合法性基础，公民自治权才是社会主体行使公共权力的正当性和合法性依据。

国家权力向社会主体"流动"是政府权力社会化的具体表现。郭道晖认为，权力社会化的实质在于增强权力的人民性，因为将集中于国家或执政党的权力，部分地分配或还归于社会主体就是还归于人民，使社会主体能有更多、更有效的自主、自治、自律、自卫的权利和权力。[②] 现代社会主体逐渐具有了自治能力，应当获得更多自治权力，因此，国家权力社会化是形成现代社会公共权力体系的必要前提。但社会主体自治能力的增强是局部的、不稳定的，这就要求国家采取具有针对性的权力社会化方式。因此，不同性质国家权力的社会化程度不同，其表现方式亦不同。比如，立法权的社会参与包括实行人民公决制的公民直接立法参与和采取利益集团游说或立法建议权、听证权、讨论权等方式的公民间接立法参与；司法权的社会性主要体现在诉讼当事人、诉讼参与人以及准司法行为(如我国的人民调解)的社会性。相较于公民或社会组织在立法、司法过程的参与，行政权的社会化程度更彻底。"行政权力社会化"是行政权力中心向外，由"政府独占"到"社会共享"的过程。[③] 在这个过程中，行政权在诸多方面发生了巨大变化，如其行使主体、行使方式、权力效力等都有明显发展。[④] 而且社会权力主体与政府权力主体间的合作关系趋于平等。

政府行政权的社会化包含行政决策权社会化、行政执行权社会化和行政监督权社会化三种过程。公民或社会组织间接参与的听证、提出建议是行政决策权社

① 参见周志忍:《当代国外行政改革比较研究》,国家行政学院出版社1999年版,第130页。

② 参见郭道晖:《权力的多元化与社会化》,载《法学研究》2001年第1期。

③ 参见黄晓晓:《行政权力社会化及其基本构想》,载《中国发展观察》2007年第8期。

④ 参见黎军:《行政分权与行政主体多元化》,载《深圳大学学报(人文社会科学版)》2002年第4期。

会化的主要方式,间接参与意味着社会主体享有的决策提议权仍要依附于政府决策部门的决策审批权,鉴于决策部门与公众(包含各类社会主体)在决策能力和决策信息上的相对优势,以决策审批权与决策提议权的权力划分方式实现政府决策权社会化更符合现代公共决策有效性的要求;行政执行权和行政监督权的社会化通常采取公民直接参与的方式,即社会主体享有参与公共治理的独立主体地位,这与两种权力的特质有关。现代公共行政的重点是公共服务的提供与执行,它构成行政执行权的重要内容。公共服务供给任务对效率的要求以及政府在执行效率方面的不足,是社会主体获得独立执行权主体地位的客观原因。社会主体获得独立公共权力主体地位后,与政府间的关系经历了从竞争到合作的过程,例如,政策执行任务从私有化、公私竞争到公私合作。在公用事业领域,政府管制随着公共服务供给方式的变化而变化,换言之,行政监管权最早依附于决策权,之后专司监督行政任务执行而独立于决策权,再之后向社会第三方独立机构让渡部分监管权,形成外部独立监管机构,如英国设立的位于各个部门之上并不受政府行政部门控制的公民宪章监督专员。[①] 除此之外,在公共服务合作供给过程中,政府方还向私主体让渡了部分监管权,此时的社会主体同时获得了公共任务执行权和公共任务监督权两种公共权力。政府行政权之所以会在该类公共任务领域进行深度社会化,是因为政府对社会存在较大的信息和技术等资源依赖。

综上所述,政府权力在内和向外的分权,以及分权从竞争到合作的转变,本质上都是政府对社会治理模式的创新,即寻求现代政府权力结构的合理性,以适应多元合作的治理需求。它包括调整权力主体结构以囊括非公共部门;变革权力配置逻辑以赋予非公共部门公共事务管理职能;丰富权力行使方式以改善公共服务能力。PPP 模式作为一种公共服务供给新方式,它是现代政府权力变革的产物。因此,上述权力主体结构、权力配置逻辑和权力行使方式是 PPP 模式中政府权力配置的基本要求。

(三)PPP 模式政府权力配置的指导原则:效率基础与公平优先

分权与制衡原则符合事物相互依存和相互制约的基本原理,是最基本的权力资源配置规则,但它同时是一种技术性原则,在不同的应用领域,会受相应领域的价值理性所牵引。在政治领域,分权与制衡原则的价值取向以民主为前提,以消极地防止滥用权力为原理。当分权与制衡原则被引入公司治理领域时,效率成为其核心价值诉求,同时兼顾公司利益相关者的权益。当新公共管理改革将商业管理方法引入政府公共管理领域时,分权与制衡原则经过发展最终产生了分权与合作原则,该原则一方面承袭了分权与制衡原则的技术性特质,另一方面彰显了现代公

① 参见周志忍:《当代国外行政改革比较研究》,国家行政学院出版社 1999 年版,第 132 页。

共管理效率与公平相统一的价值诉求。概言之,我国PPP模式中政府权力配置原则除分权与合作的技术性或形式性原则外,更重要的是效率与公平相统一的实质性原则。

效率与公平内在统一,是PPP模式的价值诉求,它由公共服务有效供给的需求决定。公共服务有效供给需求包含两个方面内容:一是如何提供尽可能多的公共服务;二是公共服务如何在不同人群中进行均衡供给。[①] 前者构成PPP模式的公共服务最大化供给目标,后者构成PPP模式的公共服务均等配置目标。在价值诉求上,前者受效率价值指引,后者遵循公平价值引导。公共服务的物质性与公共性决定了有效供给两个价值诉求间的序列关系,即"效率基础与公平优先"。因为公共服务从本质上说是一种物品,无论是最大化供给还是均等供给首先要解决的是生产效率问题,但公共服务不同于普通物品,其具有公共性特征,公共服务供给的宗旨是实现符合社会正义要求的公民共享发展成果。

详言之,公平与效率的关系问题是一个有争议的问题。效率与公平孰先孰后隐含"两者内在冲突且无法平衡"的信号。实际上,"效率的提高是公平形态的物质基础和前提,而公平构成了效率提高的基本保证,即必须依赖公平的规范约束"[②]。在公共服务领域,效率与公平的关系不是简单的顺序问题,而是结构问题,公平(正义)是公共服务的价值逻辑,效率是公共服务的行动逻辑,两者关系辩证统一。[③] 我们需要区分并融合目的和手段的价值目标,即效率和公平分别是市场手段和政府手段的价值诉求,共同服务于终极目的。公共服务有效供给终极目标统辖下的效率价值和公平价值之间的关系不应是冲突的。由于公共服务生产是提供的前置和基础环节,在PPP模式中,公共服务最大化供给目标是前提。因此,效率价值是基础性的,并由社会资本方承担该目标。政府方扮演的是公共服务间接提供者,承担监管责任,即保障公共服务均等供给和一般公共利益等公平目标的实现,是对社会方过度追求私利而偏离公共服务生产效率甚至有效供给目标现象的矫正,此时它强调"公平优先"。当然公平诉求同样要符合体现社会正义价值的公共服务有效供给终极目标的要求,即尊重和促进效率价值。综上,公共服务有效供给目标尝试融合公共物品物质属性和社会属性,"效率基础与公平优先"价值关系是构建公私手段间最优关系的基本原则。

"效率基础与公平优先"的价值关系结构对PPP模式中公私主体的公共服务供给责任分工提出了基本要求。公私主体在效率与公平方面具有不同优势,政府

---

① 参见江明融:《公共服务均等化问题研究》,厦门大学2007年博士学位论文,第34页。

② 张康之:《行政伦理的观念与视野》,江苏人民出版社2017年版,第205页。

③ 参见宁华宗:《公平与效率:公共服务的双重逻辑研究》,载《中南民族大学学报(人文社会科学版)》2015年第1期。

方保留公共服务均等配置目标,向社会方让渡公共服务最大化供给目标,两者共享权力并成为实现公共服务有效供给目标的“责任共同体”。公平是指“按照相同的原则分配公共权利和社会资源,并且根据相同的原则处理事情和进行评价”①。公共服务的公平价值诉求形成均等供给目标,它是指公众基于公民身份平等地获得公共服务。这就要求政府必须保证公共利益的实现机制(包括以 PPP 项目作为路径)都能够按照相同的原则向公民提供公共服务,包括给付持续不中断、给付质量和数量、给付价格、给付服务普及化和均等化。② 除此之外,PPP 模式中的公平价值还体现在政府保证所有潜在 PPP 项目竞争者能够在一个公平的、开放的市场中进行有序竞争以及享受扶持促进措施(如财政补助、资金支持、税收优惠、价格补贴等)的公平配置。效率价值诉求形成最大化供给目标。而公共服务最大化供给,不仅是私主体的主要责任,也是公主体需要促进和监督私主体完成的目标,因而 PPP 模式中的效率目标体现在合作生产提供、合作管制、合作促进等多个方面。此外,鉴于我国社会主体力量的薄弱,需要政府采取合作促进的方式引导市场、社会力量的参与,以提高宏观产业结构效率和微观产业发展效率。

PPP 模式公私主体符合“效率基础与公平优先”原则的责任分工的实现有赖于政府向私人部门主动让渡权力,并与私人部门形成最优化的法权结构。法权结构是指权力与权利的最优比例,其是否最优化的判断标准或平衡基准点是利益(包括私益与公益)总量最大化。决定“效率基础与公平优先”价值关系结构的公共服务有效供给需求,即公共服务最大化供给和均等配置,在公私合作供给模式中实质上就是私益与公益之和最大化。但私益与公益之和最大化是具有多种可能性的组合,如极端情形下的私益极大化和公益极小化、公益极大化和私益极小化。在公共服务合作供给过程中,过分压抑私益,公益的增值就丧失了基础,而过分克制公益,私益的增值就丧失了意义。因此,只有遵循“效率基础与公平优先”的价值原则,公益与私益之和最大化才是社会整体利益最大化,才能与公共服务有效供给终极目标相适应。

PPP 模式中社会整体利益最大化借助权力和权利的利益保障(增值)功能实现。权力是政府实现公共服务均等配置目标和公平价值诉求的基本手段,私人部门则以权利作为实现公共服务最大化供给目标和效率价值诉求的基本手段。政府通过权力配置与私人部门共同实现利益(包括私益与公益)最大化的过程是:政府通过向私人部门让渡权力的方式,将公益与私益结合,借由私人部门的权利实现公

① 俞可平:《重新思考平等、公平和正义》,载《学术月刊》2017 年第 4 期。

② 参见杨彬权:《论国家担保责任:主要内涵、理论依据及类型化》,载《西部法学评论》2016 年第 2 期。

共服务供给最大化目标；同时政府保留了部分权力，以保障公共服务均等配置；私人部门在受让公益之后，在获得部分公益溢价的同时承担附着于公益之上的公共服务均等配置以及一般公共利益的保障责任。简言之，私人部门基于权利的效率优势，承担实现私益与公益最大化增值的责任；政府基于权力的公平优势，承担保障公益与私益均衡增值的责任。

通常认为，公共利益是判断私权与公权边界的通常标准。不同于其他领域对公共利益的模糊定义，在公共服务领域，公共利益的内涵与价值诉求具有相对清晰的轮廓。在法学领域，它与公共权力或私人权利有着密切联系，由于“利益内容的不确定性”和“受益对象的不确定性”，①它是一个不确定的模糊概念。通过列举方式，或对“概念核心”和“概念外围”的区分，或由法官释明和其他执法者判断，能在一定程度上明确其部分内涵。② 在公私合作供给公共服务的场景中，公共利益的概念与公共服务有密切联系，其“概念核心”必然围绕“公共服务”展开。在经济学上，公共利益通常被界定为各类公共产品和公共服务。因此，对于 PPP 模式中公共利益概念的理解应该是：公共服务是公共利益的物质表现形式，公私合作项目是公共利益的实现机制，而公私责任配置结构是公共利益的保障机制。“公共利益”与特定政策领域结合，其内涵便清晰了。在公共服务领域，所谓公共利益大致可以理解为公民公共服务需求的满足。但在公共服务公私合作供给模式中，公民公共服务需求的满足有赖于私人部门的积极行动。理想状态下，对私益最大化目标的尊重与促进才能实现公益最大化，因而公益与私益的共同最大化才符合合作宗旨。但私益与公益的潜在冲突决定了理想状态的不现实性，在公私合作过程中，公益最大化和私益最大化的目标均要适当克减，为彼此提供适当的增长空间，因而社会整体利益最大化才是恰当的最高宗旨。因此，在 PPP 模式中作为判断权力与权利边界的“公共利益”本质上是“社会整体利益”。私人部门受让权力即政府让渡权力范围应遵循“有公平的效率”要求，政府保留权力范围应遵循“有效率的公平”要求。概言之，能够实现社会整体利益最大化的“效率基础与公平优先”原则是 PPP 模式政府权力配置的基本指导原则。

三、我国 PPP 模式政府权力配置结构

我国政府的经济体制、行政体制经过四十多年的改革，政府权力配置结构呈现出自身的特点。首先，我国大部制改革现阶段主要是政府部门之间权力分配，政府

① 参见陈新民：《德国公法学基础理论》，山东人民出版社 2001 年版，第 182 ~ 187 页。
② 参见倪斐：《公共利益法律化研究》，人民出版社 2017 年版，第 43 ~ 44 页。

组织内部运作机制即决策、执行和监督三者相互制约和相互协调还未充分展开。[①]其次,我国公共服务低效率不仅是中央政府及部委决策效率问题,也涉及地方政府执行效率问题,甚至是对决策与执行的监管效率问题。因此,PPP 模式政府权力配置不仅发生于特定政府部门内部,还发生于中央与地方政府之间以及中央政府各部门之间。

(一)我国 PPP 模式政府权力结构现状与问题

一方面,我国公共服务政府权力集中。其表现为:(1)权力由权力机关流向行政机关。我国行政保持较为良好的协调性和一致性。同时,由于现代行政事务的复杂性,政府行政权也呈扩张倾向。这源于权力机关负责一般性问题而行政机关解决具体性问题的分工特征,其表现为行政权既包括权力机关的委任立法,亦包括行政立法权,更为普遍的形式是行政机关的自由裁量权,这些表现形式都表明政府掌握更多的行政话语权。(2)权力集中于上级政府。由于我国《宪法》仅对中央与地方政府之间的职权划分作了原则性规定,[②]而且没有明确省级以下地方政府之间的职权划分,我国政府间权力配置呈现出纵向向上集中的特征。“相对于中央政府和上级政府而言,地方政府和下级政府缺乏完整的行政组织权和财政权,只有有限的立法权,而中央政府和上级政府可以通过组织、人事、财政和投资项目等途径对地方政府和下级政府进行控制”[③],这为政府权力向上集中提供了制度条件。(3)市场主体权利向政府集中。由于政府与市场关系的边界不清晰,尤其公共服务市场化仍处于培育阶段,政府在承担诸多经济管理职能的同时必然对市场主体领域形成挤占,这是政府行政权力对市场主体或社会主体权利的侵吞。

另一方面,我国公共服务政府权力部门化。我国传统行政体制采取以机构定职能的思路构建政府组织体系,基本上每一级政府都存在部门职能分工,这种部门化的行政分工体系虽然有利于社会事务的专业化管理,提高行政效率,但存在职能分工过细、部门权力过分集中、决策非理性的弊病。[④] 职能部门化的直接影响是产生权力部门化问题。政府与其部门的分工是制定决策与执行决策,但职能部门化使政府将权力“下放”给部门。在具体行政实践中,部门实际负责议定、协商、起草政策,政府则通过审阅签字、盖章发文方式予以确认,然后再由部门照章执行。从

---

① 参见竺乾威:《公共行政的改革、创新与现代化》,复旦大学出版社 2018 年版,第 153、154 页。

② 我国《宪法》第 3 条第 4 款规定:“中央和地方的国家机构职权的划分,遵循在中央的统一领导下,充分发挥地方的主动性、积极性的原则。”

③ 此外,中央与地方职能的高度趋同和行政组织设置的同构性,为行政集权提供了相应的事务范围和顺畅的组织通道,而地方政府和下级政府为了获取中央或上级政府的资源支持,行政运行的方向顺向中央政府与上级政府。参见石佑启:《论法治视野下行政权力的合理配置》,载《学术研究》2010 年第 7 期。

④ 参见崔会敏:《“行政三分制”研究综述》,载《云南行政学院学报》2010 年第 2 期。

某种程度上说，政府权力演化为部门权力，形成“弱政府，强部门”的格局。[1] 相较于政府权力向上级政府的纵向集中，权力部门化则是政府权力的横向集中。权力部门化导致利益部门化。利益部门化的途径是：部门通过决策权制定符合部门利益的政策法规，以政策执行权的方式在政策贯彻实施过程中维护部门利益，又以自我监督的方式排除其他主体的利益诉求。部门利益化导致部门专权和部门分割现象。部门利益集团的存在针对有限的公共资源和权力资源展开争夺，部门之间关系“竞争大于合作，扯皮多于协调”。部门分割违背了政府职能分工的效率目标，陷入公共资源内耗和权力威信消散，制约了国家权力的整体功能。

综上所述，我国 PPP 治理权力结构呈“纵向集中于上级政府，而横向集中于政府部门。PPP 政府权力集中于中央各部委存在两个方面的不足。

第一，部门间缺乏协调性，不符合现代政府权力分工的效率特征。政府部门的职能分工是经过法律确认的，但部门利益的存在会导致法定职能的实际偏离。正如布坎南所言，“政治家和官僚……的行为同经济学家研究的其他人的行为没有任何不同”[2]，即部门官僚同样是效用最大化的行动者。部门利益集团行为目标“嫁接”于行政权，使政府职能与政府机构配置失衡，例如，经济部门倾向直接介入经济领域，而非提供经济调节、市场监督等职能，仍难以摆脱“建设型”政府的惯性。以效用最大化为目标的职能部门缺乏与其他部门协调的动机，并存在侵入其他部门法定职权范围的现象，社会事务的发展让部门之间的职能划分也变得模糊不清；以效用最大化为目标的职能部门同样缺乏与下级政府及其部门协调的意愿，这集中表现在上级决策与下级执行之间的分离关系，两者分离导致上级决策缺乏信息基础，亦导致下级执行缺乏相应财权，最终致使决策者与执行者的集团或个人利益目标吞食公共利益目标；以效用最大化为目标的职能部门更是缺乏协调职能履行过程中决策、执行、监督权力的动力，除上下级之间决策与执行的分离之外，执行偏离决策亦是普遍现象，三者结构失衡的最典型表现是监督机制的薄弱，政府及其部门的内部自我监督形同虚设，外部监督薄弱无力，与决策和执行相比，我国政府监督机制尚处于初级阶段。

第二，政府权力缺乏回应性，不符合现代公共治理的民主化要求。根据公共治理理论，“治理不是一整套规则或活动，而是一个过程；治理过程的基础不是控制，而是协调；治理既涉及公共部门，也包括私人部门；治理不是一种正式的制度，而是

---

① 参见蔡小慎、潘加军：《中英“行政三分制”改革的比较与借鉴》，载《行政论坛》2004 年第 3 期。

② ［美］詹姆斯·M. 布坎南：《自由、市场与国家——80 年代的政治经济学》，平新乔、莫扶民译，上海三联书店 1989 年版，第 40 页。

持续的互动”①。公共行政表现为一个决策、执行、监督的过程,并且需要在不同过程均保持回应性。行政决策是一个以决策部门为主导的集思广益的合作过程,需要不同主体贡献各类信息、智识、技术等资源。② 我国现行行政体制上下级政府之间、部门之间以及上级部门与下级政府之间的协调通道并不通畅,公民参与政府决策的表达机制不健全。就执行机制而言,不仅关注行动过程,更关注行动结果,但决策非理性、决策与执行脱节、执行者私益目标导向都会导致执行结果的非理性,公民参与以及公民诉求直接被排除在执行过程和结果之外。而且现代公共治理理论强调行政执行主体的多元化,目前我国主要在公共服务项目领域允许私人部门参与,但整体上缺乏相应的法律制度,缺乏公平的竞争环境。而作为公民参与政府管理活动的监督机制,仍然非常缺乏专业性和独立性,最为薄弱之处在于缺乏强制性,在行政三权中,监督权弱于决策权和执行权,无法为公民参与提供强有力的保障功能。

我们知道,PPP 模式是现代公共治理理论的重要成果之一,其立足于已经实现权力合理分工与协调的现代政府行政体制,得益于已经具备公共事务参与能力的现代社会组织体系,根源于现代政府与市场边界的重新厘定。PPP 模式在与我国政府权力结构相结合过程中的表现则极具中国特色。我国 PPP 制度采取“双轨制”的发展路径,即由国家发展改革委主导特许经营类(传统基础设施领域的)PPP 制度体系,财政部门主管政府付费购买类(传统公共服务领域的)PPP 制度体系,③两部门共同承担 PPP 模式的立法、推广和监管任务。地方(县级以及县级以上)政府或其指定的有关职能部门、事业单位或国有企业则作为 PPP 项目实施机构落实 PPP 项目。④

① Global Governance Committee, *Our Global Neighborhood*, Oxford University Press, 1995, p. 2 – 3.

② 从行政学角度看,行政决策是一个包括搜集信息、确定目标、设计和评价方案以及选择方案等活动在内的多阶段、群策群力的合作过程,不同的政府机构和人员在决策过程中承担着不同的决策任务。参见丁煌主编:《行政学原理》,武汉大学出版社 2007 年版,第 156 ~ 164 页。

③ 参见陈婉玲、汤玉枢:《政府与社会资本合作(PPP)模式立法研究》,法律出版社 2017 年版,第 80 ~ 81 页。

④ 财政部《关于印发政府和社会资本合作模式操作指南(试行)的通知》(财金〔2014〕113 号)第 10 条规定:“政府或其指定的有关职能部门或事业单位可作为项目实施机构,负责项目准备、采购、监管和移交等工作。”国家发改委《关于开展政府和社会资本合作的指导意见》(发改投资〔2014〕2724 号)规定:“按照政府的相关要求,明确相应的行业管理部门、事业单位、行业运营公司或其他相关机构,作为政府授权的项目实施机构,在授权范围内负责 PPP 项目的前期评估论证、实施方案编制、合作伙伴选择、项目合同签订、项目组织实施以及合作期满移交等工作。”2015 年 4 月由国家发改委、财政部、住房和城乡建设部、交通运输部、水利部、中国人民银行六部委共同发布的《基础设施和公用事业特许经营管理办法》第 14 条规定:“县级以上人民政府应当授权有关部门或单位作为实施机构负责特许经营项目有关实施工作,并明确具体授权范围。”按照通常理解,“单位”包括事业单位和国有企业等其他相关单位。实务中,行业运营公司、其他相关机构、其他单位能否为项目实施机构存有争议。

可见,涵盖各种公共服务合作供应架构的 PPP 模式在我国主要通过“政府财政支持”和“政府投资项目”两个因素被简单归入财政部门和发改部门的职能范围。这种部门化的划分方式不利于公共服务供应职能的履行,虽然两分法一定程度上减小了不同 PPP 项目主管部门的确定难度,但它不符合 PPP 的本质属性,PPP 是一种职能履行方式,而非特定的职能类型。

我国 PPP 模式中,虽然 PPP 项目的执行权主要由地方政府及其指定部门实施,但是 PPP 的决策权和监督权集中掌握在两部委,例如,财政部负责指定 PPP 项目实施指南的同时负责制定 PPP 项目库管理要求,后续监督要求与前期项目推行决策间缺乏衔接,存在决策非理性和监督随意性的现象,导致很多 PPP 项目的非正常终止。而近几年的 PPP 乱象又表明地方政府的执行实施与两部委的决策监督存在背离,并没有形成有效的政府内部行政权分工与协调机制。

总的来说,PPP 模式中政府权力结构是我国目前政府现代治理体系和治理能力的一个具体面向,前者权力的优化配置取决于我国政府整体机构改革成效,但作为现代治理理论的典型产物,PPP 模式政府权力配置又能引领我国现代服务型政府的建设。可见,我国 PPP 模式政府权力结构配置需要遵循并引领服务型政府建设的双重改革思路。一方面,对我国政府组织结构进行改革,以形成与社会发展相适应的专业化和独立性的高效体制;另一方面,要变革政府行政方式,注重政府、市场、社会三者的协调配合,以增强政府行为的回应性,形成多元共同治理机制。

(二)我国 PPP 模式政府权力合理配置的总体思路

现代政府行政权根据行政过程分化之后,政府的职能结构、组织结构、权力结构更具开放性和包容性,为 PPP 模式中政府的多重角色安排提供了制度基础,也为非政府主体在公共服务供给不同环节的参与治理提供了制度条件。其中政府行政执行权的独立是核心,因为公共服务项目的具体执行环节是社会主体参与空间、作用效果最大的环节,它是 PPP 模式存在的意义。政府 PPP 项目执行权独立和执行环节合作力量的引入,促使 PPP 项目监督权独立,又为社会资本方和其他非政府主体进入项目管制领域提供了可能性,项目监督环节合作力量引入产生的效率增值又进一步增强了 PPP 模式存在的现实意义。因此,政府行政权“三分”是社会主体参与 PPP 项目的基本前提,应该成为我国 PPP 模式中政府权力配置的基本过程。

我国 PPP 模式中政府权力配置具有特殊性,我国政府关于 PPP 政策制定权、PPP 项目执行权、PPP 项目监管权的配置并不发生于特定的政府部门内部或某一级政府,而是发生于央地政府之间,更准确地说是中央部委与地方政府之间,属于纵横交错的政府权力划分过程。我国地方政府行政执行权或 PPP 项目执行权的划分不仅是基于决策与执行职能的分工,还是央地政府关系的表达,因而决策部门与执行部门之间的关系不是简单的绩效契约关系,而是保留了上下级政府间的命令服从关系,这是我国两部委对地方政府 PPP 项目干预过多的原因之一。我国 PPP 项目监管权配置的独立性,不仅要独立于作为执行部门的地方政府,更重要的是独立于作为决策部门的两部委,它涉及中央政府及其部门的权力划分问题。

因此,我国 PPP 模式中政府权力配置的关键是央地关系的合理处理,包括中央各部委之间的权力结构和中央各部委与地方政府之间的权力划分。对央地关系的理解需要结合我国"行政三分制"改革和"大部制"改革的背景。中共中央、国务院于 2008 年发布的《关于深化行政管理体制改革的意见》对"行政三分制"改革和"大部制"改革提出整体方案,按照精简统一效能的原则和决策权、执行权、监督权既相互制约又相互协调的要求,紧紧围绕职能转变和理顺职责关系,进一步优化政府组织结构,规范机构设置,探索实行职能有机统一的大部门体制,完善行政运行机制。"行政三分制"改革的核心是通过行政权的内部划分,建立一套符合现代管理规律的政府权力结构和运行机制,以提高管理的科学化和理性化水平。[①] 其路径是首先通过大部制解决部门林立和职能交叉重叠的状况,建立起来的部门通常分属决策性部门、执行性部门、监督性部门,然后这些部门之间按照"行政三分制"要求既相互制约又相互协调,即通过大部的建立更好地使执行不同权力的部门之间做到既相互制约又相互协调。[②]

纵观现代政府行政体制改革的动因,或是政治过度辖制行政,政策与执行职能的分离在于提高执行效率,或是政治决策能力过于薄弱,大部制改革被视为政府提升决策能力的重要手段,其核心是关于政府决策与执行的协调问题。在我国,中央政府核心职能是决策,但权力部门化是中央政府提升决策能力的主要障碍,因而"整合职能、减少交叉、增强协调"的大部制改革首先成为中央政府权力结构改革的主要手段,涉及中央政府及各部委的决策权力和监督权力划分,旨在提升中央政府的决策能力;而负责政策执行的地方政府层面,其核心问题是执行效率低下,"行政三分制"中的"权力三分"成为其必备手段,涉及地方政府内部组织运行机制的完善,旨在将社会力量引入政策执行环节。我国央地政府的协调问题同样是我国行政改革的重点,主要通过事权、财权的适当划分以实现中央决策与地方执行的分工协调;而监督权的划分是决策权与执行权分离过程中必然会产生的问题,它涉及中央各部委以及央地政府间的权力划分,鉴于其独立于决策权和执行权的特质,它既要设立于中央政府层面,又要独立于决策部门。

因此,相较于发生在中央政府部门内部的横向"行政权三分",我国则同时存在横向和纵向的政府间与部门间(而非部门内部)的"行政权三分"。央地政府通

---

① 参见薛刚凌、张国平:《论行政三分制的功能定位》,载《行政管理改革》2009 年第 3 期。

② 参见竺乾威:《公共行政的改革、创新与现代化》,复旦大学出版社 2018 年版,第 149 页。

常以行政决策与行政执行职能划分为权力配置依据,中央政府及其部门负责 PPP 项目决策,地方政府及其部门负责 PPP 项目执行,由于决策与执行分离的非绝对性,地方政府同样享有本辖区内 PPP 项目决策权。PPP 项目监管权的行使要求全过程性、独立性和专业性,应当配置给层级较高的中央独立监管部门,可同时设立派出机构提高地方政府 PPP 项目监管的有效性。在此基础上,向私人部门让渡公共服务供给权的主要是负责执行 PPP 项目的地方政府,向私人部门和第三方机构让渡监管权的则是负责监督 PPP 项目的中央监管部门及其地方派出机构。概言之,PPP 模式是政府方履行自身固有公共服务供给责任的一种方式,其与私主体之间是公共权力让渡与保留的关系,部分行政决策权、执行权、监督权的让渡旨在提升公共服务供给效率,而上述剩余权力的保留旨在保障公共服务均等供给。让渡与保留之间并没有绝对的分界线,公共权力让渡与保留配置结构的合理性取决于政府内部权力配置结构和公私主体合作关系的优化。

(三)我国 PPP 模式政府权力配置结构

我国 PPP 模式政府权力配置可以理解为不同层级政府及其部门在 PPP 项目决策、执行、监督过程中的分工与协调。PPP 模式中政府权力的纵向配置主要是指决策权、执行权与监督权在中央政府(包括其部委)和地方政府之间的划分,横向配置则是指三种权力在各自政府层面内部的配置,由此形成错综复杂、相互交叉的 PPP 模式政府权力体系(见图 1)。

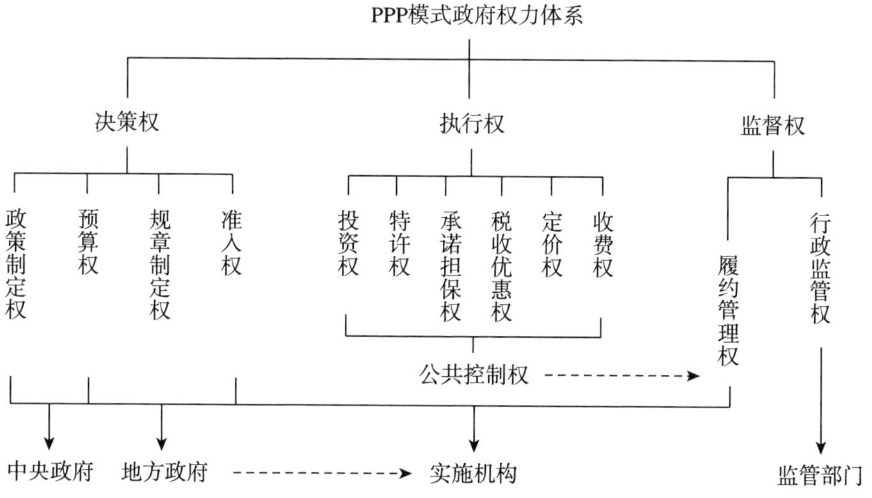

图 1 PPP 模式政府权力体系

1. PPP 政府决策权的配置

行政决策权是行政权的核心组成部分,是具有明显强制性特征的国家权力。

而且相较于立法权和司法权对公民权益影响的间接性,行政决策权对社会影响具有直接性。由此,通常将行政决策权主要交由上级政府行使,在PPP模式中决策权则主要配置给中央政府及其部委。由于现代行政决策包括搜集信息、确定目标、设计、评价和选择方案等活动,不同的政府机构和人员在决策过程中承担着不同的决策任务。[①] 因此,现代行政决策权存在分散趋势,处在不断分解与再配置的过程中,包括"向下"向地方政府分散和"向外"向社会公众分散。

首先,决策过程的层级性决定了行政决策权主要由中央政府及其部委保留。通常政策制定与政策执行之间具有相对性,行政决策活动是对上级决策(法律或法规)的执行,但对于下级执行活动其又是决策活动,层层落实和细化,是一般到具体的过程,因此它也可理解为行政决策的层级性。在我国PPP制度中,立法层面由立法机关提供顶层制度设计,行政法规层面由行政决策部门提供具体制度框架,公共服务职能履行层面由行政执行部门识别、筛选、启动合作项目,而具体执行过程同样存在决策活动如立项决策等。从中央到地方,我国PPP模式中政府决策权(广义上)可分为PPP行政法规立法权、PPP部门规章制定权、PPP地方政府规章制定权、PPP地方政府其他规范性文件制定权、PPP项目立项决策权等。但决策过程依赖由下而上收集的信息,不同于决策权力由上至下地递减配置,决策信息是由上至下地递增分布,即与权力不对称分布相对应的是信息的不对称性分布。这使得下级政府的决策行为受自身目标导向和行为逻辑影响,出现与上级决策相背离的情况。因此,虽然中央政府及其部委在决策信息上不具有优势,但与整体社会公众利益有更高的契合度,应由其保留PPP法规和政策方面的决策权力。

其次,决策过程的延续性决定了地方政府必须行使部分行政决策权。决策延续性是指在执行活动中仍然存在诸多必要的决策活动。决策形成的法令通常都是内容广泛但含糊不清的,这就给执行主体"应该做什么和不应该做什么留下了很大的余地"[②]。在PPP项目启动环节,地方政府拥有是否启动项目的决策权。在PPP项目的运营中,决策延续性问题因为PPP项目的不确定性和长期性更加复杂,地方政府的项目实施机构通常掌握一定程度的PPP项目控制权,如对PPP项目的调整或修改权、绩效考核权、奖惩权、介入权、收回权、再谈判权等。在PPP项目移交环节,地方政府拥有是否继续授予项目运营权利或重新招投标的决策权力。可见,地方政府所行使的行政决策权的内容主要是围绕PPP项目本身,是有关微观事项的决策权力。但微观事务是宏观政策的具体化,中央政府行政决策权与地方政府行政决策权,甚至是项目实施机构的执行权并不易于完全区分,不同权力间需要保持

---

① 参见丁煌主编:《行政学原理》,武汉大学出版社2007年版,第164页。

② 安德森:《公共决策》,华夏出版社1990年版,第116页。

协调性。这就要求上级政府在进行关于 PPP 项目的重大行政决策时，要注重从以往项目执行经验中获得决策支持信息，或为执行机构提供参与决策的机会。此外，需要对执行过程中的决策事项保持持续性监督，以免出现背离决策目标或其他损害公共利益以及私人部门利益的行为。但也要注意保持政府不同决策权以及决策权与执行权之间的相对独立性，行政决策过程是政府方主导的行政行为结果，而 PPP 项目的执行过程是公私权力与权利互动的过程，因而避免政府单方行政行为随意介入公私双方的合作过程有其必要性。

最后，决策过程的民主性和科学性决定了公民、专家享有行政决策参与权。"决策的科学化和民主化的核心要求是必须解决好分权与集权的关系。"①集权涉及行政决策权在政府内部的分配，而分权除上级政府向下级政府出让部分决策权力之外，现代行政决策过程，最重要的分权方式是向公民和专家让渡部分决策权力。公民参与决策是其基本权利保障的自然延伸，专家参与决策则是决策信息汇聚、交流、转化的必要过程，是保障决策过程民主性和科学性的重要手段。在 PPP 模式中，公共服务供给直接关系社会公众的社会福祉，即社会公众是公共服务的消费者，其参与决策不仅是公民基本权利的行使，更是对公共服务政策有效性的直接判断。PPP 项目具有复杂性和长期性，其决策是一项具有技术性门槛的活动，专家参与更有其必要性。而公民、专家行政决策参与权的行使除了设置决策参与机制外，更重要的是建构信息公开和决策信息交流制度，②信息公开是公民获得决策相关信息的必要途径，享有充分信息才能真正实现公民的参与决策权利，而决策信息交流是公民、专家表达独立意见的过程，也是形成多元主体形成决策共识的过程。

2. PPP 政府执行权的配置

我国 PPP 模式中政府执行权力的内容主要是 PPP 项目的具体执行，通常由地方政府及其指定的部门负责。PPP 项目执行是公私主体进行合作的基本环节，因此，PPP 项目执行权的划分主要发生于政府方实施机构与私人部门之间。PPP 项目中政府与私人部门的权力分配，在内容上同样是决策与执行（即公共服务提供与生产）职能的划分，但其划分方式具有特殊性，而且其权力（权利）划分的合理与否直接决定 PPP 项目运营的成败。在 PPP 项目执行权划分中，PPP 项目的具体执行权由私人部门行使，通常表现为 PPP 项目经营控制权；政府保留的主要是 PPP 项目公共控制权，该权力存在的正当性基础是政府的担保责任，它们所呈现的权力内容是项目合作条件的创造以及对持续性合作关系的维持，综合表现为一系列为保证

---

① 董娟：《试析改革开放 30 年行政决策的分散化趋势——以行政分权下的中国政府决策为考察对象》，载《浙江社会科学》编辑部编：《改革开放 30 年回顾与展望》，浙江大学出版社 2008 年版，第 89 页。

② 参见朱新力等：《中国法治政府建设：原理与实践》，江苏人民出版社 2019 年版，第 92 页。

公私合作项目运营符合社会整体利益最大化目标的决策权体系。简言之,行政执行权表现为一系列 PPP 项目控制权,包括由私人部门行使的经营控制权和项目实施机构行使的公共控制权。

首先,私人部门享有 PPP 项目经营控制权。公私合作供应公共服务最直接的目标是提升供应效率,其核心手段就是在公共服务生产与提供环节引入市场管理方式。这必然要给予私人部门充分的自主经营权,将法定和约定政府控制权之外的剩余控制权赋予私人部门。因此,私人部门的项目经营性控制权具有较广的权利边界,包括除项目实施机构公共控制权之外的权利。虽然私人部门的项目经营性控制权范围较广,但它同时具有不同于普通项目经营权或私人财产权相对应的义务。在公私合作关系中,私人部门由于受让了公共资源使用权、特许经营权或垄断经营权,其财产权受限要多于普通私人财产权。此时私人部门权利受限不同于现代财产权社会义务,现代财产权“要求权利的个体性与权利的社会群体性相协调。在必要时允许国家权力从社会群体利益出发,对个人权利做适当的限制、干预或控制”①。我们认为,现代财产权的一般性社会义务本质上与“要求私人主体正当行使权利”的一般义务相同,是针对所有私人财产权的规范性义务,虽然同样出于对他人权利和公共利益的尊重,但公私合作中社会资本方所担负的公共利益责任是特定的、暂时的。换言之,PPP 项目中私人部门享有较多的项目经营性控制权,但对其财产权的行使既要承担一般的社会义务,还要承担特定的社会义务,该社会义务就是社会方担负的公共服务有效供给责任。

其次,政府保留 PPP 项目公共控制权。在 PPP 项目中政府基于担保责任,掌握最终控制权。公私合作提供公共服务并不是政府公共服务供给责任的弱化,政府虽然不再直接从事公共服务生产活动,但其仍然承担公共服务的最后提供责任。②同时,依据我国政府垄断公共服务供应的传统,政府促进 PPP 产业发展是前提条件和制度保障。政府保留的项目控制权在项目不同阶段呈现不同的表现形式和具体内容。在 PPP 项目的前期决策阶段即筹备阶段,政府控制权包括 PPP 项目立项必要性、项目可行性研究以及申报和审批即项目启动权,项目预算权(财政承受能力论证等),项目绩效指标确定权(确定服务目标、质量、价格、数量、范围等标准),私人部门选择权等,该阶段因私人部门还未正式介入,主要涉及政府单方权力的行使问题;在 PPP 项目合同磋商阶段,政府方享有与私人部门就合作条件进行谈判、承诺的权力,也有选择公私合作框架的权力(包括合伙、契约、公司);在 PPP 项目建

---

① 郭道晖:《社会权力与公民社会》,译林出版社 2009 年版,第 31 页。

② 参见陈婉玲、汤玉枢:《政府与社会资本合作(PPP)模式立法研究》,法律出版社 2017 年版,第 177 页。

设运营阶段,政府方的控制主要是对项目建设运营绩效的掌握和调整,包括变更权、定价权、介入权或临时接管权、解除权或终止权等,还包括评价项目运营情况的绩效考核权、奖惩权等;在 PPP 项目移交阶段,包括提前终止或解除时的接管权(介入权)和正常终止时的接管权(收回权)等。PPP 项目磋商阶段到移交阶段,项目执行环节的政府控制权属于与私人部门项目经营控制权相对应的项目公共控制权。

最后,公私主体 PPP 项目控制权的划分是“掌舵者”与“划桨者”角色分离原则的体现,是项目实施机构决策与私人部门执行的职能分工。但正如古德诺所言,“分权原则的极端形式不能作为任何具体政治组织的基础”①,在整个 PPP 项目运营过程中,公私主体不可能只限于行使一种被框定的治理功能,需要在决策与执行之间协调一致。换言之,公私主体之间不存在绝对的分权,在项目经营控制权和公共控制权的固有权限之外存在一个权力空间。关于公私主体的权力配置规则可参考公众公司中股东会与董事会之间的权力划分规则。公私主体是代理兼合作关系,代理关系体现为政府方承担公共服务供给失败的终极风险,合作关系体现为公私主体在生产要素方面的共同投入。在公众公司治理结构中,股东会与董事会之间同样是代理兼合作关系,代理关系体现为股东承担投资失败即资本损失的终极风险,合作关系体现为两者在生产要素方面的投入,股东投入货币资本,董事投入人力资本。两种治理场合,不同主体间关系虽逻辑起点不同,但逻辑关系相同,因而其权力分配规则具有借鉴意义。一般而言,从决策对象看,战术和战略分别由董事会和股东会负责;从决策程序看,决策管理主体是董事会,决策控制主体是董事会或股东会。因此,股东会和董事会一般在战略决策和决策控制上存在权力交叠,权力空间的划分标准通常采取交易成本理论,即将权力赋予具有节约成本优势的一方,通常将权力赋予董事会。依循此逻辑,除政府方必须保留的权力外,其余权力均可以让渡给私人部门。

我们可以将政府方的公共控制权分为政府绝对保留控制权和相对保留控制权,相对保留控制权就是公私主体在其固有权力之外的空间,可视情况继续由项目实施机构行使,亦可交由私人部门行使,其划分标准亦可采取交易成本原则。实际上,PPP 模式中公私主体权力配置的关键环节是项目执行过程项目实施机构与私人部门关于项目控制权利的划分。权力的让渡与受让使公私主体间形成公共服务供给“责任共同体”。政府方在保障公共服务均等供给方面具有优势,而社会方具有效率优势,两者优势互补,共同实现公共服务有效供给的终极目标。因而,在权力配置上,私人部门应当掌握绝大部分的项目控制权,项目实施机构仅掌握部分项目控制权(履约管理权),而且该类控制权主要关涉公共服务均等供给问题,限于

---

① ［美］F. J. 古德诺:《政治与行政》,王元译,华夏出版社 1987 年版,第 14 页。

明定的狭小范围。

3. PPP 政府监督权的配置

财政部《关于印发政府和社会资本合作模式操作指南(试行)的通知》(财金〔2014〕113 号)规定了我国 PPP 项目的监管架构,包括授权关系和监管方式。授权关系主要是政府对项目实施机构的授权,以及政府直接或通过项目实施机构对社会资本的授权;监管方式主要包括履约管理、行政监管和公众监督等。国务院和各部委的后续文件分别对上述监管方式作了初步细化。概括而言,PPP 项目的履约管理由项目实施机构负责,根据 PPP 合同监督私人部门的履约行为;PPP 项目的行政监管采取分别监管的方式,项目采购、项目财政、项目信息公开等内容由各级财政部门监督,项目预算绩效管理由审计机关监督,项目质量和价格由各行业主管部门监督,项目融资由金融监管部门监督等;公众监督则主要通过完善综合性评估体系实现。因此,我国 PPP 模式政府监督权配置存在多头监管和缺乏独立性的问题。PPP 模式中政府角色的转变已无法兼容于我国传统监督体系,必须明晰政府在 PPP 政策制定、项目实施和行政监管的不同职能定位,形成独立监管制度。①

首先,要剔除监督机构与实施机构的关联性。公共服务领域传统模式中,国有公用企业在政府直接控制下负责公共政策的执行,但在 PPP 模式中,政府作为合作者是基于项目协议对私人资本进行控制的,而非行政命令。若让政府方项目实施机构负责监管,项目实施机构既是 PPP 项目的执行者又是监督者,容易陷入权力主体自我监督的陷阱。区分政府或项目实施机构 PPP 项目的合作者和监管者身份是确保公私合作环境公平性的基本前提。其次,要剔除监管机构与政策制定机构的关联性。政策制定强调在宏观层面上建立适宜公私合作的制度环境,市场监管则是对公私合作行为的微观干预,其作用是填补社会公众与监管产业之间的信息真空,弥补由此产生的信息不对称,确保 PPP 运行"在实质上和程序上都符合公共利益"②。而且市场监管是对政府不直接参与政策执行造成的控制减弱问题的弥补。因而两者有着本质与内容上的差异。我国 PPP 政府监督权力应当配置给一个独立于发展改革委、财政部和各行业主管机构的机构,各省、自治区、直辖市政府依层级专设由中央垂直管理的 PPP 监管局。

除 PPP 项目监管权和监管机构的独立性外,不同监管权之间的协调性同样关键。监管机构的独立性是现代政府行政职能分离的必然结果,但现代政府的责任具有综合性和复杂性,需要政府不同职能部门之间相互协调,亦需要政府与非政府

---

① 参见陈婉玲、汤玉枢:《政府与社会资本合作(PPP)模式立法研究》,法律出版社 2017 年版,第 192～195 页。

② 李开孟、伍迪:《完善 PPP 监管体系关键在于政府找准角色定位》,载中国经济导报网,http://www.ceh.com.cn/ep_m/ceh/html/2017/01/11/B06/B06_98.htm。

主体之间的合作，其监管方式自然呈现多样性。例如，我国财政部规定了履约管理、行政监管和公众监督三种 PPP 项目监管方式。三种监管方式在监管目标和信息分布上均存在差异性，需要保持适当的协调性，而这种协调工作主要由行政监管机构（PPP 监管局）负责。这里需要指出的是，我国政府在 PPP 模式中兼具促进责任和监管责任，这就要求我们的监管部门与决策部门、执行部门能够协调一致，产业政策的落实要考虑监管的现实性，而监管政策的落实要充分考虑产业政策目标，这就要求决策机构在为执行机构设立产业整体发展目标的同时，将产业促进目标嵌入监管制度中，这就要求 PPP 监管机构与执行机构能够共享统一的公共服务价值序列（效率与公平关系）。

PPP 模式中，不同监管方式的协调本质上是监管权在不同监管主体间的优化配置。在我国 PPP 模式中，最关键的是厘清履约管理权与行政监管权的关系。履约管理权是项目实施机构基于公共服务供应契约的约定获得的项目公共控制权，其在内容上体现为项目运营过程中对私人部门各类经营行为的管理和约束，本质上属于广义的项目监管范畴。这就会产生一个悖论，即项目实施机构作为 PPP 项目合作者却行使项目监管权。其与监管机构的行政监管权行使的最大差别仅在于主体不同。例如，PPP 项目介入权行使，项目实施机构作为履约管理者，拥有项目介入权，而 PPP 监管机构作为监管者同样拥有项目介入权，这就会产生两者权力（权利）的关系问题或效力问题。当监管机构采取合作管制方式激励社会方实施自我规制时，PPP 监管机构基于合作监管契约享有的监管权利与项目实施机构基于合作供给契约享有的履约管理权利之间的区分难度更大。

笔者认为，鉴于公共服务供给秉持“效率基础与公平优先”原则，在 PPP 项目（广义）监管方式上应优先选择合作管制，在监管权配置上应侧重于项目实施机构，即由 PPP 监管机构将契约化的监管权利授权项目实施机构行使，并由项目实施机构监督社会方的自我规制行为。而 PPP 监管机构仍应保留部分不可契约化或不可授权的监管权力，如 PPP 项目最终接管权等。此时，政府监管权被区分为绝对保留监管权和相对保留监管权，前者只能由 PPP 监管机构行使，后者可委托项目实施机构，甚至可以授权社会方实施自我监管。另外，为了提升监管效率，PPP 监管机构应授权第三方机构实施监管，亦可将第三方机构引入合作管制契约，同时应将社会公众监督纳入合作管制契约，这是 PPP 项目监管权的社会化配置。

总体而言，政府放弃的仅是公共服务直接供给责任。这既是出于缓解福利国家制度所带来的公共财政负担的目的，亦是出于释放现代社会公共服务需求日益复杂和多样化的压力，这恰恰为社会主体进入公共责任领域提供了机会。国家辅助性原则改变了公共任务领域仅由公权力运作的特征，公权力的退出和让渡成为公私合作的基础，因而政府在 PPP 模式中保留权力要符合必要性原则，即非必要不保留,仅限于担保责任履行所需。然而,我国市场和社会力量尚不具备承接公共服务直接履行责任的能力。促进 PPP 产业发展是我国 PPP 模式得以确立的前提,政府促进责任与监管责任共同构成我国政府担保责任,成为 PPP 模式中政府保留权力的共同基础。如何实现促进责任与监管责任的协调也成为政府保留权力行使的重要目标。因此,我国 PPP 模式中政府保留权力的类型和体系更加复杂,权力配置和目标协调任务更加艰巨。

第二章　PPP 模式政府权力让渡与保留的基本逻辑

以现代政府行政职能分化为背景，PPP 模式政府权力结构也表现为以决策权、执行权与监督权为中心的权力系统。为保证与私人部门在公共服务领域合作的顺利推进，政府 PPP 权力进行外部分化，通过权力让渡与保留的方式矫正公私主体不对等的权力关系，由此派生新的政府权力形式，形成了 PPP 模式中政府新的权力体系(见图 2)。

政府权力让渡主要是指行政执行权的让渡，它主要发生于 PPP 项目执行环节。政府执行 PPP 项目本身就是对项目实施决策、执行、监督等活动的过程，其主要以政府 PPP 项目公共控制权的形态出现。政府在执行 PPP 控制权过程中，属于项目具体执行事宜的权利，如项目经营权、服务收费权、公共财产使用权等会让渡给私人部门；而属于项目决策事宜的权力，如项目(超额)利润分配决定权、承诺担保权、内部定价权等仍由政府保留。由于政府权力向私人部门的让渡涉及公共资源配置与利用权利转移的问题，基于公共服务有效供给的公共利益价值目标，必将产生对私人部门实施 PPP 项目的监督需要。在 PPP 执行环节，政府权力让渡依赖公私合作契约而存在。因此，对私人部门具体实施 PPP 项目行为的监督权表现为其不可让渡的履约管理权，形成包括内部接管权、退出限制权、绩效考核权、契约便利终止权、单方变更权等体现监督功能的履约管理权权利束。

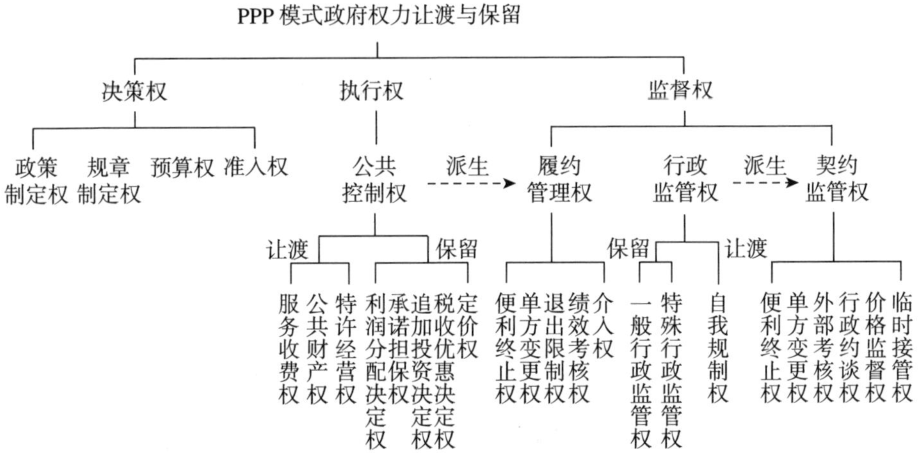

图 2　PPP 模式政府权力让渡与保留框架

一、PPP 模式政府权力让渡与保留的逻辑基础

从功能角度看,权力和权利均是法定利益的实现或保障机制。政府方让渡权力并由社会方受让权利,本质上是让渡权力背后的公共利益及其公共利益的实现机制。权力是对权利的确认与保护,而权力保障权利的价值实现有赖于权力机关的运行,但是权力的有效运行以充足的公共支出为前提,公共财政的有限性和官僚制的缺陷导致权力在权利保障上的缺失,这种缺失可由私人部门补足。① 因此,服务于公民权利保障目的是政府向社会让渡权力(转嫁权利保障成本)的正当性依据。在 PPP 模式中,政府让渡权力的客观原因是公私主体相互依赖伙伴关系权力结构的不对称性,虽然政府希望通过与私人部门建立伙伴关系来弥补公共服务能力不足问题,但政府与私人部门或对立或服务的传统官僚制治理体系无法给 PPP 模式的"合作治理"提供理想的体制机制环境,需要通过政府让渡权力方式对公私主体非对称权力结构进行矫正以实现合作治理。但合作治理同样存在失败的可能性,权力让渡并不表示政府弱化其责任,政府仍需承担公共服务的终极担保责任,它要求政府在 PPP 模式运行中保留一定的权力以促进和保障公共服务的有效供给。政府保留权力的核心作用是实施"最后一着"补救措施,它构成政府在公共服务供给方面担保责任的主要内容,包括履行促进责任和监管责任。

---

① 参见范志勇:《法学视野中面向权利的权力正当性论证——由〈权利的成本〉展开》,载《北方论丛》2021 年第 1 期。

(一)PPP 模式公私主体相互依赖的伙伴关系

PPP 模式的治理结构由“Public”、“Private”与“Partnership”三要素构成,其中,“Partnership”在我国普遍被称为“合作关系”,即以合作理念阐释 PPP 模式,但实际上对它存在一定程度的误读。在西方国家,PPP 公私主体的“Partnership”通常被称为伙伴关系。在西方国家,伙伴关系是从协作关系到合作关系之间的过渡形态,其以“合作治理”为理想的实现路径。从广义上看,协作与合作具有一定的相似内涵,如关系的相互依赖性和自愿性,包括统一认识与一致目标等。但“协作可能是在一方主导下的行为应答,也可能是在某一支配力量的驱使下采取的共同行动。无论是一方主导下的应答性行为还是外力主使下的共同行动,都不是对称性关系。易言之,如果在共同行动中一方依赖于另一方或听命于另一方,就不能视作合作关系。”①

因此,张康之教授认为,“合作”是一种对称性的相互依赖关系,而“协作”往往产生于存在支配力的非对称性相互依赖关系,它是工业社会竞争行为副作用的矫正因素。官僚制组织(政府、企业等一切以官僚制为基础的组织形态)和契约均属典型的协作体系,但两者都不可避免地受到社会系统这个宏观分工体系的外在制约。② 他同时认为,后工业社会的合作是以人的共生共在需求及其社会共识为前提,其过程具有自主性和自治性,相较于协作的外在客观性资源,合作者对人共生共在的认识具有内在主观性认同。人的共生共在是高度复杂性和高度不确定性社会的最大现实,社会从来都不是一个实体性的存在,而是人的生活和活动空间,是包含在人的生活和活动之中的,是永远处在一种不定型的状态之中的,是需要由人的行动去加以诠释的一种状态。③ 这意味着“合作”发生的前提是人与人之间的实质平等,它产生的客观基础是人与人之间对称性的相互依赖关系。

“合作”对于主体间相互依赖关系的对称性的要求是非常严格的,在这种理论设想的人际关系中不存在权力关系。权力关系表现为支配与服从的从属性,是一种地位不对等的相互依赖关系,即“权力主体对权力客体的依赖程度小于权力客体

---

① 张康之:《“协作”与“合作”之辨异》,载《江海学刊》2006 年第 2 期。

② 张康之(2006)认为无论协作在表现形式上拥有多大的自由和自主性,在根本性质上是被动的和“他治的”。在协作关系中,“我的义务是他治的,因此,经由委托人,我的签约行为,最后是我这个履行人对签约的虚构合同负责。……在签约关系上,我的义务受到了严格限制,被包括在了一组可以强迫执行的行为中。”事实上,无论是成文的还是不成文的契约,一切可以称得上合同条款的东西,都渗透着约束和限制,协作关系本身就是奠立在约束和限制的基础上的,作为契约关系的保障的法律规定也是以预设惩罚和制裁来为协作关系和行为提供支持的。所以,在协作的过程中,必然会表现出“他治”的特征。详见张康之:《“协作”与“合作”之辨异》,载《江海学刊》2006 年第 2 期。

③ 参见张康之:《为了人的共生共在》,人民出版社 2016 年版,第 8 ~ 9 页。

对权力主体的依赖程度,而且权力的大小与相互依赖的不对称性程度呈正比例关系”①。而在对称性的相互依赖关系中,合作各方既是权力主体又是权力客体,这在以社会控制为权力行使目的的农业社会和工业社会是无法想象的。这也说明在非对称性的相互依赖关系中是不存在真正意义上的合作的,即从逻辑上看,在单一权威中心主体的条件下讲合作是说不通的。在合作治理体系中,“治理者与被治理者都是相对的,在某个语境下是治理者,而在另一种语境中又是被治理者。在时间和空间的意义上,每一个治理者都同时是被治理者”②。合作与协作差异性的内在逻辑是公共权力的内涵或治理主体的职能变化,即在管理型的社会中,政府的社会控制职能占主导地位,作为控制权掌控者的政府不可能既是权力主体又是权力客体;但在服务型的社会中,虽然公共服务的生产与再生产是政府的主要职能,但公共服务资源并不是由政府独掌,服务取向的治理主体必然是合作寻求者,因而它既可以是服务者(治理者)又可以是被服务者(被治理者)。

虽然全球化、后工业化昭示着人类将进入一个合作社会,但合作治理的实践与社会合作关系的普遍化之间还存在较大的距离,我们正处在一个由“协作社会”转向“合作社会”的过渡时期,PPP 就是这样一个兼具“合作”与“协作”特质的公共服务治理模式。PPP 模式是对政府与私人部门之间或对立或从属的传统关系的革命,在 PPP 模式中,公私主体之间的权义结构不同于传统官僚制的权力控制关系,私人部门凭借其资本实力和专业技能获得公共服务一定控制权而不完全听命于政府指令,因而不能将 PPP 伙伴关系界定为“协作”关系;但同时公私主体伙伴关系也未完全符合“合作”形态对依赖关系对称性的要求。双方基于“优势互补”的目的展开合作,彼此之间存在相互依赖关系,但政府作为公共服务供给责任的终极承担者,在公共权力资源配置上仍占有主导地位,私人部门(尤其在我国)资源整合能力在整体上并不如政府,存在服从于政府导向的现实,其依赖关系并不如合作关系那样具有完全的对称性。可见,PPP 模式中公私主体的伙伴关系是介于协作与合作之间的过渡形态。实践中,政府与私人部门通过契约关系建立不同程度的依赖关系,进而衍生形式多样的共同行动模式,如合同外包、PFI、BOT 等,公私主体在这些共同行动中权力结构各不相同。PPP 伙伴关系相互依赖的对称性程度决定主体合意基础和实际地位,因此,PPP 模式中公私主体间相互依赖关系的对称性程度是理解公私主体行为模式及其权力配置结构的“秘钥”,即 PPP 模式产生于主体间相互依赖关系并非完全对称的社会背景,其主体间权力结构是非对称的,公私主体的权力与权利的重置只有与合作治理相契合才能实现最大化的合作剩余。

---

① 周光辉:《论公共权力的合法性》,吉林出版集团有限责任公司 2007 年版,第 16 页。

② 张康之:《合作的社会及其治理》,上海人民出版社 2014 年版,第 156 页。

（二）PPP 模式公私主体非对称权力结构与合作治理的不契合性

虽然 PPP 模式产生于“协作社会”向“合作社会”过渡的时期，受传统社会治理环境和社会发展阶段性的外部影响，PPP 公私主体间的权力结构存在对称性程度不足的问题。但 PPP 模式制度设计与运营机制却以“合作治理”为路径，要求私人部门“以独立自主的合作治理主体的面目出现，在它与政府的关系中，政府并不是中心，它自己也不是边缘性的存在”①，即公私双方以实质平等主体身份进行互动，没有控制色彩的权力关系存在的空间。公私主体伙伴关系达至“合作关系”是“合作治理”工具有效运用的基础，其必须以公私主体对称性权力结构为依托，可见，PPP 模式公私主体权力结构的非对称性表现与合作治理理念具有不契合性。

公共服务公私合作治理改革是对传统政府管理模式进行反思后的制度创新，但其仍受单一权威中心的社会治理结构的制约。合作治理理论旨在构建“多中心的公共权力结构”，在这种结构中，均衡配置和双向流动是基本特征。但在传统政府管理模式中，公共权力并非公共选择的结果，而是依靠合法暴力或对稀缺性资源（如土地、资本等）的合法垄断占有而获取，因此公共权力资源配置和运用呈现单极化和单向性的特点。② 虽然新公共管理运动和政府再造运动推动了公共权力配置的分权化，但“从传统的君主政治到近代确立的民主政治，尽管存在根本的性质不同，在社会治理结构设计上均是合乎权威至上的单一中心治理结构。”③为适应“大社会”以及“福利国家”职能需求而出现的管理型社会治理模式，即使以法治作为社会治理的依托，但其治理结构仍以理性化的官僚行政权威为单一中心。

现代西方社会在不断发展与变革的历史进程中，虽然生成了多元主体、多元关系等多中心社会治理结构的基本要素，但是未能彻底改变传统社会的单一权威中心治理结构，其根本原因是多元主体相互依赖关系及其权力结构难以达到完全对称。20 世纪 70 年代，在公共服务供给领域，市场化改革、第三部门兴起等促使西方社会关系网不断密实，公私部门间相互依赖关系的对称性程度开始加深。产生于这种社会环境的 PPP 模式呈现合作治理的特质，英国学者罗兹基于此提出了“多元化政治模型”（Differentiated Polity Model），认为英国社会已经形成多中心网络治理结构，即不同社会性的利益群体不仅具有了各自的权威力量，而且相互之间在权

① 孔繁斌：《公共性的再生产——多中心治理的合作机制建构》，江苏人民出版社 2008 年版，第 64 页。

② 参见徐勇：《治理转型与竞争——合作主义》，载《开放时代》2001 年第 7 期。

③ 参见孔繁斌：《公共性的再生产——多中心治理的合作机制建构》，江苏人民出版社 2008 年版，第 52 ~ 54 页。

力、资源上的依赖程度趋于增强,形成了具有自主自治互动关系和规则的多中心网络状的治理环境。罗兹模型包含四个特征:(1)相互依赖的组织;(2)网络成员(不同组织)间的持续性互动;(3)互动行为以信任为基础并以协商同意的规则为约束;(4)网络组织享有一定程度的自治权,国家并不具有权威地位,仅起间接的掌舵作用。[①] 由此他相信网络组织之间已经存在高度的相互依赖性。

但罗兹仅看到了英国社会部分政策领域多元主体合作共治的实践,并未仔细考量主体间相互依赖关系的普遍程度和对称程度,它并不符合产生 PPP 模式的社会关系结构的实际。在当时的社会关系结构中,虽然公私主体间存有高度的相互依赖关系,但政府仍然占有主要资源、占据主导地位,即 PPP 模式中公私主体的互赖关系仍然表现出非对称性的特点。马什(Marsh)等通过对英国撒切尔政府、布莱尔政府公共管理改革的观察,认为英国政治环境确实呈现治理主体多元化的趋势,但多元主体之间的权力结构仍然是非对称性的。[②] 他们在罗兹"多元化政治模型"基础上提出了"非对称性权力模型"(Asymmetric Power Model),[③]认为权力的非对称性分布是英国政治体系更令人信服的特征,其体现在两个方面的关系中,一是在中央政府和地方政府的关系中,虽然地方政府因公共服务信息优势等原因在政策制定和执行过程中具有了议价能力和可供交换的资源,但中央政府在资源和权力的获得上具有更大的优势,它们之间的权力关系仍然是不对称的;[④]二是在公共部门与私人部门的关系中,随着政府资源向社会治理主体转移,利益集团(interest groups)确实在政策制定中扮演着重要角色,政府仍然享有一系列独占的资源,包括暴力机关、征税权和法律等,即使是掌握关键性资源或技术的利益集团,它们可

---

① See R. A. W. Rhodes, *The New Governance*: *Governing without Government*, Political Studies, 1996, p. 660.

② See David Marsh et al., *Unequal Plurality*: *Towards an Asymmetric Power Model of British Politics*, 3 Government and Opposition, p. 332(2003).

③ 马什等人将"非对称性权力模型"的特征描述为:(1)英国政治制度和进程受英国持续性存在的显著的结构性不平衡格局影响;(2)强调自上而下的"政府最了解"的传统民主观构成了英国政治制度和进程的基础;(3)结构性的不平衡格局和英国政治传统观念共同构成了"非对称性权力结构",它是英国政治体系的关键特征;(4)这种非对称性同样体现在政策决策(the core executive)中,虽然新公共管理改革后政府决策能力被分化,但关键资源仍然掌握在首相和财政大臣手中;(5)新公共管理改革后在公共部门之外形成了许多政策执行力量,使得英国政府呈现"碎片化"特征,但这种变化不应该被过分强调。See David Marsh et al., *Unequal Plurality*: *Towards an Asymmetric Power Model of British Politics*, 3 Government and Opposition, p. 308(2003).

④ See David Marsh et al., *Unequal Plurality*: *Towards an Asymmetric Power Model of British Politics*, 3 Government and Opposition, p. 315 – 316(2003).

以成为影响政府的不可替代经济或技术力量，但仍然不足以形成平衡的交换关系。[①] 简言之，PPP模式中公私主体间的权力结构具有非对称性，其伙伴关系并非实质平等意义上的合作治理关系。

"非对称性权力模型"更加贴近对产生PPP模式的社会网络结构的描述。乔纳森·格里克斯（Jonathan Grix）和莱斯利·菲尔波茨（Lesley Phillpots）对英国体育部门伙伴关系进行了研究。他们认为，从表面上看英国政府体育部门确实与执行机构、非政府公共机构、协会、慈善组织等非营利机构建立起了伙伴关系，但仍然存在着明显的层级权力结构。政府通过设定政策目标、问责机制、绩效管理、标杆管理、审计与监督机制、权力制衡等新管理技术，约束着对其存在资源依赖的其他组织的行动。中央政府同样通过一系列的控制策略和机制保证地方层面的政策执行。基于对英国体育部门的经验研究，他们提出了"非对称性网络治理"（Asymmetric Network Governance）概念来概括政府与其他组织之间的非对称的权力关系。[②] "非对称性网络治理"被理解为是罗兹"多元化政治模型"和马什等"非对称性权力模型"的融合，即表明英国新的治理模式是非对称性网络治理模式，较以往的政府管理模式，治理主体趋于多元化，但政府仍然起着主导作用，网络中的其他组织仍对政府存在较多依赖，虽获得了一定程度的权威力量但还不具有与政府平等协商的地位。乔纳森和莱斯利认为，伙伴关系本质上并不是个体或组织之间的平等合作、责任与利益共享，而是在地位不平等的行动者之间开展强制性的合作（enforced cooperation）。[③] 简言之，现有PPP模式等公私合作实践的特质介于

① 马什等人从五个方面阐述了利益集团与政府之间的非对称性交换关系。第一，利益集团的参与对政府权力分化至关重要，可以在不同政策部门与利益集团之间形成跨越政策领域和政策阶段的多重关系。第二，确实在某些领域存在非常紧密的政策网络，如英国内政部与警察协会之间的关系。第三，能够形成紧密的政策网络的领域，如英国内政部与警察协会，是因为利益集团（如警察协会）具有关键性的资源可与政府部门（如内政部）进行交换。第四，利益集团与政府之间关系发生变化（趋于紧密）的另一个相关原因是政府对社会咨询态度的变化，这主要发生于社会政策领域，本质上是由于利益集团（社会组织）掌握了诸多政府不具备的专业性知识。第五，虽然多元化的政策网络逐渐形成，但作为国家合法性代表的政府仍然掌握着最关键的权力资源，即使在具有关键性资源或技术的警察协会，政府仍然有考虑是否与其进行合作的选择自由（如选择其他社会组织）。See David Marsh et al., *Unequal Plurality: Towards an Asymmetric Power Model of British Politics*, 3 Government and Opposition, p. 317 – 320（2003）.

② See Jonathan Grix & Lesley Phillpots, *Revisiting the "Governance Narrative" "Asymmetrical Network Governance" and the Deviant Case of the Sports Policy Sector*, Public Policy and Administration, Vol. 26:1, p. 3 – 19（2011）.

③ 之所以存在"强制性合作"，是因为不同合作主体具有不同结构、文化和运行方式，它们内在的不一致需要外部力量强制它们进行合作。See Stephen Robson, *Partnerships in Sport*, in Kevin Hylton and Peter Bramham eds., Sports Development: Policy, process and practice（2nd Edition）, Routledge, 2008, p. 118 – 142.

“协作”与“合作”之间,即公私主体间的权力结构是非对称性到对称性的过渡形态。

上述学者关于“多元化政治模型”“非对称性权力模型”以及“非对称性网络治理”等理论的阐述,旨在说明现代社会权力结构的“非对称性”(asymmetric)特征,它们对我们理解PPP模式中公私主体间的伙伴关系具有现实意义。虽然公共服务领域确实存在罗兹主张的紧密网络环境,即相对对称的权力关系或互赖关系,但公私伙伴关系的权力结构对称性存在不同程度的差异,因为公私伙伴关系的合作性质是自愿合作(合作)还是强制合作(协作),取决于不同政策领域参与主体间资源依赖关系的平衡程度或对称程度,①对称程度越高合作的自愿性越高,非对称性程度越高则合作的强制性越高。而资源依赖关系的对称程度依赖于资源分布情况和公私主体控制能力。一方面,受现代社会高度专业化分工的影响,关键资源如人力资源与技术等虽分布于不同主体或群体,但公共部门资源控制能力,即阻碍资源被其他主体占有或占有其他主体资源的能力,无疑是最强的。另一方面,掌握专有技术或技能的个体或群体,其资源控制能力也强于一般主体,它们通常会让公共部门产生较强的依赖,从而获得议价能力。可见,即使在后工业时代社会中,受限于公私主体资源分布和控制能力的差异,其相互依赖关系也难以完全均衡,其非对称的权力结构将长期存在。

综上所述,受社会发展程度的制约,PPP模式中公私主体权力结构呈非对称性状态,难与合作治理理念的内核保持契合,唯有通过矫正现有公私主体的权力结构,不断改变政府的行为方式,即通过政府“主动行为”向社会主体让渡权力(权利)的方式,创造具有一定对称程度的权力结构,方能实现实质合作。但在缺乏制度规范约束的情形下,政府权力的自觉性是脆弱的,即如果政府权力不受控制,那么伙伴关系容易异化为行政命令的协作关系,公共服务领域公私“合作治理”的理想将无法得到有效实现。因而需要在公私伙伴关系制度设计中引入合作治理理念,通过政府权力让渡的制度设计约束政府权力的行使,调整PPP公私非对称性权力结构,创造相对平衡的互相依赖关系结构。

(三)基于促进与监管双重职能的PPP模式政府担保责任

国家或市场等“个体”行动的局限性产生了多元主体共同行动的诉求,治理成效的获得并不仅靠简单的行动主体叠加,仍须考量不同治理主体联合后所具有的治理能力。合作治理机制作为国家和市场手段的补充,其有效性很大程度上取决

---

① See Jonathan Grix & Lesley Phillpots, *Revisiting the "Governance Narrative" "Asymmetrical Network Governance" and the Deviant Case of the Sports Policy Sector*, Public Policy and Administration, 2011, 26(1), p. 15.

于政府机制和市场机制结合的方式,而共同目标的实现情况是判断合作治理成败的标准。在 PPP 模式中,公私主体的共同目标是公共服务的有效供给,由于受到不同利益取向的驱使,公私主体间的合作并不都是有效的。为解决合作治理失效问题,政府在 PPP 运行过程中需要保留一定权力以预防合作中可能产生的合作危机或风险,维持健康的合作共治,实现公共服务有效供给的终极目标。可见,公私合作供给公共服务并不是政府公共服务供给责任的弱化,①政府虽不再直接从事公共服务生产活动,但其仍然承担公共服务供给的担保责任。

公共服务公私合作政府担保责任是国家全能责任分解的结果,是政府为摆脱直接履行责任而选择的终极保障责任。一方面,民营化、公私合作潮流推动了政府角色调整和责任限缩;另一方面,政府履行公共服务职能的方式由"划桨"转变为"掌舵",其责任"既不是自由主义时期的极小化的国家责任,也不是给付国家时期的极大化的国家责任,而是介于其间的国家担保责任"②。德国学者瑞纳曼(Reinermann)最早在公共行政领域提出公共任务在私部门和公权力部门进行"执行与担保"责任的分配。③ 我国也有学者将公用事业国家责任区分为担保责任和接管责任,前者包括保障公平竞争的责任、保障持续与普遍服务的责任、保障合理定价与收费的责任、保障经营者合理利益的责任、保障产品质量的责任、补充赔偿责任;后者包括退出的监管责任、临时接管责任等。④ 另有学者认为,无论如何区分,担保责任都是公用事业国家责任的核心。⑤ 在发达国家,由于多中心社会治理结构较成熟,公共服务合作供给中社会自治力量具有了分担政府责任和自治的能力,兼之西方社会根深蒂固的"小政府"理念亦不赞同政府过多介入具备自治能力的私人领域,因此,政府担保责任主要限于监管责任范围,虽然其行政担保理论也包含"政府促进"因素,但内涵侧重于促进公平竞争,并不强调政府对合作伙伴关系及 PPP 模式的"指导"与"促进"义务。

我国 PPP 模式的政府担保责任主要包含两个方面:监管责任和促进责任。监

---

① 参见陈婉玲、汤玉枢:《政府与社会资本合作(PPP)模式立法研究》,法律出版社 2017 年版,第 177 页。

② 杨彬权:《论国家担保责任:主要内涵、理论依据及类型化》,载《行政法学研究》2017 年第 1 期。

③ 瑞纳曼认为公权力部门应当积极探索如何分配资源与善用民间资源,将公共任务让民间私人部门执行(直接给付),公权力部门则转而对私人部门的直接给付提供"担保"。See Reinermann, *Die Krise als Chance*: *Wege innovativer Verwaltung*, 转引自许宗力:《德国担保国家理论为基础之公私协力(ÖPP)法制》,台湾大学法律学研究所,2008 年 6 月,第 34 ~ 35 页。

④ 参见周游:《担保行政:公用事业公法治理模式探析》,苏州大学 2011 年博士学位论文,第 77 ~ 81 页。

⑤ 参见杨彬权:《论国家担保责任:主要内涵、理论依据及类型化》,载《西部法学评论》2016 年第 2 期。

管责任是政府向私人部门让渡公共权力之后保留的责任,要求政府监管私人部门的公共服务供给行为。政府通常采取行政监管手段"维持"公私合作供给环境,此种监管手段政府的权力控制作用较强,是传统政府干预手段的延伸。基于监管效率的考量,授权监管和合作监管逐渐替代行政监管部分职能,它们弱化了政府传统监管权力的强制性,政府基于担保责任而保留的权力也逐渐限缩;促进责任要求政府采取促进立法、促进政策、促进措施等积极手段"创造"公私合作环境,鼓励私人部门参与到公共服务供给过程,此时政府保留权力的目的是引导私人部门以恰当方式运用公共资源,保障PPP模式的健康有效运行。我国现有PPP政策文件虽没有直接使用"担保责任"的概念,但在引入并大力推广PPP模式过程中,各类规范性文件中均对政府的履约管理、行政监管、绩效监测和质量控制等监管责任作了明确规定。[①] 而在促进责任方面,我国政府对PPP模式的激励和促进态度十分明确,对PPP产业的扶持力度也并未有实质改变,政府在创造、维持适宜公私主体开展合作的制度环境和条件机制方面有积极的表现。

政府PPP促进责任源自其承担着"保证社会的机构制度完整和社会凝聚力的责任"[②]。其主要履行方式包括创建公私合作制度环境和扶持公私合作项目实际运营,构建从宏观到微观的PPP产业培育体系,包括决策部门的PPP制度供给、条件创造和PPP执行部门的行为助成、条件支持等责任。尤其要强调的是,政府PPP决策部门履行促进责任,其法治主要手段是通过"促进型立法",创造PPP模式相应的制度环境和运作条件,"如制订宏观的发展规划、政策指导,中观的技术研发推广和建立激励措施,为符合条件的社会主体提供具体的金融信贷支持、财税政策优惠等,保障相关领域、群体或行业的可持续发展,最终实现促进目的而承担的法定职责和义务。"[③]促进责任不仅强调制度供给,而且强调制度落实,因此它不仅是政府决策部门的责任,同样是政府执行部门的责任,即在政策实施和执行过程中对促进制度、政策、措施的落实。PPP模式中政府执行部门的促进责任主要表现为项目实施机构对社会资本方的筛选和资源支持等,前者要求政府引入竞争机制,通过公开招投标程序选择社会资本,营造公平竞争的秩序环境;后者要求政府为社会资本

---

① 财政部《关于印发政府和社会资本合作模式操作指南(试行)的通知》(财金〔2014〕113号)第11条第6款规定PPP的监管方式主要包括履约管理、行政监管和公众监督等;财政部《关于规范政府和社会资本合作合同管理工作的通知》(财金〔2014〕156号)第2条第3款规定"PPP项目合同中应规定社会资本方的绩效监测和质量控制";财政部《政府与社会资本合作(PPP)项目绩效管理操作指引》(财金〔2020〕13号)第三章规定了PPP项目绩效监控,第四章规定了PPP项目绩效评价。

② [英]鲍勃·杰索普:《治理理论的兴起及其失败的风险:以经济发展为例的论述》,载《国际社会科学杂志(中文版)》1999年第1期。

③ 刘志强:《促进型法律基本理论研究:以法律调整经济发展为视角》,重庆大学出版社2013年版,第144页。

方启动项目提供必要的公共资源支持,如资本金投入、成本补贴、贷款优惠等,两者均秉持“条件整备”与“行为助成”的促进理念。

与促进责任的政府主导性特征不同,政府 PPP 监管责任秉持辅助性原则,其履行带有“消极”的行政控权色彩,更侧重于 PPP 项目合作关系的维持。换言之,“环境创造”更多的是一个决策过程和执行过程,而“环境维持”则主要是一个监管过程。制度的实际运行状况受制度环境优劣的影响,故对“公私合作环境”的维持就是对 PPP 政策执行过程的监督。其监管重点是各类促进政策、竞争政策在具体 PPP 项目中的落实情况,监管对象包括地方政府及其部门与私人部门的行为。可见,监管责任履行的重点环节是微观层面的 PPP 项目执行过程。

PPP 项目的全生命周期涵盖不同的过程和环节,其对政府监管责任的内涵和职能提出不同要求。首先,在 PPP 项目准备、启动阶段,对私人部门的筛选过程即 PPP 项目准入环节实施监督是政府的主要监管内容。其次,在项目建设、运营阶段,主要采用过程监管方式对被监管主体的行为进行引导和矫正,对私人部门而言,则受到项目实施机构的内部履约管理和项目监管机构的外部行政监管的双重约束。最后,在项目提前终止或终止的退出监管环节,监管的主要内容是对 PPP 项目的接管或介入,接管责任是准入和过程监管的补充,它包括项目实施机构执行的介入和项目监管机构实施的接管,后者是对项目实施机构的履约管理职能履行失效的补救。

二、PPP 模式政府权力让渡与保留的过程性和多样性

(一)不同阶段让渡的主要权利(力)不同

非对称权力结构在 PPP 模式中主要表现在两个方面:一是政府具有恒定的权力主体地位,它始终承担公共服务供给的兜底责任,私人部门的介入以公共部门让渡权力为前提,形成由权力主导的权力与权利互动结构;二是公共服务供给的不同环节有着不同的共同行动目标,公私主体相互依赖关系的对称性存在程度上的差异,而且政府权力让渡的范围和方式也会影响主体间互赖关系的对称程度。因此,对 PPP 模式中公私主体的非对称权力结构的矫正需要区分公共服务供给过程的不同场景和不同阶段,在公私合作项目的全生命周期,政府权力让渡行为呈现过程性和多样性特征。过程性是指由于公私主体在 PPP 项目的不同阶段分别具有不同的资源和能力优势,不同阶段的相互依赖关系的对称性程度也呈现差异性,为了使双方的权力结构能在各个阶段保持一定的对称性,政府让渡权力的行为不是一次性完成的,而是依据 PPP 项目不同阶段依次进行。而在 PPP 模式的每个阶段,政府权力让渡的具体方式和范围均有所不同,这就构成政府权力让渡的多样性。

不同于基于共生共在意识的内在自愿让渡行为,从制度上要求政府向私人部

门让渡权力是一种外部约束。因此,关于政府权力让渡的制度设计首先要考量政府让渡权力的意愿和空间,方能使之依据 PPP 项目的不同阶段作出相适宜的权力让渡行为。PPP 模式中政府让渡权力的内在意愿源于其公共服务供给能力不足以及缺乏替代手段,而让渡权力的空间则取决于其资源控制的限度。当然,政府让渡权力的目的是换取私人部门在公共服务供给领域的资源和技术投入,因此让渡权力的空间还取决于私人部门对政府所占有资源的渴望程度及其替代手段的限制。一般而言,由于资源分布与占有的差异性,个体若要获得他人占有的、己方所需的"关键性资源",必须通过提供"非利己活动"予以交换,即履行资源占有者所期待的行为。"关键性资源"是指实现自身目标所必须的且由他人占有的资源,如资本、特定物质、专利权、其他技术甚至是权力资源等,而"非利己活动"则指从行为主体自身角度看收益不足弥补成本的让渡利益行为,它可能表现为财产权的转让行为、增值利益的放弃行为甚至是权力的让渡行为等。① 换言之,政府让渡权力行为是意欲获取他人占有的"关键性资源"的一种"非利己活动"。

通过"非利己活动"获得"关键性资源"的目标只有在双方或多方的互动关系中才能实现,即己方同样占有他方需要的关键性资源,他方同样存在摆脱手段限制,同样具有从事"非利己活动"的意愿和能力。双方基于对彼此所占有"关键性资源"的渴望及其替代手段的限制,相互为对方从事"非利己活动"才能弥补该活动带来的损失并实现一定程度的收益。在不对称的互赖关系中,优势者从事"非利己活动"的意愿不如弱势者,为实现"关键性资源"的交换,需要外部约束才能推动优势者从事"非利己活动",这种约束包括制度上的约束和资源分布上的约束。如 PPP 模式中特定私人部门在公共服务关键性资源,如资金、技术和管理水平上拥有一定的优势,政府公共服务供给目标的完成恰好依赖于该私人部门占有的"关键性资源",那么政府就具有强烈从事"非利己活动"的意愿和动机,此时私人部门则在 PPP 项目中获得了重要筹码和议价能力。换言之,政府让渡权力的内在意愿受其对私人部门所占有的"关键性资源"的渴望程度及其替代手段的约束。但通常政府占有的"关键性资源"更受私人部门的青睐,因为从资源的角度看,权力作为一

---

① 罗德马克·马丁在《权力社会学》一书中用"非利己活动"一词来表达当下级对上级存在资源依赖又缺乏摆脱控制的手段时,其服从于上级命令而从事的活动。他指出:"就最广义而言,权力关系产生于相互依赖,它改变资源的占有关系。自我为实现自己的目标必须要有这种资源,而自我只有靠非利己活动才能获得这种资源。"他关于权力的定义以服从为焦点,服从指权力所引起的态度和行为,或者更正规些说,是"根据别人命令而从事的非利己活动",即它仅指被下级认为是非利己的那种活动。"任何关系中的权力总量是由有关的依赖分配和是否摆脱控制的出路直接决定的:假定其他情况相同,那么,不平衡愈严重,摆脱就愈困难,为获得资源所必须的非利己活动总量就愈大,从而包含的权力总量也愈大。"参见[英]罗德马克·马丁:《权力社会学》,丰子义、张宁译,生活·读书·新知三联书店 1992 年版,第 91、92、111、121 页。

种“特定利益”是一种非常重要的资源,是获得其他资源的基础资源,所以政府主动从事“非利己活动”的内在意愿不强。为了增强政府让渡权力的意愿,可以通过外部制度约束和关系矫正,如明确要求政府向私人部门让渡公共利益或者让渡部分监管权,提高私人部门获得政府所占有“关键性资源”的可能性,从而使公私主体在相较对称的权利结构下展开合作。

由于在 PPP 项目全生命周期的不同环节,政府所需的“关键性资源”及其替代手段约束亦不同,其从事“非利己活动”的内在意愿会有所差异,这导致了不同 PPP 项目阶段政府让渡的权力不同。例如,在 PPP 项目建设运营阶段,由于政府对私人部门的物质资源和技术能力存在较高程度的依赖,在政府能力不足的背景下,政府从事“非利己活动”的意愿更高。为此,政府需以私人部门渴求的方式让渡权力才能获得私人部门所占有的资源。从公共服务的社会性特质来看,PPP 运营阶段政府收费权或财政资金使用权是最稀缺的“关键性资源”,也是私人部门积极参与 PPP 项目运营并承担公共服务的供给责任的保障,因此,“收费权”或“财政资金支配权”这一关键性资源从权力向权利的转化是 PPP 项目运营阶段政府权力让渡的主要内容。政府通常以赋予私人部门特许经营权利和项目控制权的方式来保障 PPP 项目收费权的实现,前者基于公共物品外溢性的考量,需要保持一定的垄断经营才能实现一定程度的利润,后者是为了保证私人部门能够真正承担高效运营 PPP 项目的责任。而对 PPP 项目的监管,政府让渡权力的空间受到严格限制。一方面,PPP 项目监管过程是政府履行公共服务兜底担保责任,实现公共服务均等配置和公共利益目标的过程,因此它是权力机制发挥主导作用的环节,监管权不可完全放弃;另一方面,出于提升监管效率的考量,需要借助私人部门在项目运营信息等方面的优势改善监管效果,一般通过合作监管契约向私人部门让渡部分行政监管权,推进双方在监管方面开展一定程度的合作。

在特殊情形下,政府与私人部门在监管领域的相互依赖关系也具有较高的均衡程度,此时政府可让渡的监管权范围会增大。例如,一些由私人部门享有专门技术的公共服务项目,政府监管所需的“关键性资源”由私人部门独占且缺乏替代手段,其只能通过“非利己活动”让渡部分监管权,激励私人部门开展自我监管,以期获得监管效率的提升。因为通过行政监管权强制要求私人部门提供项目信息,一方面会增加私人部门接受监管的成本,不符合私人部门的利益诉求和行为目标;另一方面私人部门天然存在隐藏项目运营信息的动机,为了减少监管成本,掩盖或者修改信息以符合形式上的信息披露要求成为替代手段。除了对监管效率的考量外,私人部门行使自我规制权,也符合社会管理的补充性原则和合作原则,①是“一

① 参见詹镇荣:《民营化法与管制革新》,台北,元照出版社 2005 年版,第 171 页。

种既能发挥政府部门的比较优势,又能发挥民间部门比较优势的、能够更加有效生产和提供产品和公共服务的新型规制手段”①。因此,让渡部分监管权并将其转化为私人部门的自我规制权,成为该环节政府权力让渡的主要形式。

(二)政府权力让渡对象的多元性:合作者、第三方机构、社会公众

现代社会是“协作社会”向“合作社会”过渡的中间形态,其社会网络结构尚未达到合作治理的要求。在社会局部政策领域出现的多元共治实践,如PPP模式,仍需要借助政府让渡权力的方式矫正多元主体间对称程度不高的权力结构,以实现“强制”的合作治理。不对称的权力结构主要发生于政府与非政府主体间,除了私人部门外,非政府主体还包括公共服务终端消费者社会公众,项目技术和信息服务者独立第三方机构等。在公共服务供给领域的多元共治过程中,社会公众贡献的资源是服务诉求和服务费用(包括税收),是公共服务治理的出发点和归宿。第三方机构贡献的资源是提供联结各方的信息收集、汇总、分析、传递、反馈载体。因此,在整个PPP模式中,为了设计出符合合作治理基本要求的主体对称性权力结构,政府权力让渡对象具有多元性。

PPP模式中,社会公众指向的是范围、数量不特定的社会群体,他们是公共服务供给成本的最终承担者,只是不同回报机制项目中承担费用的方式以及承担费用的群体不同。政府付费类项目,是“纳税人”社会公众通过纳税方式支付;使用者付费类项目,是“消费者”社会公众通过合同对价方式支付。“消费者”社会公众的费用支付遵循“受益者负担原则”,其费用负担与服务受益之间具有对应关系,“纳税人”社会公众的费用支付则不一定与服务受益具有一一对应关系,其费用支付构成一般公共财政收入,其具体支出由政府通过一般公共财政预算实现支出。因此,在PPP模式中,“消费者”社会公众从理论上可通过消费合同直接向提供服务的私人部门主张权益,而“纳税人”社会公众则需向政府主张公共责任,再由政府通过合同关系向私人部门主张。由此,不同类型社会公众监督权对PPP项目公私主体的严厉或约束程度不同,需要为“消费者”社会公众监督权行使提供更直接的途径。

“第三方”一般是指合同双方当事人之外的第三人。此处的“第三方机构”是指公共服务供给、消费关系主体政府、私人部门、社会公众之外的第三方,通常是指为PPP项目运营、PPP项目监管提供技术、咨询、信息服务的独立第三方。它的独立表现在责任的独立性上,既独立于公私主体也独立于社会公众。我国常见的第三方机构包括代理、咨询、评估、审计、检测认证、监理、预算绩效管理机构等。② 在

---

① 陈军:《公私合作背景下行政法发展动向分析》,载《河北法学》2013年第3期。

② 参见刘智强、杨竟宪、杨艳:《国内政府引入第三方管理的研究综述》,载《经济研究导刊》2018年第7期。

PPP 项目中，还应当包括第三方争议处置机构、信息平台管理技术服务机构等。PPP 模式中的独立第三方机构参与项目运营或监管活动的权力，主要受让自政府，而非私人部门，因此要区分接受政府委托从事专业服务的“第三方”与接受私人部门委托从事专业服务的“第三方”。比如，政府与私人部门各自委托的审计机构，其在 PPP 模式中承担的角色是不同的。前者是我们此处所理解的参与共治的独立第三方机构；后者则主要是与私人部门发生代理法律关系的市场主体，仅是一般的利益相关者，与受私人部门委托的材料提供商并无本质区别。

从狭义的合同关系角度看，上述多元主体以利益主体身份参与到 PPP 项目运营的不同环节，形成不同的利益关系类型。以利益主体与 PPP 项目的关联性为分类标准，利益关系类型可分为核心利益关系、一般利益关系和边缘利益关系：(1) 核心利益关系主要是指私人部门与项目实施机构之间的关系，与 PPP 项目的关联性最为紧密；(2) 一般利益关系是由项目公司与有合作关系的金融机构、承建商、供应商、运营商、担保机构和保险公司等利益相关者基于私益形成的以契约为主的利益关系；(3) 边缘利益关系是指项目公司与终端用户、纳税人、新闻媒体、环保人士与部门等基于公益而形成的利益关系。[①] 用法律意义上的合同来界定 PPP 项目中多元主体的利益关系，有利于为项目不同参与主体提供权威的利益协调和保障机制。但该视角仅限于 PPP 项目运营层面，遗漏或忽视了部分扮演重要治理角色的主体。例如，被纳入边缘利益关系范畴的社会公众或纳税人，他们在 PPP 项目各阶段的契约中并不具有主体地位，但他们却是所有契约“目的”所服务的对象，尤其是 PPP 协议，为社会公众提供有效的公共服务是其最根本的合同目的，其所有条款均要服务该目的。受合同相对性原则限制，社会公众在 PPP 协议中对该合同目的不具有任何直接的权利和义务。又如第三方机构，它在 PPP 项目运营过程中，甚至是整个公共服务供给活动中，以其专业能力贡献信息和技术资源，承担着不可或缺的治理角色，但在与项目运营相关的各类契约中也不具有主体地位。可见，合同关系主体并不等同于治理关系主体，它仅是后者的组成部分。但以合作治理为优化路径的 PPP 模式，需以完善的治理主体结构为基本要素。

治理主体是治理活动的承担者和行动者，并在治理过程中自主贡献各自资源与扮演各自角色。将社会公众视为治理主体的原因之一是保障 PPP 合同目的的实现。当事人订立合同都是为了达到一定目的，达到该目的手段主要是合同的各项条款，因此，整个合同内容自然须适应合同目的。[②] 同理，PPP 合同的所有具体条款

---

① 参见陈婉玲、曹书：《政府与社会资本合作（PPP）模式利益协调机制研究》，载《上海财经大学学报》2017 年第 2 期。

② 参见崔建远主编：《合同法》（第 5 版），法律出版社 2010 年，第 362 页。

应当与合同目的保持一致,而所有与PPP合同有关的其他合同目的也应与PPP合同目的保持协调,这个终极合同目的就是为社会公众提供有效的公共服务。但PPP合同与普通合同不同的地方是,其合同目的服务于合同之外第三方的利益,并非合同双方的利益。合同双方本质上均是社会公众的代理人,代理人自身目的会借助具体条款进入合同。社会公众在合同中的实际缺位,无法借助合同目的的解释功能表达自身的利益诉求,其目的通常受合同实际当事人即公私主体的目的遮蔽,而具体合同条款也无法真正适应于真实的合同目的。将社会公众视为治理主体是合作治理机制的内在要求。公民在公共治理中缺位不仅是因为代理问题,更因为公民参与治理的自觉性和能力的不足。因为在公共治理中公民精神处于“低端”的话,合作治理的机制就很难建构起来,要想让拥有权利资格的公民在社会治理中发挥作用,还需要公民认真对待自身的角色,以成为积极参与社会治理且对社群有责任的公民。①

第三方机构作为治理主体,其所贡献的资源是信息和技术,在PPP模式和PPP项目中,包括PPP项目运营信息、项目绩效考核信息、公共服务价格信息以及各类项目运营绩效、影响评估、服务方案及其变更方案可行性研究等技术。因此,其承担的是治理活动“技术员”角色,是最重要的辅助者。它的存在突出了技术对公民参与的赋权和赋能,改变了信息技术单纯向权威主体赋权和赋能的不均衡性和片面性,为政府、市场和社会组织等多元治理主体平等、公正地参与治理搭建更加公正、可靠的平台和载体。② 因此,政府、私人部门以及社会公众均对第三方机构存在信息和技术依赖,需要借助其搭建的信息和技术平台和载体实现多元治理主体之间的协商交流,如公私主体关于项目绩效、服务价格争议的沟通,公众与项目公司关于公共服务供给要求与建议的表达与反馈等。

首先,公众与第三方机构等治理主体的参与意愿、能力的培育以及参与机制的构建,都需要政府让渡权力。因为政府仍然是所有治理主体中最有优势的主体,其所掌握的权力是配置资源的重要手段,其他治理主体普遍对政府的权力及其背后的公共资源存在高度依赖。这导致非对称的权力结构普遍存在于政府与其他治理主体之间。因此,政府权力让渡的对象,首先是私人部门。他们是公共服务供给目标的主要承担者。根据具体分工,政府在向私人部门让渡权利(力)时也保留了部分权利(力)。政府与私人部门权力与权利互动关系是PPP模式中政府权力配置的核心环节,也是多元共治结构的中枢,政府与其他非政府主体的权力关系以其为

---

① 参见孔繁斌:《公共性的再生产——多中心治理的合作机制建构》,江苏人民出版社2008年版,第251页。

② 参见董幼鸿、叶岚:《技术治理与城市疫情防控:实践逻辑及理论反思——以上海市X区“一网统管”运作体系为例》,载《东南学术》2020年第3期。

存在前提。

其次,政府需向公众让渡权力,准确地说,是归还或确认公众的权利。因为政府权力的最终来源是公民。政府对公众权利的归还或确认旨在确保公众公共服务的需求能够体现于 PPP 项目全生命周期。其主要方式是将公众满意度纳入项目绩效考核目标和指标体系。我国将公众视为 PPP 项目绩效评价工作的主要参与方,并将公众满意度作为二级指标纳入 PPP 项目建设期和运营期的绩效评价共性指标框架。[①] 但文件未明确满意度的取样方式或调查方式,其他文件也未对公众对公共服务供给情况、服务价格内容变更情况的日常交流反馈机制作出规定。公众作为终端消费者仍为事后监督的外部角色。

最后,政府让渡权力的对象还包括第三方机构。第三方机构作为"技术员",其主要目的不在于提升私人部门运营项目的效率,而在于提升公众与政府监督私人部门公共服务供给过程的效率。它借助技术向公众赋权和赋能,能够为公众提供充分信息,并提供介入 PPP 项目运营过程的平台,让公众的参与权利和表达权利能够实际行使,在结果上,它起到了协助政府向公众归还权利的作用。同时,它为项目实施机构和项目监管机构提供约束私人部门或项目公司的重要手段。而第三方机构的信息和技术的权威性和中立性,需要借助政府的合法性权威,因此,政府应当通过让渡监管权方式赋予第三方机构治理主体的资格。

(三)政府保留权力及其行使方式的多样性

政府责任要求政府必须回应社会和民众的基本要求并积极采取行动加以满足,其社会义务(social obligation)不仅仅意味着政府必须正确地做事(to do thing rightly),而且意味着政府必须做正确的事情(to do right thing),[②]只有确定了"正确的事"才能"正确地做事"。积极履行促进责任和监管责任,推动我国 PPP 产业健康发展是政府必须积极作为的"正确的事",而"正确地做事"则要求政府以相宜的方式履行监管责任和促进责任,所谓"相宜",即必须明确区分"审慎行使的权力"(如行政监管权)和"主动作为的权力"(如财政预算权)的权力行使限度,因此,政府保留权力类型及其行使方式均具有多样性。促进责任与监管责任分别代表政府担保责任的不同功能面向,与此相适应的 PPP 模式政府保留权力包含基于促进责任产生的"环境创造"权力和基于监管责任产生的"环境维持"权力,前者如政策制定权、辅助制度供给权、预算权等,后者如行政监管权、履约管理权等,二者涵盖了政府行政决策权、执行权和监督权,彼此相互约束又相互协调,构成 PPP 模式中

---

① 参见财政部《政府和社会资本合作(PPP)项目绩效管理操作指引》(财金〔2020〕13 号)附件 3《PPP 项目绩效评价报告(参考)》、附件 4《PPP 项目建设期绩效评价共性指标框架(参考)》、附件 5《PPP 项目运营期绩效评价共性指标框架(参考)》。

② 参见张成福:《责任政府论》,载《中国人民大学学报》2000 年第 2 期。

政府保留权力的体系。

促进责任的履行要求政府必须保留“公私合作环境”的创造权力,它是需要积极行使的促进发展权力。促进发展,在实质上就是政府有目的地通过“赋权”创造发展环境和条件的过程,①它包括供给制度环境和具体制度,以引导市场主体的创新活动。因此,基于促进责任保留的“环境创造”权力是指,政府通过创造 PPP 产业发展的制度环境和具体条件以促进私人部门参与 PPP 项目的手段。结合 PPP 模式运作的不同环节,政府的“环境创造”权力包括三种类型:宏观层面的 PPP 促进法规制定权;中观层面的 PPP 配套制度供给权;微观层面的 PPP 项目合作促进权。宏观层面和中观层面的保留权力是实现公私合作环境创造的手段,通常由中央政府及部委、地方政府掌握。微观层面的保留权力由地方政府指定的项目实施机构行使,是推进公私合作制度实践的工具。另外一种重要促进权力是涵盖中央到地方,即各级政府的预算权力,它是 PPP 项目启动、运营的核心资源之一。

对公民诉求的回应是判断 PPP 政府“环境创造”权力是否被积极且有效行使的标准,其主要发生在政府的决策权和执行权行使过程中。对公民诉求的回应即公民诉求表达程序在权力行使过程中的引入和公民诉求在权力行使结果中的实质转化。政府决策权尤其是中央政府及其部委的政策制定、财政预算等权力的行使过程需要有充分的论证、意见征求、反馈及其结果公示等程序,包括赋予地方政府相应的自由裁量权和与 PPP 监管机构建立政策协调机制等,PPP 产业政策与监管政策的协调性会直接体现在 PPP 项目这个载体上,因此两种政策若缺乏协调将直接影响公共服务的供给过程;公民诉求在决策结果中的实际转化,其最普遍的判断标准是政府是否提供了适宜的政策环境,包括公私合作的一般制度环境和机制条件,也包括因地制宜的制度创造空间和变动条件。如我国目前 PPP 项目财政承受能力一般不超过公共预算支出 10% 的红线规定,尚未根据各省(市)公共财税收支情况作出动态调整,可采取分层配置外加中央补助的灵活方式,提高弱势地区公共服务的投入。

公私合作“环境维持”权力是监管责任的履行方式,该类权力行使要符合审慎干预的要求。对制度环境适宜程度的检验以及优越程度的维持,均需通过公私合作项目实践来观察和达成,对公私合作项目实践的持续关注就是政府监管责任的基本内容。政府基于监管责任保留的“环境维持”权力,主要体现于各类政府部门行使的监管权,包括地方政府 PPP 项目实施机构的履约管理权、PPP 项目监管机构的行政监管权。政府监管权行使的基本宗旨是保障公私合作环境的有效性和持续

① 参见刘志强:《促进型法律基本理论研究:以法律调整经济发展为视角》,重庆大学出版社 2013 年版,第 146 页。

性,它对监管权的行使提出了不同的要求,如 PPP 项目实施机构的履约管理权下的解除权,其行政优益性受到一定程度的限制。但政府“权力内生的惯性和特质,就是不断地复制和强化自身”①,在这种政府选择机制作用下,市场需求型监管逻辑易演变或异化为管控型监管逻辑,需要对作用于 PPP 项目的政府监管权施加控制。

关于政府监管权行使要求,秉持有效监管原则是共同趋势。有效监管原则强调鼓励被监管对象主动承担更多的责任,建立激励与约束相容的监管制度。② 它是具有较大弹性空间的监管原则,旨在平衡风险控制与市场效率。在不同的经济周期,市场作用的有效性不同,有效监管原则表现为不同的具体监管原则,严格监管、放松监管、审慎监管、适度监管、包容监管以及现代的激励监管相容均是其具体形态。因此,对 PPP 模式中政府监管权行使原则的判断,需要考量政府与市场在公用事业领域或 PPP 产业领域的实际角色。简言之,PPP 模式中政府监管权行使要兼具引导和控制功能。激励机制是引导功能实现的基本手段,与激励机制相伴的是约束机制,它承载了政府控制功能,包含一系列的监管指标。但其关键是激励与监管的相互融合,这一方面要求产业政策与监管政策能够提供统一的行为约束规范,另一方面要求在组织形成和程序运作上相应的机制设计。此外,鉴于公私合作类型的多样性以及有效监管原则的弹性,合作管制等契约治理模式的引入可以为特定 PPP 项目确定实际有效的监管规则和程序提供重要手段,因为契约治理的多元共治特质更有利于构建激励与监管相容的规制体系。

三、公共利益考量:基于效率的权力让渡与基于公平的权力保留

诚如上述所言,公共服务有效供给即社会整体利益最大化包含两个方面的目标:公共服务最大化供给与均等配置。前者受效率价值指引,后者遵循公平价值的引导。公私主体在实现公共服务供给效率与公平价值方面具有不同优势,政府方保留保障公共服务均等配置目标的权力,向私人部门让渡实现公共服务最大化供给目标的权利,两者共享权力并成为实现公共服务有效供给目标的“责任共同体”。PPP 公共服务的物质性与公共性决定了有效供给两个目标间的序列关系,即“效率基础与公平优先”成为政府权力让渡与保留的基本价值原则。政府权力的让渡与保留主要发生在执行权和监管权的行使环节,基于 PPP 项目运营效率的考量,政府将包括收费权在内的大部分项目执行权让渡给私人部门,只保留了履约管理权,因此执行权的配置遵循“有公平的效率”原则;监管权以维护 PPP 项目运营

① 胡税根、翁列恩:《构建政府权力规制的公共治理模式》,载《中国社会科学》2017 年第 11 期。
② 参见王煜宇等编著:《金融法学》,武汉大学出版社 2010 年版,第 62 页。

秩序为根本,因此其权力保留遵循公平原则,但出于监管效率考量,政府让渡部分监管权,要遵循一定的效率原则,因此监管权的配置遵循"有效率的公平"原则。质言之,政府权力让渡与保留的公平与效率目标的优先性不同。"效率基础与公平优先"由诸多具体原则组成,共同指导政府形成具有合理性的公权力配置结构,并指导公私主体形成最优化的法权(权力与权利权重)结构。

(一)政府让渡权力的原则

政府通过权力让渡引入私人部门的目的是提升公共服务供给效率,其根源在于政府自身效率问题,政府公共服务效率不足具体表现在公共服务供给决策低效率、生产提供低效率以及供给监督低效率等环节。决策效率的提升需要构建有效的多元参与机制,通过赋予社会公众和第三方机构部分参与决策的权利实现,即政府决策权效率的提高更多强调的是政府开放与合作的态度。项目执行权与项目监管权的让渡才是发生于 PPP 项目运营过程中的政府方与私人部门间的权力再配置活动。因此,从狭义角度看,政府在 PPP 模式中向私人部门让渡权力包括两个层面:一个是合作生产提供环节的权利让渡,主要是公共财产权、特许经营权、收费权等的授予;另一个是项目监管环节的权力让渡,主要是监管权的授予。公共服务供给对效率价值的追求促使政府让渡权力,然而公共服务供给过程同样追求服务均等配置、公共利益保护等社会公平价值,因此政府权力让渡同样要考量公平因素。当然,在 PPP 项目不同环节中效率价值对公平价值的优先程度有差异性,需要在具体场景中方能考量政府权力让渡的价值取向。

PPP 公共服务供应环节主要涉及政府执行权的让渡问题。鉴于公共服务的物质属性,该环节公私主体之间权利关系以财产性资源为主要利益内容,政府主要是向社会主体让渡公共财产资源的使用权利,以期通过市场化的方式提高公共服务生产的效率。权利作为一种资源,"是指人们享用财富的特定形式,是法律赋予法律主体基于收益预期的行为资格"①,它作为一种财富的存在形式同样具有稀缺性,效率应成为权利配置的基本价值取向。就我国 PPP 产业发展现状而言,政府承担促进产业发展的责任,通过让渡利益方式赋予私人部门权利是政府履行其 PPP 促进责任的重要表现。不过,政府所让渡的部分财产性资源在公共服务生产中并非主要物质资源,其起补充和引导作用,目的在于促进私人部门的资本、管理技术、知识产权等要素发挥更大作用。换言之,公共服务合作供给过程是一个权利资源追求利益最大化的过程,公私主体在该环节的互赖关系就是对彼此占有的各种生产要素的相互依赖,它借助于权利形式获得效率最大化。因此,如果政府需要提供相应资源,那么通过让渡权利方式以适应权利机制对效率的追求;如果政府无需提

① 田培炎、蒋兆康:《论权利与效率——一种法律经济学观点》,载《法学研究》1992 年第 6 期。

供相应资源,那么尽量减少权力对私人部门权利机制作用发挥的干预。

但是基于公共服务的公共属性,私人部门在获得政府财产性资源权利让渡的同时,承接了相应的公共责任和社会义务,包括公共服务的均等分配、合规供给以及保障社会公众的其他公共服务利益等,这要求公共服务供给者不能完全以效率为唯一价值诉求,如公共服务的收费问题,不能在收费金额中包含私人部门的过高利润,其标准要体现公共服务的可负担性和高覆盖率;又如,"特许经营权利为了公共福祉做出一定让步和牺牲,乃是特许经营权利社会义务的表现"①。与私人部门社会义务相对应的是政府履约管理权,其派生于政府权利让渡之后,以私人部门公共服务供给行为监督为目标,政府履约管理权与私人部门社会义务共同构成保障 PPP 项目实现社会公平价值的主要手段。因此,在公共服务合作生产与提供环节,虽然公私主体的物质利益或财产资源的合作关系是基础性法律关系,公私主体的法权结构中权利权重优于权力权重,但权力和权利配置规则应遵循"有公平的效率"原则,该原则以私人部门拥有的项目经营权利为主导,辅之以政府的履约管理权利,二者的配置由 PPP 协议约定。

要求公私主体在 PPP 项目执行环节遵循"有公平的效率"原则,意在优化双方的权力与权利配置结构。有学者认为,利益总量或财产总量之和最大化是权利与权力最优比例或结构(最优法权结构)的判断标准或平衡基准点。判断法权结构优化程度的变量包括"量"与"效能"两个方面:"量"指的是权利与权力的量;在法权结构中,除量的因素外,还有一个哪种构成要素起主导作用的问题,其中,量上居优的要素可能起主导作用,也可能不起主导作用,因此"效能"指的是主导作用。PPP 项目执行环节的"效率"意指公共服务生产最大化,此即该环节的利益(包括私益和公益)总量最大化的要求。而公共服务的生产本质上是权利作用的过程。因此,此时的公私主体法权结构中权利的"量"远大于权力的"量",其权利来源包括私人部门财产权和政府公共财产权。在通常情形下权力即使在"量"上不具有优势,也仍具有主导作用,但在该环节,权利占主导作用。因为,PPP 模式中公共资源或公共利益借助于私人部门追求私益最大化的过程实现其最大化,而权利是利益增值的有效机制。虽然此时公私主体法权结构中权利在"量"和"效能"上均具有优势,但要保持适当的比例。因为如果权利权重过大,容易损害公共服务供给的公平价值。赋予权力适当的比例旨在矫正私人部门过度的逐利行为并要求私人部门履行附着于公共资源上的公共责任,从而服从于社会正义终极目标和公平目标。因此,"一定量"的权利和"一定量"的权力结合形成公共服务合作供给环节公私主

① 周佑勇:《特许经营权利的生成逻辑与法治边界——经由现代城市交通民营化典型案例的钩沉》,载《法学研究》2015 年第 6 期。

体的权利和权力配置结构,同时,该环节公共服务生产与供给的效率诉求居于主导地位,因而赋予权利主导地位。

不同于政府PPP项目执行权让渡遵循"有公平的效率"原则,政府PPP项目监管权的让渡需遵循"有效率的公平"原则。这意味着此时在公私主体法权结构中政府权力占主导地位。监管权是PPP模式中政府履行担保责任的基本手段,其基本宗旨是保障公共服务供给过程的社会公平价值,那么监管权的配置遵循公平原则是毋庸置疑的。但现代政府监管权的行使同样遭受缺乏效率的质疑,合作管制是为了适应现代政府高效率管制要求所做的尝试。因此,为提升管制效率,政府必须向私人部门让渡部分监管权力,但让渡部分监管权力并未改变政府监管权行使的基本宗旨,一般情形下政府仍会保留维护一般公共利益的权力,其所让渡的主要是保障公共服务均等供给的权力和责任,私人部门受让政府监管权力之后必然受公平价值约束。政府作为公益代表者,在社会公平价值的维护方面,较私人部门具有优势。私人部门受让部分政府监管权力不是为了像政府一样严格保障监管权行使的正义性,而是增强监管权行使的效率性。因此,对私人部门而言,其受让监管权的范围及其行使方式还应遵循效率原则。

因此,PPP模式中政府监管权的让渡遵循"有效率的公平"原则。该原则中的"效率"因素是对政府在合作管制模式中监管权让渡行为的基本要求,对监管权一般行使过程的公平原则来讲,它是附加要求。不同于PPP项目执行权让渡后以权利形式存在,PPP项目监管权让渡后仍以权力形式存在,其效率作用的发挥不是借助于物质生产即权利运作过程,而是借助于私人部门的自律性以减少机会主义行为,从而提升监管效率。质言之,公共服务供给环节追求财产效率,而公共服务供给监管环节追求秩序效率,前者依赖物质利益及其权利机制的作用,后者更依赖被监管对象的内心服从。只有将监管效益的正外部性内部化才能激励私人部门实施自我监管,赋予其部分监管权力,就是赋予其免受政府任意权力干预的能力,并享有制定监管标准的权力,以减少自身接受监管的成本。私人部门将受让的监管权力与项目管理(经营控制)权利结合运用,建立有效的内部治理机制,既可以提升监管效率,又可以提升项目效率,这是政府通过让渡监管权力以激励私人部门实现自我规制的理想状态。因此,虽然合作管制与合作生产提升的是不同方面的效率,但两者息息相关,政府让渡监管权的范围和方式需要遵循私人部门对效率价值的理解和认识。

(二)政府保留权力的配置原则

PPP模式中政府应该保留的权力包括三个层面:宏观层面是基于公共服务制度供给者和公共利益维护者的身份而享有的权力,主要是PPP决策权和广义上的行政监管权;中观层面是基于公共服务供给责任兜底承担者而保留的权力,如保障

PPP 项目健康运行的项目监管权;微观层面则表现为因生产职能与提供职能分离而保留的履约管理权利,该权利由项目实施机构行使,发生于公共服务实际生产与提供环节,作用于 PPP 项目内部,由公私主体通过契约约定。

政府保留的行政决策权配置遵循"有效率的公平"原则。决策过程一般包括提议(initiation)、审批(ratification)、执行(implementation)和监督(monitoring)四个阶段。① 西方新公共管理改革将提议权、执行权和监督权从传统决策权(立法权)中分离出去,形成政府行政权独立于立法权的权能结构。随着现代行政权的扩张与分化,在行政执行权和行政监督权被分离出去之后,政府的行政决策提议权亦被分离出去,它分权的方向是一般社会公众、第三方机构和直接受决策约束的行政相对人。其权力配置思路是保障决策民主,体现为决策建议权的公平分配,当然这并不意味着绝对均等,而是赋予不同能力或不同利害关系的人不同建议权比例,这是对决策效率的考量。因而总体上,建议权配置要求设计公平且兼顾效率的决策参与程序。

PPP 行政监管权保留的理论依据是国家(政府)担保责任下的监管责任,其监管方式包括管制、监督、接管等。政府向社会公众提供基本公共服务的责任逻辑在于"要求能在共同体中按照复合公平(分配正义)的规范提供公共物品,并以复合公平(分配正义)审慎地设计公共物品的运作规则"②,因此,政府必须保证公共服务的普遍、持续、合规供给,其主要集中在对 PPP 项目运行过程的监督和管理。在公私合作浪潮下,担保责任理论不仅改变了政府公共服务供给责任的承担方式,政府由公共服务的直接提供者转变为间接提供者,而且改变了政府履行担保责任的方式,传统行政权力不再是监管权的唯一行使方式。现代社会需要分配正义,更需要更有效率的分配正义,PPP 项目监管存在技术、信息、人力资源等门槛,这些因素是阻碍传统行政监管权获得效率提升的客观原因,"合作管制"体现了现代政府提升"保障社会分配公平"效率的努力,成为实现"有效率的公平"价值的有效手段。在合作管制模式中,政府基于效率向私人部门让渡部分监管权,引导私人部门发挥自治和自律的能力,该部分监管权的行使应当遵循私人部门内部治理的一般规律,即侧重追求效率。概言之,基于监管效率的考量,政府监管权存在让渡的理论基础和现实价值。因此,政府保留的监管权仅是那些不可让渡且不可怠于行使的行政监管权和契约监管权,后者是监管权配置遵循效率原则的产物。除此之外,通过契约让渡之后,不可让渡的行政监管权被限定在非常狭小的范围,这本身也意味着行

---

① See Eugene F. Fama & Michael C. Jensen, *Separation of Ownership and Control*, Journal of Law and Economics, Vol. 26:2, p. 301 – 325(1983).

② 孔繁斌:《公共性的再生产——多中心治理的合作机制建构》,江苏人民出版社 2008 年版,第 100 页。

政监管权配置对效率原则的遵循。因此,总体上政府保留监管权的配置遵循“有效率的公平”原则。

需要注意的是,项目实施机构保留的履约管理权与监管机构保留的契约监管权两者的权力配置原则存在差异,前者遵循“有公平的效率”,后者侧重“有效率的公平”,这种差别源于监管的侧重点的不同。履约管理权更加注重对政府投入资源即公共财产和资源运用情况的监督。我国政府承担 PPP 模式的激励和促进责任,必须通过“放权让利”创造“公私合作”环境,通过宏观层面的政策支持,中观层面的技术、人才和设施供给以及微观层面具体的项目支持措施促进公私合作项目顺利开展。在特定 PPP 项目中,项目实施机构职责包括为私人部门提供公共资源、辅助项目审批以及监督私人部门公共资源的运用情况,它构成项目实施机构的合作促进权内容,其配置与行使以效率为基本原则。而履约管理权是项目实施机构在让渡公共资源权利之后所派生的权利,其存在以合作促进权的存在为前提,所以它的配置和行使遵循“有公平的效率”原则。行政监管权旨在维持公私合作环境的适宜性,它针对的是宏观的 PPP 产业政策环境与竞争秩序,因此必须以公平原则作为权力配置原则。而契约监管权派生于行政监管权,其权力配置和行使的基本原则理应是公平原则,效率原则是其附加原则,因此遵循“有效率的公平”原则。本质上,履约管理权与契约监管权配置原则的差别是两者对生产效率与秩序效率追求的差异。但是,当监管权采取契约化方式,与运营特定 PPP 项目的私人部门达成协议,公共服务的生产效率与公共服务项目运营的秩序效率在特定项目上达成统一,那么履约管理权与契约监管权的配置原则间的细化差别微乎其微,均可理解为“有公平的效率”原则。

履约管理权与契约监管权的配置原则的变化与趋同,意味着公平与效率关系在 PPP 项目不同环节呈现不同的样态。“效率基础与公平优先”是 PPP 项目中法权总量的配置原则。结合判断法权结构优化程度的两个参考变量,即“量”与“效能”,在公私主体整体法权结构中,权利占有“量”上的优势,而权力占有“效能”上的优势,总体上权利与权力的权重趋于对称。但在 PPP 项目的局部环节,效率与公平价值的优先性程度不同,会形成不同的法权结构。从上文可知,PPP 项目监管环节,政府方监管机构不可让渡的行政监管权如介入权、处罚权等,其遵循公平优先原则,政府方监管机构可让渡给私人部门的监管权力则遵循有效率的公平原则。如果将视线范围扩大至 PPP 项目执行环节,这个连续状态的另一端是效率优先原则,即私人部门受让的政府权力(权利)遵循效率优先原则,而政府方项目实施机构保留的履约管理权利遵循有公平的效率原则。

简言之,政府执行权从让渡到保留呈效率诉求减弱、公平诉求增强的曲线,而政府监督权从保留到让渡则呈公平诉求减弱、效率诉求增强的曲线;执行权保留部分即履约管理权具有监管权功能,在价值诉求上呈现出效率与公平并重的趋势,监管权让渡部分即契约监管权具有管理权功能,在价值诉求上呈现出公平与效率并重的趋势。合作生产契约和合作管制契约作为两种权利(权力)载体,共同融合于完整的公私伙伴协议中,两种权利(权力)在价值诉求上的差异微乎其微。这意味着,以契约为媒介,从政府保留的监管权到契约监管权和履约管理权,再到让渡的项目经营权利,存在一个公平价值优先性逐渐减弱效率价值逐渐增强的连续谱系。从这个角度看,政府权力的让渡与保留之间没有绝对的划分界线。政府保留权力范围存在绝对保留事项与相对保留事项之差别,前者强调公平价值的绝对优先地位,因此由监管机构独占,后者相对保留事项即属于可让渡权力内容。相对的,政府让渡权力范围也存在应予以让渡的事项和可予以让渡的事项,可予以让渡事项意味着可予以保留即相对保留事项。因此,政府可予以让渡权力和相对保留权力的范围和配置才是 PPP 模式中政府权力配置研究的核心点。

四、PPP 模式政府让渡与保留权力基本架构

(一)PPP 模式政府决策权的保留

在 PPP 制度引入过程中,中央政府和地方政府分别担负着制度创新确认者和实施者的责任,借助决策权,政府可为 PPP 模式推广创造适宜的制度环境和机制条件。因此,政府决策权是政府履行 PPP 促进责任的主要方式,包括 PPP 产业政策与规章制定、PPP 项目公共支出预算等权力,政府 PPP 决策权属于政府不可让渡的积极权力,其权力内容及其行使具有不可移转的权威性和排他性。

1. 政府 PPP 产业促进政策法规制定权

任何制度的发展、变迁乃至创新都存在并作用于一定的制度环境,只有具备相宜的基础规则,具体制度才能生成、演进。PPP 模式制度化的首要任务是进行 PPP 的顶层设计,政府 PPP 产业促进法规制定权力的功能主要是规则供给,创造 PPP 模式发展的制度环境。PPP 产业促进法规制定权对 PPP 模式制度环境的塑造可以从多个方面进行理解。从权力主体看,该权力包括全国人大 PPP 基本法立法权、国务院 PPP 行政立法权、中央各部委 PPP 部门规章制定权、地方人大 PPP 法规制定权,地方政府 PPP 规章制定权等决策部门的决策权体系。从权力内容看,包括产业促进原则、产业促进措施、产业促进措施配套制度、产业促进措施效果评估机制等 PPP 产业促进的基本法律制度。我国 PPP 产业发展处于摸索阶段,确定 PPP 模式的价值诉求,厘清不同主体在 PPP 模式中的利益关系以达到培育 PPP 产业的目的,这是 PPP 法律制度的核心内容,当然顶层制度设计包含宪法、基本法律等层级较高的规范性文件,而政府所享有的规则制定权主要是指行政法规、部门规章等规范性文件。由此可知,PPP 模式中政府所保留的 PPP 产业促进法规制定权主要由中央

政府及其相关部委行使,属于行政决策权,它是传统行政决策权向社会公众让渡决策建议权、参与权、监督权之后剩余的政府决策权力,强调 PPP 产业政策形成过程的民主性和结果的科学性。从行政过程看,该保留权力包括政治决策和行政决策或中央政府决策与地方政府决策,主要发生在权力机关和各级行政机关 PPP 项目政策决策环节,而非指微观项目中的运营决策环节。

我国 PPP 产业政策受"双轨制"体制的影响。一方面,中央政府文件基本停留于 PPP 策略性措施、目标规划、财税安排等环境型的 PPP 政策宣示;另一方面,地方政府虽然负责 PPP 政策的具体落实与推进,但缺乏相应的环境创造权利,无法根据 PPP 实施具体情况进行决策调整,PPP 产业促进政策的落实存在诸多障碍和不确定性。因此,政府 PPP 产业促进法规制定权行使的合理性,仍需要解决政府内部以及与非政府主体之间利益协调这个前置问题。中央政府 PPP 产业促进法规制定权作为政府保留权力,首先要确认社会公众决策参与权并保障其行使;其次要理顺中央政府及其部委关于法规制定权的配置以避免部门利益对产业利益的侵蚀;最后要赋予地方政府部分决策建议权,如享有配套制度的设计自由,对 PPP 产业促进政策落地过程保持适当的回应。

2. 政府 PPP 项目公共支出预算权

公共支出预算权是政府提供、组织或引导公共服务供给活动的基本手段。在 PPP 项目中,政府通过公共支出预算权实现对公私合作项目的支持和辅助,包括提供成本补助、投资资本金等。绝大部分 PPP 项目均需要政府提供某种形式的财政支持。以使用者付费作为回报机制的特许经营型 PPP 项目,在使用者付费不足以覆盖私人部门投资资本时,需要政府补贴部分资本金或资源;以政府付费为回报机制的政府购买型 PPP 项目,适用于具有"非经营性"的公共服务项目,它的财政支出必须依据《预算法》框架执行;股权合作型 PPP 项目的最大特征是政府以股东身份参与,而根据《政府投资条例》(国务院令第 712 号),政府参股的资本金属于政府投资,其资金来源是预算安排内的资金。因此,政府在绝大部分的 PPP 项目中投入了财政资源,而政府财政职能的履行要求政府保留相应预算权。

PPP 项目中政府预算权行使具有一定特殊性,其与公私合作协议的具体约定有关,但受预算约束的政府公共财政支出与公私合作协议约定的政府给付义务存在一定冲突。通常预算权是指各级人民政府在编制、审批和执行国家预算中所享有的权限,包括预算编制权、审查批准权、执行与调整权、决算核销权以及执行的审计监督权等。[①] 预算权体系就是一个约束公共财政支出的内部治理机制,这意味着公共财政支出受预算权各方面的限制,包括法定预算期间和法定预算额度。政

① 参见王永礼:《预算法律制度论》,中国民主法制出版社 2005 年版,第 25 页。

府财政一般预算周期为一整年,但政府在PPP协议中约定的给付义务并不是均匀地分布于整个项目周期,即使为了适应预算周期,将政府支付义务均摊到整个项目周期,需要根据尚未产生给付义务和未来给付义务期间进行均值计算,受通货膨胀的影响,若以均值确定的支付标准不足以覆盖成本,再寻求预算变动是非常困难的事情。关于预算额度,现行PPP政策文件直接规定了各级政府全部PPP项目从一般公共预算列支的财政支出责任不得超过当年本级一般公共预算支出的10%,这对于政府以资本金形式进行合作的PPP项目带来一定公共财政支出压力。而且,预算资金的确定方式、支付方式与政府在PPP协议中给付金额的产生方式、支付方式也不同。预算是预计支出,专款专用,而政府给付义务根据绩效考核产生,基于考核结果确定金额并事后支付,因此,公共财政支出金额与政府实际支付金额不相当,会出现资金差额或资金沉淀。此外,鉴于有些地方政府信用能力薄弱,预算承诺落空亦会造成PPP项目的支付困难或出资困难,而且尚缺乏相应的法律救济途径。

因此,PPP模式中政府预算权的行使应当更加符合公私合作项目运作的特质,作出适当调整。首先,必须完善PPP项目政府财政承诺机制。政府财政承诺是对私人部门作出的项目合作资源供给承诺,它受预算约束,因此只有合理的预算安排才能实现政府承诺。私人部门作为非政府预算主体,并不享有预算权,其无法控制亦无法掌握与预算相关的信息,无法对政府财政承诺施加约束。为保证政府PPP财政承诺的有效落实,有学者认为,应结合现有的财税制度改革,建立中长期预算机制,即提供PPP项目短期、中期、全期总支出预测,预测PPP项目各阶段的未来成本和绩效付费,在总支出框架内根据每个阶段的支出均值进行调整,以保证政府按照协议付费;[①]也有学者提出,必须构建可操作的PPP政府财政承诺监督机制,其主要方式包括纳入年度预算并通过集中账户支付的短期财政承诺监督和安排储备专项资金或负债专项资金预算的长期财政承诺监督,全方位监督政府为财政承诺安排合理预算。[②]

其次,必须形成差异化的PPP项目公共支出预算约束机制。目前,中央部委直接限定了各级地方政府在PPP项目方面的公共财政支出,这种做法虽然有助于遏制地方政府债务激增,但未考虑到部分地方政府财政收支不平衡的实际问题,10%的财政承受能力红线限制了该部分地区公共服务供给能力,影响了已启动PPP项目政府支付义务的履行。中央政府可根据财税收支能力和公共服务建设压力为不

① 参见王守清、刘婷:《PPP项目监管:国内外经验和政策建议》,载《地方财政研究》2014年第9期。

② 刘穷志、任静:《中国PPP模式政府监管制度设计》,载《财政监督》2016年第6期。

同省市设定不同的财政承受能力红线,同时应允许省级政府提出地方公共服务投资建设规划,对所需的投资金额,包括地方政府财政支出和中央政府财政补助,作出事前评估,并报中央政府及其部委,通过央地协商、专家论证等方式确定地方政府的 PPP 项目公共支出预算。

最后,应构建参与式的 PPP 项目财政预算机制。参与式财政(participatory budgeting)是参与式治理的一个重要表现,是公民个人和不同群体、不同利益的代表直接参与地方和社区公共财政的开支和投资决策的一种方式。① 它强调的是公民在本辖区公共服务政策决策过程的参与权,因为公民作为公共服务的终端消费者,对公共服务的公共财政支出预算、公共服务的政府付费标准等事宜均享有知情权和建议权。我国各级政府预算由同级人民代表大会审批,在一定程度上实现了公民在政府预算过程的参与权,但多重代理链条的存在使公民参与权未能有效落实。可以要求各级政府直接公布 PPP 项目公共财政支出预算、PPP 项目政府财政承诺、PPP 项目绩效考核以及政府给付义务履行情况等,并设定异议期或反馈期,为公民设计全过程的参与机制。

3. 政府 PPP 项目配套制度供给权

制度环境通常包括基础性制度安排和具体制度安排,②前者决定并影响后者。基础性制度涉及的主要是法律等基础规则,广义的 PPP 产业促进法规制定权的功能就是完善公私合作制度环境顶层的基础规则。具体制度安排是指能够直接推动 PPP 产业发展的供给型政策工具,它包含公共服务领域通用或特定的各类技术和服务支持手段,是落实基础制度的细化机制和辅助制度。基础制度的细化包括实体标准的细化和程序的细化,前者如社会资本方筛选条件、物有所值评价标准、绩效考核指标体系等,后者如招投标程序、物有所值评价程序、财政论证程序等的完善;辅助性制度的创新包括技术支持创新和服务创新,前者包括信息收集、共享、处理技术的搭建,人才培养机制和体系的构建,评估技术的升级等,后者包括融资工具创新、专家咨询服务方式和质量的创新、财税支持手段创新等。这些技术性和服务性的资源是我国尚缺乏的配套性技术支撑,是我国中观层面的 PPP 制度体系构建的重心。

政府对基础制度的细化和辅助制度的创新活动是对 PPP 基本制度的延伸,需要在全国人大和中央政府设定的 PPP 制度顶层设计框架内进行设计。基于信息层级优势,地方政府对中央政府及其部委 PPP 法规政策的细化和创新享有一定的自

---

① 参见陈剩勇、赵光勇:《"参与式治理"研究述评》,载《教学与研究》2009 年第 8 期。

② 参见[美]L. E. 戴维斯、D. C. 诺斯:《制度变迁的理论:概念与原因》,载[美]R. 科斯、A. 阿尔钦、D. 诺斯等:《财产权利与制度变迁——产权学派与新制度学派译文集》,刘守英译,上海三联书店、上海人民出版社 1994 年版,第 270 ~271 页。

主空间,因此,PPP 项目配套制度供给权是政府保留并由地方政府行使的权力。由于从中央政府到地方政府再到基层民众和市场主体,存在信息优势递增、权力优势递减的现象,越具体越特定的制度或机制设计,对决策信息的需求更高,那么掌握越多信息的主体理应享有相应的决策权力,包括决策参与权、决策建议权等。因此,地方政府 PPP 项目配套制度供给权的行使需要保持一定的开放性,它可以与社会公众的决策参与权、市场主体或专业机构的决策建议权等进行合作实现 PPP 项目配套制度的设计。虽然中央政府 PPP 产业促进法规制定权和地方政府 PPP 项目配套制度供给权的行使在保障社会公众或其他社会主体的决策参与权和建议权方面具有一致性,但二者的共治形态仍有区别。中央层面上的决策共治主要是“协作”治理,而地方政府层面的决策共治倾向于“合作”治理,根源于在具体制度设计方面政府与非政府主体的相互依赖关系更加趋于对称。基础制度的实现机制和程序是否有效取决于市场主体的认可程度,技术和服务等辅助条件的供应更是取决于市场主体的资源贡献,因此,地方政府 PPP 项目配套制度供给权行使的重点应当是培育市场主体参与制度设计的主动性,以贡献更多的信息和技术资源,为此需将具有公共产品属性的技术和服务的提供作为重要服务业优先发展,提供各方面的扶持手段和优惠措施。

(二)PPP 模式政府执行权的让渡与保留

权力让渡与保留作为一种调节手段,其行为逻辑是通过对公私主体间失衡的互赖关系的矫正,建立合作治理基础并避免合作治理失败。由于公私主体的合作治理主要发生于项目执行过程,因此,政府 PPP 执行权的让渡与保留是合作治理最重要的权利配置问题。PPP 项目执行权是指启动、建设、运营 PPP 项目的行为资格,基于公私合作的制度变革,政府必须改变传统公共服务供给思维,通过向私人部门“赋权”形式让渡包括公共资源使用权、收费权利、特许经营权利在内的部分执行权,才能使私人部门真正获得项目运营的自主权。同时,基于维护公共利益的公共性目标,政府必须保留适当的履约管理权力以监督私人部门运用公共资源的行为,其主要表现为 PPP 绩效考核权、定价权、服务变更权、日常检查权、重大事项决策权、介入权等一系列子权利。

1. 政府 PPP 项目执行权的让渡内容

在政府垄断供给模式中,政府执行权的形式涉及项目规划、启动、投资、融资、建设、运营、维护等一系列与公共服务供给直接相关的行为。PPP 模式改变了政府的直接供给责任,PPP 政府执行权内容也将随之发生变化。为促进具体 PPP 项目顺利运营,政府针对不同回报机制的 PPP 项目通常会采取不同的“利益让渡”方式。例如,在公共服务供给阶段,收费权是公私合作的“润滑剂”和“连接器”,[①]私人部门必须利用收费权解决公共物品变现问题,但收费权是由政府独占的权力资源,因此,在PPP项目执行环节,政府必须让渡一定的收费权才能使项目正常运营。不同的PPP项目回报机制决定了不同的收费权形式。我们认为,无论是使用者付费(user charge)、可行性缺口补助(viability gap funding)还是政府付费(government payment)项目,政府让渡给私人部门的都是一种权利而非权力。因为,政府在让渡收费权之后仍保有借助定价机制或考核机制对私人部门公共服务供给行为实施控制的权力,而私人部门在该环节所需求的“关键性资源”并非政府收费权或公共财政资金支配权权力本身,而是行使收费权或使用公共财政资金的结果,即获取价金。

首先,使用者付费类PPP项目中,由于私人部门取得投资回报的资金来源主要是使用者付费和适当的政府可行性缺口补助,其承担主要的市场风险。为了预防无法取得投资回报的市场风险,私人部门所需要的“关键性资源”通常包括向使用者收费的权利以及政府作出的必要承诺。政府的承诺均是在成本补助方面减轻私人部门的投资回报压力,体现为以权利为存在形式的各种物质资源。因此明晰使用者付费的性质,有助于我们理解政府所让渡的收费权到底是权利还是权力问题。美国学者费雪(Ronald C. Fisher)认为,使用者付费是政府为特定服务或特许权索取的价格,也是为提供那些服务的全部或部分成本的使用价格。[②] 特定服务主要是指提供准公共产品,其成本补偿包括政府针对产品或服务外溢性部分的补贴和消费者针对自身直接受益部分的价格支付两部分。准公共产品存在一定程度的外溢性,其市场价格机制无法完全发挥作用,消费者无法基于市场定价逻辑就受益部分支付对价,只能或通常以产品或服务的平均成本计价,但它无法涵盖准公共产品供给企业的成本,因此成本和利润的差额往往由政府进行补贴。在政府直接供应准公共产品时,所收取的使用费性质是以成本补偿为原则的公共收费,我国称为行政事业性收费,而由公私合作供给准公共产品时,为了提升私人部门参与的积极性,政府通常允许私人部门赚取正常利润,此时准公共产品的使用者付费性质由公共收费转变为经营性收费,即允许市场价格机制在更大程度上发挥作用。行政法学界一般将“经营性收费”视为单纯的民事活动,[③]即基于社会方与消费者的服务合同关系而形成的价金,不属于公权力性质的税费征收行为。综上,公共部门向私人部门让渡的使用者收费权本质上是基于服务消费合同的对价,属于民事权利的

---

① 参见虞青松:《公私合作契约的赋权类型及司法救济——以公用事业的收费权为视角》,载《上海交通大学学报(哲学社会科学版)》2013年第5期。

② 参见[美]费雪:《州和地方财政学》,吴俊培总译校,中国人民大学出版社2000年版,第154页。

③ 参见虞青松:《公私合作下公用事业收费权的配置研究》,上海交通大学2013年博士学位论文,第19页。

转让。

需要特别强调的是,使用者付费类PPP项目中,政府通常会赋予私人部门特许经营权,我们认为,私人部门受让的特许经营权同样属于经营性的民事权利而非权力,①该权利存在的目的是服务于私人部门投资回报目标的实现。私人部门从事具有外溢性的准公共产品的提供活动,需要保持一定程度的垄断才能实现上述成本与收益的平衡,即该类公共服务回报机制的实现需要借助于排他性经营环境,即“除特别许可特定社会资本运行PPP项目和提供服务外,还必须保证其具有一定的垄断性和排他性权利”②。特许经营是政府处分其公共服务垄断经营权的一种方式,政府通过授予私人企业特许经营权的方式赋予其垄断经营的权能。鉴于准公共物品的外溢性特质,私人部门发挥市场效率需要的是垄断经营权利,而非具有公共管理属性的特许权力。公用事业民营化背景下,政府特许经营权被视为政府市场准入权的体现,政府既可以通过单方行政许可行为实施该权力,亦可以通过事前的竞争性招标投标程序实施该权力。可见,在特许经营型PPP项目的运营环节,公共部门向私人部门让渡的是包含垄断经营利益的特许经营权利,并没有让渡承载监督职能的特许经营权力。③

其次,政府付费类PPP项目中,政府向私人部门让渡的主要是公共财政资金的使用权或货币所有权。该类项目由政府根据私人部门的实际产出来支付费用,它引入竞争机制的目的是促进采购资金的有效运用和公共资源的优化配置,与特许经营相比,它更强调“物有所值”,主要考虑工程、货物、服务的质量与价格。该模式适用于自然垄断性较弱,市场上可供选择的服务提供者较多但政府又负有供给责任的基本公共服务领域④。此类领域公共服务的供给行业已经成为具有一定竞争的市场,PPP项目中的政府与私人部门之间具有相对均衡的相互依赖关系,权力发挥作用的空间不大。换言之,私人部门所需的“关键性资源”是公共产品销售渠道及其销售收入,公共部门所需的“关键性资源”是获取符合“物有所值”的公共产

---

① 大部分学者认为其是经营者通过特许经营协议所获得的建设、经营、管理权限,是一种经营性的财产权利。参见周佑勇:《特许经营权利的生成逻辑与法治边界——经由现代城市交通民营化典型案例的钩沉》,载《法学研究》2015年第6期;陈阵香、陈乃新:《PPP特许经营协议的法律性质》,载《法学》2015年第11期;赵意奋:《公用事业特许经营协议性质之辨考》,载《经济体制改革》2010年第6期。

② 参见陈婉玲、汤玉枢:《政府与社会资本合作(PPP)模式立法研究》,法律出版社2017年版,第91页。

③ 此种逻辑同样可以用于解释使用者付费类PPP项目中政府方所让渡的收费权性质,即在政府垄断供给模式中,政府采公共收费方式,而公共收费中包含两种权力,定价权和收费权。而在PPP模式中,政府保留了定价权(仅是在具体定价上与社会资本方进行合作),让渡了收费权(一种金钱或物质利益),此时收费权由行政性收费变为经营性收费。

④ 如基本医疗卫生、公共教育、公共文化、城市基础建设、环境保护、基本养老服务等领域。

品,但双方都具有可替代手段即存在其他备选合作者。因此,政府付费类 PPP 项目本质上属于民法上的政府购买服务行为。

行政法学者通常认为,政府购买或采购是一种行政行为,因为资金来源为财政资金,而企业自身不具备使用预算内财政资金的权能,通过“购买”行为,获得行政主体授予该项预算内的“财政资金支配权”,因而行政主体基于“购买”公用事业资产或服务产生的“付款行为”并非平等主体之间的对等交易。① 本书认为,该观点不符合政府购买类 PPP 项目中公私主体间相互依赖关系的本质特征,即趋于对称的互赖关系中不具备权力运作的空间。第一,政府采购本质上就是一种购买行为,与销售行为共同构成基本的市场交易行为,其一切的“特殊”皆源于购买者身份的特殊。但在给付行政领域,政府权力主体的角色功能依靠其权利主体身份实现,即购买服务行为是辅助政府实现公共服务供给责任,因此在具体的购买活动中,政府扮演的是权利主体身份。第二,政府付费类的 PPP 项目较普通的政府采购更加强调公私主体平等合作的伙伴关系,尊重参加者各自不同的价值观和利益追求,平等地保护各方投资者的合法权益;普通政府采购则偏重保护公共资金使用安全、提高采购资金的使用效益和保障采购活动依法合规、公开透明。② 相较而言,政府付费类 PPP 项目旨在剔除普通政府采购过程中的权力干预痕迹,以增强私人部门在采购资金使用上的效率。第三,政府付费类 PPP 项目中私人部门的行为目标不在于获得“财政资金支配权”,而在于获取提供公共服务或物品的对价,即基于合同约定的价金及其同类物,并不强调其来源必须是预算内的财政性资金。“财政性资金来源及其预算约束”的要求本身是针对公共部门的,是对政府使用财政资金行为的约束,这种约束包括 PPP 项目启动之前的物有所值评估和财政能力论证等。若将“财政资金支配权”上的约束条件附加于私人部门身上,这无异于加大了其获得合同对价的难度和不确定性,③反而强化了公私双方间的不平等地位。总之,政府付

---

① 参见虞青松:《公私合作契约的赋权类型及司法救济——以公用事业的收费权为视角》,载《上海交通大学学报(哲学社会科学版)》2013 年第 5 期。

② 参见陈婉玲、汤玉枢:《政府与社会资本合作(PPP)模式立法研究》,法律出版社 2017 年版,第 231～232 页。

③ 学者虞青松认为公私合作中的企业必须仰赖行政主体的财政资金,一旦行政主体支付不能,企业必须等待行政主体采取行政措施解决。对此类争议,即使企业胜诉向法院申请执行,法院也无权从行政主体的财政账户中直接扣划款项,该类契约的救济受到公法规范的限制。因此,企业此时可以被视为被行政主体授予“财政资金支配权”。但我们认为,虽然目前存在“执行难”的问题,行政机关是可以成为民事执行对象的,更重要的是,当行政主体支付不能引起民事契约履行不能时,那么无论是行政主体还是获得“财政资金支配权”授权的企业均是无法直接获得相关财政资金,而且必须按照行政机关财政法、预算法规范要求行使权力,这本质上是将企业的民事权利纳入内部行政中去调整,更不利于企业方权利的保护。而且 PPP 项目启动前期的物有所值评估和财政能力论证等机制的设计目的就在于事先“锁定”用于公共服务支出的财政预算资金以免政府方发生支付不能。

费类PPP项目，公私双方主要就公共服务的销售与购买活动展开合作，因此在公共服务的供给环节，私人部门让渡公共服务或物品的所有权，而公共部门主要让渡现金种类物的所有权，而非“财政资金支配权”，更非税费征收权。

最后，在PPP项目执行环节，我国政府通常还向私人部门让渡土地、信用等资源的使用权。正如上文所述，公共部门让渡权利的目的在于获得私人部门占有的“关键性资源”，但政府让渡权利的条件是其拥有私人部门需要的“关键性资源”，且私人部门缺乏获取该资源的替代手段。换言之，政府所让渡的权利资源恰恰是私人部门所需要的“关键性资源”。比如，股权合作型的PPP项目，虽然政府所占股权比例不如私人部门，但在以中央政府为主导的基础设施投融资体系背景下，私人部门在融资方面存在较大困境，公私部门在获得银行贷款的难易程度上具有较大差距，因此，在信用资源上私人部门不如政府具有优势。在实际运作过程中，私人部门为PPP项目筹措资金时均需地方政府为其提供增信。可见，在PPP项目运营的前期环节，私人部门所需的“关键性资源”是公共部门的信用资源，包括股权、债券等各类融资资金。因私人部门并非公共部门，无法直接接受公共部门的信用资源，但可通过公共部门的增信，获得融资资金，也可通过公共部门的财政支持，获得财政资金支配权或使用权。

2. 政府PPP项目执行权的保留内容

就项目实施机构而言，其项目合作促进权与履约管理权都是政府基于公共资源（包含权力资源）所有权而产生的不同权能，前者强调公共资源使用权的让渡，后者强调对私人部门公共资源使用行为的监督。因此，PPP项目实施机构的履约管理权是政府在PPP项目执行阶段必须保留的权利。政府方在PPP项目中投入公共资源的目的在于实现公共服务有效供给，因此，履约管理权利的主要内容是为私人部门的项目运营设定具体标准，包括公共服务供给的数量、质量、价格、期限以及服务调整、服务维护等，它是内置于公私合作项目内部的监管权，属于PPP项目控制权的范畴。换言之，基于履约管理权，政府掌握PPP项目的公共控制权，而私人部门在受让公共资源之后与自身财产权结合，掌握PPP项目的经营控制权。

（1）政府PPP项目执行权让渡之后派生履约管理权

履约管理权是项目实施机构与私人部门合作执行PPP项目并基于公私合作伙伴协议而约定的权利，其权利来源或生成过程具有特殊性。政府与私人部门是“责任共同体”，在PPP模式中，政府不再承担公共服务的直接供给责任，而是辅助私人部门向社会公众提供高效的公共服务，其角色和职能发生了较大改变。政府通过赋予PPP项目实施机构执行权与私人部门展开具体合作，但私人部门的公共服务供给能力相当薄弱，私人部门供给公共服务的经验往往不如政府，其无法完全摆脱自身利益最大化与公共利益之间的纠葛与博弈，这意味着私人部门不仅需要获得更多辅助,而且需要对其运营行为加以监督。公共服务的公共性要求政府成为公共利益的兜底担保者,这种兜底担保责任必须借助实施机构的履约管理权来完成,因此履约管理权是政府权力的派生权力。

项目实施机构履约管理权不同于传统政府权力。传统政府权力源于民主授权。“在一个民主的社会,只有人民同意授权,政府才有治理社会的权力,而人民只有认为代表他们行使权力的政府对其所提供的服务和履行的义务负有完全责任的情况下才会同意授予政府特定的权力。”①项目实施机构履约管理权是公私主体合作过程中派生的新型权力,不同于政府行政决策权、行政执行权与行政监督权。首先,履约管理权生成于政府公共服务政策的执行过程,因此它不是直接派生于政府行政决策权和行政监督权的权力。其次,履约管理权虽然派生于政府行政执行权,但它的主要功能是在 PPP 项目运营过程中实施决策和监督,辅助执行 PPP 项目则是派生于行政执行权的合作促进权的功能。其根本原因是,行政权三分发生于政府内部不同部门之间,是努力实现政府内部相互约束并相互协调的结果,而履约管理权产生于政府与私人部门之间的权力分配过程,多元主体之间相互约束和相互协调的治理结构要求政府所保留的履约管理权包含决策和监督职能。

总体而言,项目实施机构履约管理权具有以下特征:第一,存在特殊前提。以政府利益让渡为前提,即发生于公私合作项目运营场合。第二,具有特殊功能。对私人部门运用公共资源行为进行监督,与政府利益让渡行为共同完成政府担保责任的履行任务,同时对私人部门行为的监督并不是被动的事后的,还包含了事前的主动决策,因此保留了部分决策权。第三,具有特殊法律性质。诚如于安教授所言,公法主体权利客观存在,因为“行政活动的目的不仅服务于公共利益,还服务于个人利益”②。履约管理权是项目实施机构基于契约与私人部门约定的公权利,是政府权力权利化的结果,兼具权利与权力的功能。第四,权利内容具有相对性。履约管理权是政府与私人部门通过契约对公共服务供给权划分的结果,其划分方式不同于政府内部法定权力划分方式,具有协商特质,其划分结果具有可变性,并非刚性不变。

(2)履约管理权属于由政府掌握的 PPP 项目公共控制权

履约管理权是政府在 PPP 项目中投入一定公共资源后所产生的对项目的控制权,其存在的前提就是政府向私人部门让渡利益,投入一定资源是履约管理权具有控制权能的物质基础。以产权为基础锁定控制权的理念是企业控制权在 PPP 项目中的体现,其逻辑是产权所有者因承担终极风险而具有对企业实施监督的足够激

---

① 杨雪冬:《责任政府:一个分析框架》,载《公共管理学报》2005 年第 1 期。

② 于安编著:《德国行政法》,清华大学出版社 1999 年版,第 41 页。

励。但是 PPP 项目控制权来源的产权基础不限于股权,还包括不同主体投入项目中的各种资源,如政府提供财政补贴、税收优惠、垄断经营权利等物质或权利资源,此类非股权形式资源同样构成政府对 PPP 项目的“控制”。

履约管理权的监督职能通过 PPP 项目的一系列决策权得以实现,它与 PPP 项目控制权一样表现为一系列关于资源配置的决策权束。有学者认为 PPP 项目集合了各方主体的不同资源,包括自然资源、技术资源、人力资源和经济资源等,而 PPP 项目控制权就是在项目实施的不同阶段对这些资源进行配置的排他性决策权利集合。[①] 履约管理权包含一系列子权利,如绩效考核权、定价权、服务变更权、介入权等,这些权利均是涵盖公共项目全生命周期的重大事项决策权。有研究发现,我国 PPP 政策文件中提到的属于政府履约管理权范畴的决策权非常丰富,包括 PPP 项目勘察设计大类招标、施工图设计、融资方案与实施、材料设施和施工质量控制、工程变更、完工检验与竣工验收、运营管理、产品服务定价与调整、回购支付等 28 项决策事项。[②] 财政部和发改委颁布的《PPP 项目合同指南》同样对政府在 PPP 各个环节享有的决策权作了详细的规定,具体包括建设期的勘察单位招标及工程勘察、施工图纸设计、融资方案等,运营期的运营管理、质保维修与维护管理、运营服务要求变更、定价条件等,以及移交期的产品服务交付管理、工程及相关资料权利移交等。[③] 这说明项目实施机构的履约管理权表现为一系列决策权利,与 PPP 项目控制权具有相同特质。

虽然项目实施机构的履约管理权是以政府投入的各类公共资源为物质基础的决策集合,属于典型的 PPP 项目控制权,但 PPP 项目控制权不限于政府方的履约管理权,还包括私人部门、社会公众为达到预期的利益目标,以投入项目的资源为基础行使的控制权集合,如资本资产所有权、经营决策权、管理权、再谈判权、收益分配权等。[④] 可见,建立在各类投入资源基础上的决策权集合是 PPP 项目控制权的具体内容。但其权力主体或资源投入者是多元主体,除了项目实施机构和私人部门外,还包括其他参与主体。换言之,PPP 项目控制权是多元主体共享的权利集合,而履约管理权是项目实施机构独有的控制权利。有学者将 PPP 模式中由公共部门掌握的剩余控制权,包括决策程序、公共安全与公共利益保护等,称为公共控

① 参见李晓光:《基于关系和契约治理的 PPP 项目控制权配置研究》,北京交通大学 2019 年博士学位论文,第 36 页。

② 参见伍迪:《基于决策视角的 PPP 项目控制权配置研究》,清华大学 2015 年博士学位论文,第 163 页。

③ 参见财政部《关于规范政府和社会资本合作合同管理工作的通知》(〔2014〕156 号);发改委《政府和社会资本合作项目通用合同指南》(发改投资〔2014〕2724 号)。

④ 参见叶晓甦、易朋成、吴书霞:《PPP 项目控制权本质探讨》,载《科技进步与对策》2011 年第 13 期。

制权。①

借此概念,根据公私主体所掌握控制权的功能,本书将项目实施机构的履约管理权称为由政府掌握的公共控制权,而将私人部门掌握的控制权称为经营控制权。项目公共控制权与履约管理权范围既有重叠也有区别。项日公共控制权的适用场景是PPP项目执行环节,其与私人部门PPP项目经营控制权相对应。履约管理权的适用场景是PPP协议,其与私人部门的履约权利相对应。项目公共控制权向私人部门让渡执行性质的权利后,剩余权力(权利)包含决策性质的权利,如超额利润分配决定权、政府投资决定权、政府承诺担保权、定价权等,也包括监督性质的权利,如绩效考核权、介入权等。履约管理权主要是监督私人部门使用公共资源和自有资源的行为,与项目公共控制权的部分基本重叠。但履约管理权也有其自身特有的权利,如便利终止权、单方变更权、私人部门退出限制权等与契约相关的权利。在PPP项目执行环节,契约内容融合项目运营过程,可由项目公共控制权涵盖履约管理权。履约管理权更侧重于监管权。

(三)PPP模式政府监督权的保留与让渡

PPP项目监督权是指政府监督机构作为外部独立力量对PPP项目运营情况以及公共服务供给情况实施监督、检查、处罚、介入等干预的权力。PPP项目监督权与项目实施机构的履约管理权虽然均属于广义的监管权,但两者的监督重点和法律属性不同。前者属于PPP项目外部治理结构,基于政府不可放弃的监管兜底责任存在,因此PPP项目监管权是政府必须保留的权力;后者则属于PPP项目内部治理结构,是政府让渡权利之后的派生物,它属于权利而非权力。政府PPP项目监督权的保留内容包括:(1)不可契约化的行政监管权,如外部临时接管权、②调查检查权、处罚权等具有强制力的权力;(2)经契约化仍由政府绝对保留的契约监管权,如监管协议终止权、监管协议单方变更权;(3)经契约化可由政府保留亦可由政府让渡的部分契约监管权,如外部服务变更权、外部定价权、外部绩效考核权等,可让渡的契约监管权通常授予私人部门,是私人部门自我规制权内容的来源之一。

1. 政府PPP项目监督权的保留内容

(1)私人部门准入监管权

准入监管的目的在于防止过度竞争,抑制逆向选择,促进审慎经营,是市场监管的关口环节。但市场机制对不同领域行业竞争的自我调节能力不同,因而政府在设置准入监管时亦会区分不同行业。比如,普通公司准入与金融机构准入标准

---

① 参见何寿奎:《公共项目公私伙伴关系合作机理与监管政策研究》,重庆大学2009年博士学位论文,第59页。

② 本书区分介入权与接管权。外部接管权包括最终接管权和临时接管权的提法是相对于PPP项目内部由项目实施机构行使的内部介入权而言的。

就不同,普通公司准入监管从审核制到注册制,监管态势趋于宽松;而金融机构准入一直秉持严格的审核制,仅在具体审核标准上有所变化。这源于金融服务的公共物品属性,对其实施严格的准入监管有利于实现预防性管理、规模经济效应以及防止市场垄断。[①] PPP 行业与金融业具有相似性,均涉公共服务领域,风险具有外溢性和扩散性,也不具有完全的可竞争性,需要在垄断与竞争之间保持平衡,既要防止恶性竞争又要防止市场垄断,因为公共服务市场竞争结构和供给结构的失衡,不仅会导致社会效率的损失,而且会导致社会公平的丧失。因此,准入环节对公私合作环境的维持,核心在 PPP 项目的物有所值,其很大程度上又取决于私人部门筛选的合理性。这是政府方保留 PPP 项目准入监管权的根本原因。

私人部门准入的监管并非私人部门的准入。虽然私人部门的准入也具有监管功能,即在关口环节对私人部门资格、能力的考察,但私人部门准入属于地方政府执行 PPP 项目的前置步骤,本质上属于政府行政执行权或执行决策权,而非行政监督权。这是 PPP 项目事前监管的特殊性之一。PPP 项目启动阶段的私人部门准入权,其权力行使主体主要是地方政府及其指定的项目实施机构。准入权是允许私人部门参与 PPP 项目的特许权或审批权。“谁审批、谁监管、谁主管、谁监管”是市场监管的基础性原则,[②]而地方政府是具体 PPP 项目的审批者和主管者,私人部门的准入权必然由地方政府及其指定的项目实施机构行使。其合理性在于,地方政府及其项目实施机构作为 PPP 项目规划者对选择什么样的私人部门才符合物有所值原则最具有判断能力,因为地方政府及其项目实施机构既是私人部门的特许者,又是 PPP 项目的参与者。但作为并不直接参与 PPP 项目启动工作的项目监管机构则不具有对私人部门进行筛选的信息优势。因此,私人部门的选择是 PPP 项目启动的前置步骤,是地方政府或其指定的项目实施机构与潜在私人部门通过公开竞争程序(如公开竞标、竞争性磋商)启动 PPP 项目的过程。对这个过程的监督才是 PPP 项目监管机构的职责。由此,在该环节 PPP 项目监管机构的权力主要是指对私人部门筛选过程的监督权。它的监督对象既包括地方政府及其项目实施机构的行为,也包括参与竞争的潜在私人部门的行为。

需要指出的是,在采取多元合作监管模式的场合,涉及第三方机构的准入问题,此时相应 PPP 项目监管机构选择的是潜在第三方机构的准入者,即 PPP 项目合作监管政策的执行者。如果仍由该监管机构监督第三方机构选择的过程,并不符合监管独立原则,因此,应由上级 PPP 项目监管机构实施监管。如果 PPP 项目监管

---

① 参见刘超等:《金融监管学》,中国铁道出版社 2019 年版,第 70 页。

② 参见湛中乐:《“四个谁”原则是市场监管的基础性原则》,载《中国工商管理研究》2015 年第 12 期。

机构委托项目实施机构选择第三方机构,那么第三方机构的选择过程,可由项目监管机构实施监督。

(2)PPP 项目运营监督权

与准入监管权相比,PPP 项目运营监督权关注的是项目运营的过程监管。PPP 项目运营环节是公共服务供给的核心环节,监督机构的 PPP 项目运营监督权是政府履行监管责任的关键手段。政府兜底责任具有不可放弃性,政府应当亲力亲为,这是传统政府监督权的基本理念。但现代政府市场管制负担较重且效率较低,对政府管制能力的反思推动了合作管制浪潮,政府监督权的行使方式发生了变革,政府监督权不可让渡理念出现了松动。政府保留的 PPP 项目运营监督权的范围或内容,我们可从政府可契约化或可让渡权力的范围去思考。我们可借用行政契约在政府管制领域的应用范围来观察政府可契约化的监督权范围。行政契约与传统行政行为的根本区别是,为提升监督效率,它允许公私主体进行一定程度的自由协商,如当监督机构对私人部门存在信息依赖以及绩效考核、人力资源等技术依赖时,可采取合作管制方式让渡部分监管权以激励私人部门自我监督。

反之,不可协商的监督任务通常涉及公共利益保障和公私合作秩序环境的维护,包括强制介入权、现场检查权、资料调取权、约谈权、备案权、处罚权等具有强制力的权力。这类权力的关注重点不在于特定项目内部,而在于特定项目的不良运营行为对外部公私合作环境以及社会公众利益可能造成的负面影响。相较而言,可协商的监督任务,包括监督信息、监督技术等资源配置,其影响范围主要限于特定项目内部,是监督机构为提升特定 PPP 项目监督效率而采取的措施。简言之,监管机构不可契约化的 PPP 项目运营监督权主要涉及市场秩序维系的强制性权力。当然,可契约化的监督权在让渡之后,监管机构基于政府担保责任,仍会派生新的监管权力,如关于监管协议终止、变更等权力;另外,监管机构向私人部门让渡部分监管权后,产生了引导私人部门积极行使自我规制权的激励约束责任,会产生激励约束权力,如对社会资本方声誉资格的减等或升级、行为限制或许可等。赋予私人部门自我规制权不必然获得监管效率的提升,自我规制归根到底是自我的约束和负担,不符合私人部门自由追求自身利益最大化的行为动机,因此,公共部门在让渡管制权的同时需要激发私人部门自我规制的积极性。所有这些派生权力依据合作管制契约而存在,它们同样构成 PPP 监管机构保留的项目运营监督权。因此,政府保留的 PPP 项目运营监督权包括不可契约化的行政监督权、契约化后派生的不可让渡契约监管权。

2. 政府 PPP 项目运营监督权的契约化及其让渡内容

在合作管制模式中,PPP 项目运营监督权让渡就是政府运用合作管制契约对传统监管权进行分解的过程。分解后的 PPP 运营监督权一部分由政府保留,一部分则让渡给私人部门。政府运营监督权的分解同样遵循如何优化公私主体合作监管关系的思路展开,即权力让渡作为一种调节手段,其行为逻辑是矫正公私主体间过于失衡的互赖关系以保障双方在相较对称的权力结构中实现合作治理。由于公共部门承担兜底责任,PPP 项目监管环节相较项目执行环节,权力主导程度更强,公共部门与私人部门之间是基本不对称的权力关系,即权力主体与权力客体关系,它意味着私人部门对公共部门的单向依赖关系。但这种单向依赖关系完全脱离了公私主体在 PPP 项目监管过程中的实际依赖关系,即在 PPP 项目的实际监管过程中,公共部门在 PPP 项目运营信息的获取上对私人部门存在高度依赖。同时,为了减少接受监管的成本,私人部门在自由运营方面受公共部门的约束。可见,公私主体在 PPP 项目监管环节存在一定程度的相互依赖关系,这就是部分监督任务具有可协商性的客观原因。因此,若要强化双方的合作关系,公共部门需要向私人部门让渡部分公共权力,提高彼此之间权力结构的对称程度。

PPP 项目运营监督权是公共部门承担公共服务供给兜底责任的方式之一,因此其让渡存在一定限度,即部分监督任务不具有可让渡性,包括具有强制性的行政监督权以及让渡后派生的部分契约监管权。监督机构可让渡的监督权主要包括针对 PPP 项目运营过程的公共服务变更权、定价权、绩效考核权等依赖于监督信息和监督技术的权力。需要强调的是,这些通过契约让渡的监督权并非 PPP 项目内部由项目实施机构行使的履约管理权,虽然两者在内容上具有重叠,但在具体内容上具有一定差别。PPP 监督机构的公共服务变更权是指 PPP 项目公共服务原定的供给质量、数量或方式不符合社会公众利益或者环境保护等因素的,由监督机构要求其作出调整或变更。PPP 监督机构(或价格主管部门)的定价权要求 PPP 项目运营主体对公共服务的定价或调价要符合价格区间、定价标准、调价标准。PPP 监管机构的绩效考核权是指,对项目公司或者公私主体的项目运营行为实施定期或不定期抽查或检查的权力,其检查方式同样采取绩效考核方式。这些监督权的让渡具有相对性,既可以由监督机构保留,也可以由私人部门(项目公司)行使,构成其自我规制权的内容。需要指出的是,可让渡的契约监管权与履约管理权在内容上具有相似性,如何界分两者需要从 PPP 项日内部控制权体系和项目外部监督权体系的关系入手。

第三章　PPP 模式政府项目公共控制权体系

公私主体基于不同责任角色承担不同的项目执行功能，其职责的履行均以对项目实施一定控制为前提，政府的项目执行权利与私人部门的项目运营权利共同构成了 PPP 项目控制权体系。诚如前述，基于 PPP 项目运营的需要，政府需要将其部分执行权让渡给私人部门，因此，我们将政府执行权让渡之后剩余的部分项目决策权及其派生的项目监督权即政府履约管理权统称为 PPP 项目公共控制权，而私人部门的项目运营权利就是 PPP 项目经营控制权，PPP 项目的执行过程就是公私主体 PPP 项目控制权不断配置的过程。一般来说，政府的 PPP 项目公共控制权包括利润分配决定权、税收优惠决定权、承诺担保权、定价权、介入权、便利终止权、私人部门退出限制权、绩效考核权等，但受多元因素的影响，政府的这些控制权配置并不是一成不变的。例如，在项目运营过程中，定价权、绩效考核权等权利亦会以让渡权利方式交由私人部门行使，使公私主体的项目控制权边界处于模糊与不确定状态。对公私主体项目控制权边界的厘清需要法学视角和契约治理理念的关注。

一、PPP 项目控制权配置的多维视角

PPP 项目控制权是公私主体基于共同投入的生产资源而共享的各类决策权的集合，包含政府的公共控制权和私人部门的经营控制权两个范畴。政府公共控制权类型及其内容的具体确定，需要以公私主体关于 PPP 项目控制权

的配置规则为基础。国内学者基于产权理论、不完全契约理论及其延伸理论对PPP项目控制权配置影响因素的研究，形成了多种视角的控制权配置研究路径，其对政府PPP项目公共控制权的体系建构具有较大影响。PPP项目控制权在实践中虽然表现为形式多样的具体权利，但总体而言，其功能可归纳为剩余控制权、剩余索取权和实际控制权三种属性，①政府控制功能的实现也需要借助上述控制权类型，进而形成具有不同控制内容的具体权利。通常情况下，"实际控制权"的配置旨在实现企业经营效率，而"剩余控制权"的配置事关企业投资效率和监督激励，其解决的是风险控制和经营监督的问题，前者通常配置给专业经营者，而后者通常由企业所有者保留。为了平衡不同的效率，股东通常会让渡部分剩余权利，尤其是剩余控制权。在PPP项目中，"实际控制权"和"剩余控制权"同样需要承担激励运营效率和风险控制的功能。政府作为项目运营风险的兜底承担者，需要掌握剩余权利，才能激励其监督动机；而私人部门作为项目主要资源的投入者，也需要掌握剩余权利，才能激励其投资动机（见图3）。为了平衡风险控制与投资效率，PPP项目剩余控制权、剩余索取权和实际控制权通过不同方式在公私主体之间进行合理配置，进而实现其不同的治理功能。

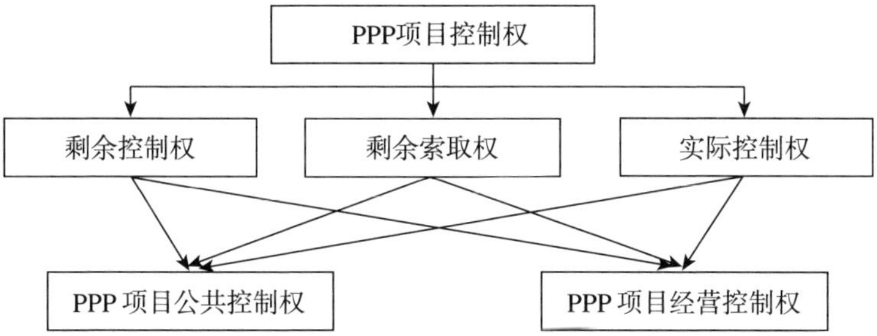

图3　PPP 项目控制权主体与功能结构

（一）基于产权理论的 PPP 项目控制权配置

不完全契约理论坚持以所有权作为控制权的基础，该理论认为，所有权配置与控制权配置是一致的，因而"剩余控制权"作为一种排他性权利，理所应当配置给

① "剩余控制权"是指资产所有者对初始契约没有明确规定的或然事件出现时做出相应决策的权利。"剩余索取权"是对资本剩余的索取，即对经营利润的索取。"剩余控制权"与"剩余索取权"相对应，共同构成"剩余权力"。"实际控制权"是指企业不同的利益参与者对企业运行和企业重大决策拥有实际的影响力。"剩余控制权""剩余索取权""实际控制权"分别具有激励监督、激励投资、激励经营的功能，我们将PPP项目控制权的这三种功能性权利统称"功能三分法"。

提供重要投资的一方,即物质资本投资者所有。[①] 贝斯利(Besley)和加塔克(Ghatak)以不完全契约理论为基础,认为公私合作的控制权分配还必须考虑产品的属性,即纯公共物品,其剩余控制权应配置给对产品价值判断较高的一方,一般为政府一方。[②] 弗朗西斯科尼(Francesconci)和穆素(Muthoo)则认为,控制权配置则应该由投资重要性、双方对产品价值的评价以及产品的公共化程度三方面因素共同决定。[③] 上述三种理论结合 PPP 项目的公共性特质、产权人的行为动机,对以产权为基础的控制权配置方式进行提炼和整合,提出公共项目控制权配置应由投资重要性、双方对产品价值的评价以及产品的公共化程度三方面因素共同决定。上述理论认识到政府作为合作方并不完全以投入产权的最大化为行为目标,对公共产品重要性的认识才是决定其行为的主要因素,因此,PPP 项目控制权配置不以产权为唯一基础。

基于产权理论视角的学者还区分了 PPP 项目控制权的初始静态配置和后续动态配置,认为 PPP 项目控制权配置是一个变量,存在一个取值区间,它会根据公共项目的全生命周期作出相应调整。例如,有学者改变 PPP 项目控制权绝对配置的传统思路,从 PPP 项目公私主体合作特征出发,将关系长期性、产品价值可度量程度等新因素与产品公共化程度、投资重要性、双方对产品的评价等传统因素共同纳入同一框架进行考量。[④] 还有学者提出,PPP 项目公私主体合作关系的长期性并不仅仅体现于项目初始阶段,而是涵盖整个合作周期,因此控制权配置存在一个连续

---

① 该理论即格罗斯曼(Grossman)、哈特(Hart)和摩尔(Moore)三位作者共同的研究成果,故又称 GHM 理论。See Grossman, S. & Hart, O., *The Costs and Benefits of Ownership: A Theory of Vertical and Lateral Integration*, Political Economy, Vol. 94:4, p. 691 - 719 (1986); Hart, Oliver & Moore, John, *Property Rights and Nature of the Firm*, Journal of Political Economy, Vol. 98:6, p. 1119 - 1158 (1990); Hart, O. & Moore, J., *Foundation of Incomplete Contracts*, Review of Economic Studies, Vol. 66:1, p. 115 - 138 (1999).

② 贝斯利和加塔克基于不完全契约思想提出的纯公共物品合作生产公私部门控制权分配原则被称为 BG 理论。若是纯公共物品,那么不论投资的相对重要性或者其他生产技术方面的因素如何,控制权都应该由对产品价值判断较高的一方拥有,才能使公私双方投资的净剩余最大化。See Besley, Timothy & Ghatak, M., *Government Versus Private Ownership of Public Goods*, Quarterly Journal of Economics, Vol. 116:4, p. 1343 - 1372 (2001).

③ 当产品的公共化程度很高时,最佳控制权配置方式与 BG 理论一致,当产品的公共化程度很低时,最佳控制权配置方式与 GHM 理论一致,而当产品公共化程度处于某种中间状态时,最佳控制权配置方式依然取决于投资重要性。当双方的投资同等重要时,如果产品公共化程度较低,那么最优配置方式应该是双方分享控制权,且对产品评价较低的一方应掌握份额较低的控制权;如果产品公共化程度处于中等水平,那么就应该由对产品评价较低的一方拥有全部控制权。弗朗西斯科尼和穆素共同提出的三要素理论又称为 FM 理论。See Francesconci, M. & Muthoo, A., *Control Rights in Public-private Partnerships*, IZA Discussion Paper 2143, 2006.

④ 参见张喆、贾明、万迪昉:《不完全契约及关系契约视角下的 PPP 最优控制权配置探讨》,载《外国经济与管理》2007 年第 8 期。

变量。[1] 另外,有学者肯定了PPP项目控制权配置对公私主体的共同激励约束作用,认为PPP项目控制权在一定范围内对于公私部门双方同样具有投入激励作用。[2] 与私人部门剩余控制权配置比例呈正相关的因素包括私人投资额度、股权比例,而呈负相关的因素包括技术水平、管理能力以及努力水平等能力优势;与公共部门剩余控制权配置比例呈正相关的因素有公共部门的协调、监管等能力优势以及对PPP项目社会效益的期望值。[3] 可见,剩余控制权对私人部门起到投资激励作用,对政府起到监督激励作用。当政府自身监管能力具有优势或对公共产品评价较高时,赋予其剩余控制权更能提升监管效率;当私人部门具有较高技术、能力优势时,赋予政府剩余控制权才能与私人部门进行抗衡,以激励政府的监督效率。

产权视角还从PPP模式中的混合产权结构角度探讨其项目控制权的配置问题,其认为,基于PPP模式的混合产权特征,项目剩余权往往由国有股权与民有股权分享。在PPP模式中,剩余控制权的类型通常包括决策权利和收益权利,[4]它们部分为政府所拥有,部分为私人部门拥有。而为了公共利益,政府部门通常会通过转让或放弃部分收益权或剩余索取权而增强剩余控制权,包括决策程序、公共安全与公共利益保护。而实际控制权如项目运营管理、经营决策、生产管理决策、项目公司收益分配权等则由私人部门掌握。[5] 该研究进路借助于公司治理结构,将公私主体视为共同的产权所有人并与不完全契约理论相结合,它具有以下方面的特征:首先,将PPP项目控制权作为混合产权的项目公司治理结构问题进行探讨,更侧重于PPP模式的核心利益——主体政府和私人部门的控制权配置问题,而没有泛化到所有参与项目的利益相关者。其次,通过公司治理结构进行控制权配置,改变了传统契约静态配置的问题,通过公司机关之间权力划分的调整以适应控制权的动态配置,更符合PPP项目长期合作关系的特质。最后,混合产权公司治理结构中,其控制权配置先以股权为基础,但是充分考虑PPP项目的公共性特质后,在项

---

① 参见胡振:《公共项目公私合作(PPP)控制权配置的决策模型》,载《西安建筑科技大学学报(自然科学版)》2012年第1期。

② 参见张淑华、李潘武:《PPP项目剩余控制权配置对合作效率影响的模型研究》,载《项目管理技术》2019年第3期。

③ 参见张云华、丰景春、薛松:《水利基础设施PPP项目剩余控制权优化配置模型》,载《科技管理研究》2017年第1期。

④ 如经营决策权、合约权、项目收费定价权、评价奖惩权、信息获取与分配权、人事权及资金使用权等。参见何寿奎:《公共项目公私伙伴关系合作机理与监管政策研究》,重庆大学2009年博士学位论文,第59页。

⑤ 参见何寿奎:《公共项目公私伙伴关系合作机理与监管政策研究》,重庆大学2009年博士学位论文。

目控制权的基础配置上又赋予政府公共控制权,有助于产权效率与公共利益维护的平衡。公司治理结构视角的引入为“决策权”进路的 PPP 项目控制权配置研究提供了可能性。

(二)PPP 项目控制权配置是决策权的分配过程

决策权视角认为影响 PPP 项目运营效率的关键不是产权结构,而是项目治理结构或者项目公司治理结构,PPP 项目控制权配置实际上更多的是有关项目决策的实际控制权配置过程。因此,其更关注的是实际控制权配置,而非剩余控制权配置,其将 PPP 项目控制权视为项目运营决策权利束。一方面,PPP 项目公司股权结构并不能完全反映公私合作双方控制权的分配,因为在股权投资以外政府对私人部门还存在因财政补贴、税收优惠、排除竞争约定等经济“控制”,同时因为部分公共服务的公共性程度较高亦会增加控制权份额归属的复杂性。所以公私主体对项目所占实际控制权的份额不能简单地通过 SPV 的出资比例进行计算。① 另一方面,PPP 项目控制权相较于常规公司控制权,其分配或实际行使存在诸多公共性控制的需求,换言之,它与公私主体所持股权之间的非对称关系更加明显,以股权作为划定 PPP 项目控制权配置比例无法确定政府基于公共因素所占有的控制权份额。

PPP 项目控制权配置决策权论对决策控制权进行了细分,将各决策节点的控制权划分为决策控制的控制权和决策经营的控制权两个层次,决策控制包含审批权和监督权,决策经营包含提议权和执行权。② 从决策子权利类型上看,审批权在决策过程中占据核心地位,基于 PPP 项目的公共性特征,政府拥有对大多数重要决策审批权的控制权,这在财政部《PPP 项目合同指南(试行)》(财金〔2014〕156 号文)和发改委《政府和社会资本合作项目通用合同指南》(发改投资〔2014〕2724 号文)的主要条款中得到体现。③ 但在 PPP 项目实际运营的决策权分配中,契约治理对 PPP 项目控制权的作用机制较突出,PPP 项目公私主体以契约为 PPP 项目控制权配置的载体,大部分项目控制权包括项目的实质控制权和剩余控制权由政府转移给 PPP 项目公司,政府则保留所有权和监督权,以此类推,项目公司在掌握剩余控制权的前提下,又将实质控制权内可以分离的建设权通过契约转移给承包单位,

---

① 参见伍迪、王守清、CUI Qing-bin:《PPP 模式下区域开发项目政企双方控制权份额的度量方法研究》,载中国软科学研究会:《第十一届中国软科学学术年会论文集(下)》,2015 年。

② See Fama, E. & M. Jensen, *Separation of Ownership and Control*, 26 Journal of Law and Economics, p. 301 – 325(1983).

③ 例如,财政部《PPP 项目合同指南(试行)》第八节关于政府方有权对项目生产运营、日常维护以及设备检修的内容、程序和频率等方案进行审核;发改委《政府和社会资本合作项目通用合同指南》第 14 条关于政府方有权要求私人部门明确项目总投资的资金来源和到位计划等规定。

自己同时保留项目管理权。[①] 不同层次的 PPP 项目控制权形成了控制权结构，PPP 项目运营过程在表现形式上就是一个不断决策的过程。

（三）通过合作博弈的 PPP 项目控制权配置

产权理论视角的研究明确 PPP 项目控制权配置并不完全取决于股权比例，其更看重的是 PPP 项目的实际控制权结构而非剩余控制权结构，而且认识到 PPP 项目控制权并非仅有初始的静态绝对配置，在项目运营过程中，它是一个连续动态配置过程。在此基础上，决策权视角的研究发现实践中的 PPP 项目控制权是由一系列决策事项集合组成的决策权利束，每个决策事项的决策权（包括审批权、提议权、执行权和监督权）具体配置受多种因素影响，实际配置结果存在多样性，但在整体上由政府掌握绝大部分决策事项的决策审批权。将 PPP 项目控制权视为一系列决策权利束更贴近 PPP 项目运营的实际，但决策权利束如何划分以及划分程度尚不明确。为此，他们进一步提出通过契约治理推动 PPP 项目控制权在公私主体间的优化配置。该观点强调通过谈判即合作博弈方式确定控制权分配，其基本逻辑是通过协商谈判过程可以集中体现各方主体的行为偏好、能力优势实现合作效率最大化，通过最优控制权配置组合获得最大的产出激励和风险控制激励。

需要强调的是，真正的合作博弈必须以主体地位对称为前提，PPP 模式中，私人部门与政府相较，其谈判能力较弱，公私主体处于地位非对称的博弈场合中。能够改变这种非对称地位的条件是，一方面，私人部门在讨价还价环节掌握更多包括专业性信息在内的“关键性资源”；另一方面，政府需要把控制权更多地让渡给私人部门以获得平等的合作博弈。[②] 由于参与者获得控制权的同时需要承担决策失败带来的风险损失，其对于决策风险的态度也存在差异，特定参与主体之所以控制权偏好高，是因为其在该领域具有更多专业信息和专用性投入。[③] 此外，互惠性偏好对项目参与主体控制权分配也会产生影响。项目参与主体的最优控制权分配范围与互惠性偏好、投入成本正相关；在考虑互惠性偏好时，控制权份额对社会资本的投入水平和协同产出水平都具有突出的促进作用；同时，控制权限定在一定范围内才有促进作用，独占或过度的控制权会导致投入无效率。[④] 因此，政府应减少干预，由私人部门间自由采取互惠互利行为。

---

① 参见叶晓甦、易朋成、吴书霞：《PPP 项目控制权本质探讨》，载《科技进步与对策》2011 年第 13 期。

② 参见孙慧、贾书华、王宇宁：《考虑谈判力因素的 PPP 项目控制权配置研究》，载《工程管理学报》2018 年第 1 期。

③ 参见丰景春等：《异质性偏好视角下的 PPP 项目控制权分配研究》，载《工程管理学报》2016 年第 6 期。

④ 参见张云华等：《互惠性偏好视角下 PPP 项目社会资本的控制权分配模型》，载《控制与决策》2018 年第 3 期。

二、政府 PPP 项目公共控制权及其特质

(一)PPP 项目公共控制权与 PPP 项目经营控制权的厘清

PPP 项目控制权包含公共控制权和经营控制权,前者以政府担保责任为依据,而后者依私人部门的公共服务直接供给责任而存在。可见,公共控制权和经营控制权承载了公私主体各自不同的项目责任,二者均需要借助具有激励监督、激励投资和激励运营功能的剩余控制权、剩余索取权和实际控制权的综合运用,才能保证其各自的项目责任的顺利履行。

在厘清 PPP 项目公共控制权与经营控制权的关系之前,必须对 PPP 项目剩余控制权、剩余索取权以及实际控制权①这三种功能性权力配置做简单梳理:(1)剩余控制权的功能是激励监督和投资效率,其对项目所有人和投资人同样具有激励作用。在 PPP 项目中存在两种需要兜底承担的风险,一种是公共责任风险,另一种是私人投资风险,公共责任风险由政府承担,而投资风险则由私人部门自担。PPP 项目的公共性特质决定了公共责任风险控制责任的优先性,政府将拥有更多剩余控制权。但对私人部门来说,剩余控制权也是其控制投资风险的主要方式,赋予其对应于股权部分的剩余控制权,能保障其投资和监督效率。(2)剩余索取权的功能主要是激励投资和运营效率。在私有产权中,剩余索取权起到激励投资人投资的作用,同时,若将部分剩余索取权分配给经营者,如股权激励计划,也能起到激励经营者经营的作用。在混合产权的 PPP 项目中,政府往往以其占有的剩余索取权激励私人部门参与 PPP 项目的积极性,包括以股权投资和非股权投入为基础的剩余索取权。前者通过补偿私人部门的投资回报,激励其投资积极性,后者以税收优惠、财政支持、追加投资等利润增值或亏损弥补,激励私人部门的运营效率。(3)实际控制权是公众公司所有权与经营权分离而出现的控制权集中于经营者的权力现象,它是专业知识与公司经营相结合的结果,具有提高经营效率的优势。在 PPP 项目中,基于股权投入和项目的直接运营责任,私人部门享有 PPP 项目绝大多数的实际控制权,其合理性在于私人部门既是投资者又是项目运营专业知识拥有者。但私人部门同样是政府公共服务责任实现的代理人,实际控制权的配置要在私人部门运营效率和政府监督效率之间取得平衡。

概言之,剩余控制权、剩余索取权和实际控制权作为 PPP 项目控制权的"权力

---

① 控制权亦被称为控制权力,此处的"权力"是社会学意义上的,泛指影响能力或实际控制能力。但在法学意义上,公司控制权、实际控制权、剩余控制权通常被界定为权利。在 PPP 项目中,项目控制权从功能角度讲,同样是社会学意义上的权力,此处我们也称为控制权力,如 PPP 项目控制权力、PPP 项目公共控制权力、PPP 项目经营控制权力,但从法学意义上,PPP 项目公共控制权力中包含了"权力"和"权利",而 PPP 项目经营控制权的性质是"权利"。

池”,公私合作双方均有占有的正当性和应然性。政府承担激励和监督私人部门的责任,需要保留实施激励的决策权力和实施监督的控制权利,①因此其公共控制权包含剩余控制权、剩余索取权和实际控制权;私人部门作为 PPP 项目合作者,它有投资和逐利的动机,是投资效率和运营效率的贡献者、承担者,其经营控制权中也需要包含剩余控制权、剩余索取权和实际控制权。但在公私主体投资总量限制下,②源自所有权的剩余控制权、剩余索取权和实际控制权的总量同样受限,即公共控制权和经营控制权在不同功能类型的控制权占比上有约束,需要在适当的比例结构上实现公共服务有效供给目标。因此,公共控制权和经营控制权在三种功能性控制权上的权重需要进一步厘清。

政府 PPP 项目公共控制权源于其股权投入和监督责任,因监督需求产生的项目控制权占据公共控制权的主导地位,因为即使在政府没有股权投入的场合,政府基于监管责任同样享有项目控制权,这是政府公共控制权行使的内在要求。因此,政府公共控制权中起监督控制作用的剩余控制权占比较高,而剩余索取权作为一种激励私人部门的手段,在绝大多数情形下会让渡给私人部门。因为受 PPP 项目公共性的限制,私人部门的投资并不都能获得等同于市场盈利水平的预期,一般有一定程度克减,需要政府通过让渡其所持剩余索取权份额或者财政收税支持的方式得到激励。私人部门经营控制权来源也有两个方面:一是股权投入;二是项目运营责任。私人部门基于股权投入,应获得相应剩余控制权和剩余索取权,但其利润受限导致其剩余索取权份额与股权份额脱钩,同时其承担项目运营责任(包括公共资源配置责任),其部分剩余控制权,尤其在政府未投入股权的场合,受政府掌握。质言之,在 PPP 项目中,剩余控制权与剩余索取权不具有对应性,私人部门通常掌握相较其股权更多的剩余索取权,但获得较少剩余控制权,这是 PPP 项目中公私主体的功能定位和价值诉求差异性的结果。

这种功能和价值的差异性还体现在公私主体在实际控制权的配置上。私人部门因承担项目运营责任,会享有绝大部分的实际控制权。而政府所占有的实际控制权主要是重大决策事项即主要项目监管事项的审批权。但是如果政府占有过多的实际控制权,会影响私人部门的投入效率、产出激励以及风控激励。我国 PPP 项目控制权的实际配置结构中,政府公共控制权的份额过大,这意味着在 PPP 项目执行环节,政府公共控制权有过度扩张的迹象,政府没有充分向私人部门让渡权利将

① 实施监督的控制权利即履约管理权利,它派生于政府让渡权利之后,它的功能是对私人部门行使所受让权利的行为进行监督,此时政府以权利主体身份与私人部门互动,因此,履约管理权具有“权利”性质。

② 投资总量包括股权投资和非股权投资,如财政支持、税收补贴、政府承诺等,即涵盖公私主体在项目中投入的所有财产和利益总量。

导致公私主体间的互赖关系仍处于非均衡状态,非对称的权力结构不利于实现真正的公共服务合作治理。

因此,公共控制权与经营控制权在三类功能性控制权的占比结构应当优化。由于公共服务供给兜底责任的优先性,私人部门处于政府代理人的角色,而基于公共服务供给效率的考量,私人部门扮演的是专业经营者角色,两者在项目控制权的配置上同样具有层次性。PPP 项目控制权配置的第一层级结构是基于公共供给责任安排产生的剩余权力分置结构,剩余控制权政府占优,而剩余索取权私人部门占优;第二层次结构是基于公共服务最大化供给责任产生的实际控制权分置结构,私人部门占优,政府仅占部分重大事项的决策控制权。此外,政府所占有的剩余控制权并不以股权为基础,其同样表现为各类契约未予以明确的决策事项,政府可以通过契约约定让渡给私人部门行使,自身仅保留最后的决定权和监督权。

(二)政府 PPP 项目公共控制权体系及其结构

在 PPP 项目执行环节,政府担保责任借助政府公共控制权获得实现。政府促进责任,即对私人部门的投资与运营的激励和支持,其基本手段是政府所占有的项目剩余索取权,具体表现为超额利润分配决定权、财政税收支持决定权、政府承诺权以及追加政府投资决定权等;政府监管责任,即对私人部门的项目运营行为的监督和引导,其基本手段是政府所占有的项目实际控制权,主要表现为各类重大事项的决策控制权或审批权,如直接影响项目整体运营的介入权、便利终止权、单方服务变更权以及影响项目局部运营服务定价权、服务绩效考核权等;此外,相较于私人部门的直接供给责任,政府担保责任作为兜底性质的责任,其最大的风险是公共服务责任风险而非资本损失风险,政府占有项目剩余控制权是对政府兜底责任的保障措施。因此,政府 PPP 项目公共控制权的权利束或权利内容,是政府担保责任与三类功能性控制权结合的产物,并形成具有三种功能的权利集合①(见图 4)。

---

① 政府担保责任包含促进职能和监管职能,在 PPP 项目执行环节,政府的执行权表现为项目公共控制权,它是政府将执行权利让渡后剩余的决策权利和监督权利。而按照权利功能,PPP 项目控制权又可配置为剩余控制权、剩余索取权和实际控制权。因此,PPP 项目控制权的剩余控制权、剩余索取权和实际控制权"功能三分法"与决策和监督的"性质二分法"分属不同的类型化语境,二者之间产生交叉与重叠的关系。如定价权,在"功能三分法"中可视为实际控制权,而在"性质两分法"中则是一种决策性质的权利。当我们以项目控制权配置体系来探讨公私主体权利配置时,"功能三分法"是主要类型化工具,而在一般语境中则可回归决策、监督性质的分类方式,这是在公共服务供给领域引入商业管理方法的结果之一。

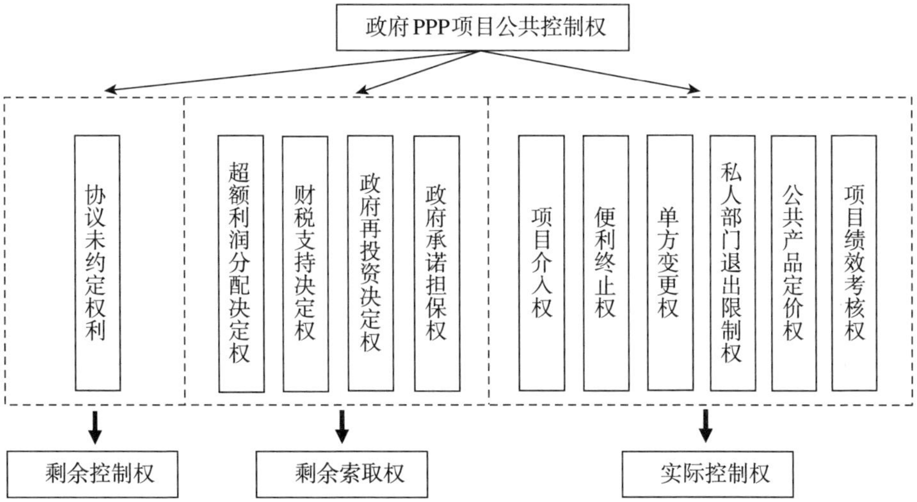

图 4　政府 PPP 项目公共控制权体系

政府 PPP 项目公共控制权在三种功能的侧重上有所不同。因为公共控制权虽服务于政府的担保责任，但政府担保责任要服务于公共服务有效供给的终极责任，即要与私人部门的直接供给责任保持协调。因此，在公共控制权的具体权利配置方面，比如，超额利润分配决定权、财税支持决定权的配置要最大化激励私人部门的投资水平和经营水平，在项目建设期更加强调对私人部门投资水平的激励，可提供融资支持，在项目运营期更加强调私人部门经营水平的激励，要将私人部门的利润或收费与运营绩效挂钩。又如，定价权和绩效考核权的配置，要充分激励私人部门在项目运营信息和技术方面的投入，可赋予私人部门定价和绩效考核执行权、提议权。政府减少实际控制权的主要目的在于赋予私人部门更多的项目运营自主权，因为自主经营是私人部门实现利益最大化效率的最基本手段。再如，政府掌握的剩余控制权，虽然公私合作协议并未明确具体权利内容，但可根据相关决策事项对 PPP 项目影响的范围和程度，决定是否让渡给私人部门，即设置变更剩余控制权事项的机制。总之，政府 PPP 项目公共控制权是具有内在结构的权利束，不同权利之间承担不同功能，并且相互适应，同时公共控制权与私人部门的经营控制权形成一个具有动态结构的项目控制权体系。

（三）政府 PPP 项目公共控制权的边界及其模糊性

1. 政府 PPP 项目公共控制权的内部边界与外部边界

政府 PPP 项目公共控制权作为一种存在于公私合作项目治理过程中的权利，

其具体边界就是其权利界限,需要从公私主体权利关系中厘定。[①] 但在政府权力社会化背景下,政府权力边界包括内部边界与外部边界。在 PPP 模式中,政府权力的内部边界是指政府 PPP 项目执行权与 PPP 项目决策权、PPP 项目监督权之间的界限;外部边界则是指政府 PPP 项目执行权与私人部门项目执行权利(运营权利)之间的界限。所以,政府 PPP 项目公共控制权边界是指其与政府其他 PPP 项目执行权以及与私人部门 PPP 项目经营控制权之间的界限。

PPP 项目公共控制权是政府行政执行权在 PPP 项目执行环节的主要存在形式。政府在 PPP 项目执行环节会向私人部门让渡部分执行权或执行项目所需的公共资源,此时政府行政执行权剩余部分决策权利,以及因监督产生的履约管理权。因此,PPP 项目公共控制权主要包括部分项目决策权和履约管理权。其内部边界就是它与其他政府行政执行权的界限。PPP 项目公共控制权是政府先让渡行政执行权之后再保留和派生的权力[②],因此需要先解决公共控制权的保留范围,然后才能在此基础上探讨公共控制权的外部界限,后者是我们探讨的重点。

划定 PPP 项目公共控制权的内部边界要观察政府执行环节的项目执行权与其他环节的项目执行权之间的界限。PPP 项目准备阶段的 PPP 项目执行权包括:PPP 项目实施方案制定权、项目可行性报告制作权、物有所值评价权、财政承受能力论证权、项目规划提请审核权、私人部门组织招标权、招投标结果确认权、PPP 协议签订权等。PPP 项目移交后接管阶段的 PPP 项目执行权包括接管权、项目运营权、项目再招标组织权、项目资产处置权等。PPP 项目执行环节,项目执行权主要是合作促进,权力内容是在 PPP 项目中投入各类公共资源,即向私人部门让渡收费权利、特许经营权利、财政资金使用权、国有土地使用权等物质与权利资源。政府基于促进责任向私人部门让渡上述权利,本质上是向私人部门让渡公共职责,这种职责的让渡并不是卸载,政府仍然保留担保责任。一方面,政府基于监管责任,在让渡上述权利之后产生了监督私人部门权利行使行为的职责,该职责履行手段表现为履

---

① “边界”(Boundary、Frontier)一词无论在英语还是在汉语中都有分界线的意思,所以权力或权利边界可以理解为权力或权利发挥作用的范围。与边界概念相似的是界限。边界这一概念具有单一性,单指权利或权力本身,我们可表述为“权力的边界”或“权利的边界”;界限这一概念具有复合性,用于表示权力与权利、权力与权力或权利与权利之间关系,此时可称为“权力的界限”或“权利的界限”。参见潘爱国:《论公权力的边界》,载《金陵法律评论》2011 年春季卷。

② 政府 PPP 项目执行权包含决策权能、监督权能、执行权能。执行权能以权利形式让渡给私人部门,包含于私人部门的 PPP 项目经营控制权。政府让渡执行权利之后,产生监督职能,其监督对象和范围是私人部门行使受让权利和自有权利的行为,监督权能也以权利形式存在,即履约管理权利。剩余决策职能,仍由政府掌握,包括部分特许权、公共资源支配权,其存在形式仍然是权力。履约管理权利与项目决策权力虽然在法律上的存在形式有所不同,但兼具权利与权力的特质。因此,由政府保留的决策权能和派生的监督权能构成的 PPP 项目公共控制权,它也兼具权利与权力的性质。

约管理权利。另一方面，政府的促进责任仍需贯穿项目运营全过程，包括财税支持、追加政府投资、履行政府承诺、让渡超额利润等。因此，PPP 项目公共控制权的内容是监督和激励私人部门行使受让权利和自有权利，在 PPP 项目运营过程中，表现为各类由政府掌握的 PPP 项目控制权。

政府 PPP 项目公共控制权的外部边界是指它与私人部门项目经营控制权之间的界限。经济学视角关于 PPP 项目控制权的配置研究为两者的界分勾勒了线条。项目实施机构基于担保责任，掌握公共控制权。私人部门基于供给责任和自由产权，掌握经营控制权。在控制权权重上，政府因承担兜底责任，公共控制权具有优先地位，其掌握更多剩余控制权、部分剩余索取权以及部分实际控制权；在控制权数量上，私人部门因承担供给效率责任，其掌握更多实际控制权和部分剩余控制权。另外，私人部门掌握更多剩余索取权，即相较产权或股权比例获得更多剩余索取权，这是项目实施机构对私人部门实施激励的结果。因此，根据公私主体在项目运营过程中的职责分工，政府 PPP 项目公共控制权主要包括介入权、私人部门退出限制权、便利终止权、单方变更权、绩效考核权、定价权等具有监管特质的实际控制权，还包括超额利润分配决定权、财税支持决定权、追加政府投资决定权、政府承诺担保权等具有激励性质的剩余索取权。

在"责任共同体"框架下，政府通过让渡权利方式矫正公私主体间过于不对称的权力结构，又通过保留权利方式避免私人部门受让公共资源权利后的机会主义行为，最终形成符合公私合作治理理念的 PPP 项目控制权配置结构。公私主体各自项目控制权界限和专属范围逐渐形成。只有权利（力）法定才能获得理性、权威、稳定的公私主体权力和权利结构，才有可能实现合作治理。法律对权利（力）边界的确定通常采取列举的方式。如政府权力清单制度，要遵循"法无授权不可为"的原则，列于公开的权力清单之上的权力政府方能行使，包括让渡与保留。即使是私法领域的权利边界，如股东固有权利，一般通过公司法明确列举方式予以确认，因为到底哪些权利属于股东的固有权利等问题，并不容易回答，也没有形成学术共识和稳定的司法实践。① 因此，介入权、私人部门退出限制权、便利终止权、单方变更权、利润分配决定权、绩效考核权、定价权等有关 PPP 项目重大事项的控制权，构成了政府 PPP 项目公共控制权的法定边界。

2. 政府 PPP 项目公共控制权边界的模糊性及其表现

在公共服务供给的"责任共同体"框架下，政府让渡权利和权力并保留权利和权力的本质是政府职责的让渡与保留，私人部门承受的是公共职责。政府权力边

---

① 参见陈群峰：《认真对待公司法：基于股东间协议的司法实践的考察》，载《中外法学》2013 年第 4 期。

界是在宪法和法律授权下的公共权力界限,虽无法穷尽所有具体权力,但其范围相对明确。政府职责边界是指政府自身确立的职能和责任范围,与权力边界高度相关但又不同,职责还包括权力外柔性体系,如社会救济、社会给付等,属于政府职责但不属于政府权力,因此职责边界具有较大弹性,比权力边界更加模糊和不确定。① 为弥补法定权力规定的不周延,针对宪法、法律明确规定的政府行政权力之外的政府职责,立法者以行政自由裁量权囊括。这产生了另一个问题,即对行政自由裁量权的精准定位和细致规范。② 但"即使是有代表性的立法者,他们的知识和推理能力也都有局限。他们中任何个人不可能知道别人的每一件事,也不可能作出只有集体才能作出的论断"③,行政自由裁量权总会受限于个体执法者的个人局限。

因此,PPP 模式中政府的权力让渡是基于职责的概括性让渡,即出让各类公共资源支配权的同时连带让渡了附着其上的自由裁量权,在派生的履约管理权中也包含了部分自由裁量权。这就是政府 PPP 项目公共控制权边界的模糊性。因此,它的权利界限在公私主体的互动过程中表现出动态性。在 PPP 项目运营场合,项目实施机构公共控制权利既有消极权力的特质,又有积极权力的特质,既要保持克制又要积极行动,其权利范围就存在相对性,要根据私人部门的项目经营权利内容来确定。政府 PPP 项目公共控制权的动态边界体现于每一个细分控制权的行使过程中。

(1)介入权的模糊边界

介入权是最典型的 PPP 项目公共控制权。工程管理学认为,PPP 项目控制权本质上是一系列决策权利束,任何一项决策均会经历提议、审批、执行、监督四个过程,并对应于提议权、审批权、执行权、监督权四种决策控制权,其中提议和执行控制权属于决策经营范畴,审批和监督控制权属于决策控制范畴。④ 由此,将介入权视为决策权,可区分介入权的提议权、审批权、执行权和监督权的不同权利特征。结合介入权的"阶梯规则",项目实施机构享有完整的介入权,但可以授权私人部门实施自我救助,即介入执行权。私人部门也可以行使提议权请求项目实施机构

---

① 公共管理学者何哲认为政府边界问题实际存在显性边界和隐性边界两个层面,前者表现为政府的规模和占用资源的范围,后者表现为法定的控制与影响范围,包括行政权力和行政职责。隐性边界可划分为权力边界、职责边界、效率边界和能力边界。权力边界与职责边界处于同一纬度,效率边界和能力边界处于同一纬度,并分别受不同的因素影响。详见何哲:《政府边界问题及行政体制改革的基本原则研究》,载《北京行政学院学报》2016 年第 4 期。

② 崔卓兰、刘福元:《论行政自由裁量权的内部控制》,载《中国法学》2009 年第 4 期。

③ [美]约翰·罗尔斯:《正义论》,谢延光译,上海译文出版社 1991 年版,第 391 页。

④ See Fama, E. & M. Jensen, *Separation of Ownership and Control*, 26 Journal of Law and Economics, p. 301 – 325(1983).

介入项目。在个别情形下,项目实施机构可仅保留介入的监督权,将其余介入权利完全授予私人部门,后者相当于获得了自由行使的自由救助权。可见,根据授权程度的不同,项目实施机构的保留与让渡范围具有变动性,其相对的权利界限取决于公私主体的能力优势。

(2)私人部门退出限制权的模糊边界

社会资本退出限制权本身属于审批权性质的权利,它是项目实施机构对合作相对方表示退出并终止合作关系的同意权利。因此,在社会资本退出权的分配上,项目实施机构享有审批权,私人部门享有执行权,包括项目运营阶段的所有权信息披露,项目公司及其实际控制人股权、资产、营业等转让申请等。此外,如果项目公司及其实际控制权的管理层或技术人员发生变动而对项目实际运营产生影响,也需要作出披露并申请批准。项目实施机构保留审批权的目的就在于监督私人部门的所有权变动情况,那么对私人部门退出的监督权理应包含审批权。私人部门退出提议权或建议权配置,成为影响权利界限的关键。项目实施机构为了严格控制私人部门退出,可以不授予私人部门相应的提议权,私人部门只能在锁定期内以规定方式退出。如果项目实施机构授予其建议权,私人部门可根据合同义务履行情况,如项目管理人力资源或技术资源的投入程度,在最低锁定期限届满后承诺期限之前,可提议退出,并提交评估报告。实际上是赋予私人部门与项目实施机构协商变更退出期限的权利。

(3)便利终止权的模糊边界

便利终止权是项目实施机构基于项目运用过程中的公共利益责任而享有的自由裁量权,无须私人部门同意即可达到终止 PPP 合同的法律效力。政府自由裁量权来自法律的概括授权,其具体权力(权利)内容因所履行职责的不同而不同。便利终止权的权利界限的模糊性体现为其极易扩张至私人部门的固有权利。公共利益原则作为判断便利终止权行使正当性的基本原则,赋予项目实施机构宽泛地解释终止合同事由的权利,无法剔除其中夹杂的自利性因素。为了限制和约束便利终止权的任意性,各国 PPP 法律框架均设置了相应的条件,包括权利行使的实体条件、程序条件和限制条件。由于实体条件围绕公共利益原则而展开,仍具有较大任意性。程序条件和补偿责任的规定起关键平衡作用。便利终止权的行使需履行通知、给予合理反馈期限、回复反馈意见、争议处置等程序。在确定终止合同后,需对私人部门损失进行适当补偿。

(4)单方变更权的模糊边界

就私人部门合法权益造成的不利影响的程度而言,单方变更权不如便利终止权,但两者具有相同性质,均是项目实施机构基于公共利益保护责任而享有的自由裁量权,其权利边界同样难以清晰厘定。并且项目实施机构所提请的变更事项最终主要由私人部门负责执行,即使由项目实施机构自行执行或者委托第三方执行,均会对私人部门项目运营的实际过程和最终效益产生影响,私人部门需要额外支付成本以适应新的调整。因此,在单方变更权的行使过程中要赋予私人部门充分的参与权利,包括建议权和评估权,即由私人部门对变更内容作出影响力评估和经济效益评估,项目实施机构必须对私人部门的评估意见作出反馈,双方存在不同意见的,必须引入专家评审,而非由项目实施机构直接决定变更。

(5)绩效考核权的模糊边界

绩效考核权具有执行权特质,但它也包含绩效考核的审批权或决定权,如制定绩效评价工作方案,它确定了绩效评价的目标和指标体系,以及评价方法等基本内容。而绩效考核本身就是履行监督的过程。具有上述内涵的绩效考核权基本由项目实施机构掌握,私人部门在绩效考核执行过程中的权利,主要是对绩效考核评价结果的异议权,以及对绩效评价工作方案的建议权。我国财政部《政府和社会资本合作(PPP)项目绩效管理操作指引》(财金〔2020〕13号)暂未赋予私人部门对绩效评价工作方案的建议权,这是该规定的不足之一。绩效考核权不同于介入权、便利终止权等必须是由项目实施机构绝对掌握的权利,它属于技术性权利,具有较大的让渡空间。其权利行使的有效性依赖于项目运营信息和各类考核技术,虽然可以由第三方专业机构介入,但是无法从根本上解决信息不对称问题,而且还增加了绩效考核成本。在私人部门具有技术和信息的较大优势时,项目实施机构可仅保留最后的绩效考核情况检查权,而由私人部门自行进行绩效考核。

(6)定价权的模糊边界

定价权与绩效考核权一样,是有技术门槛的权利,政府根据自身定价需求(如政府付费)和成本信息掌握程度,采取不同的定价权共享方式,由此会导致定价权权利边界的模糊性。如果对私人部门存在较高程度的技术与信息依赖,政府会通过选择可以减少自身信息和技术压力的价格形成机制,将绝大部分定价权让渡给私人部门,仅保留价格上下限的决定权。但是赋予私人部门绝大部分的定价权,仍需要政府监督其定价行为,如完善项目运营成本、财务等信息的披露机制,其目的是厘清私人部门定价权行使的边界,避免因权利边界的模糊导致权利行使的任意性。

三、政府PPP项目介入权的配置

(一)政府介入权内涵、行使条件与法律后果

在一般合同语境中,“介入”是指一方接管另一方权利和义务的能力(资格或权利)。这些情况包括严重违约,或者已经发生或持续存在需要采取介入措施的事

件。介入通常是在有限的时间范围内进行的,目的是使介入的一方有机会在不终止合同的情况下管理和纠正上述异常情况。[①] 在 PPP 模式中,介入主要是指政府的介入权。英国《PF2 标准合同》第 18.1.1 款规定:"如果存在与健康、安全(个人或者资产)有关的严重风险,政府部门认为有必要去减轻或阻止这种风险或者为了履行法令性的责任,对与服务有关的事情,政府自己采取行动。政府的这种权利经常被称为介入权。"[②]我国财政部和发改委发布的 PPP 文件也对政府介入权作了较为具体的规定,[③]概括而言,介入权是指政府在 PPP 项目运营出现或可能出现严重损害消费者利益以及其他社会公共利益时实施暂时性代为管理的权利。

由此可知,PPP 项目政府介入权是对已经或可能损害社会公众合法权益的 PPP 项目履行异常情况的矫正,其首要任务在于避免因项目终止影响公共服务的持续性供给。[④] 此种政府对私人部门运营权利义务的临时接管,并不意味着政府存在相应合同义务,而是政府可以自由裁量的特殊权利,[⑤]即当发生介入情形时,无须征得私人部门同意,政府即可实施介入行为。政府介入权主要适用于政府不予介入将会发生严重威胁公共安全和公共利益的 PPP 运营的情形,有学者将政府介入情形界定为合同中止,即 PPP 项目合同的运用只有具备法定的合同中止条件,政府才有权启动介入权、接管权。[⑥]

介入权行使条件包括法律规定的介入情形、程序和法律后果。介入情形是指触发政府行使介入权的事由或情形,包括私人部门(项目公司)违约情况下政府介

① See The World Bank, *Guidance on PPP Contractual Provisions*, PPPLRC(Feb. 1,2019), https://ppp.worldbank.org/public-private-partnership/sites/ppp.worldbank.org/files/documents/Guidance_on_PPP_Contractual_Provisions_EN_2019_edition.pdf.

② See HM TREASURY, *Standardisation of PF2 Contracts*, GOV.UK(Dec.,2012), https://assets.publishing.service.gov.uk/government/uploads/system/uploads/attachment_data/file/207383/infrastructure_standardisation_of_contracts_051212.PDF.

③ 详见财政部《政府和社会资本合作模式操作指南(试行)》(财金〔2014〕113 号)第 27 条规定;财政部《PPP 项目合同指南(试行)》的第二章第十七节;发改委《政府和社会资本合作项目通用合同指南》(2014 年版)第 48 条规定;发改委《传统基础设施领域实施政府和社会资本合作项目工作导则》(发改投资〔2016〕2231 号)第 20 条规定等。

④ 参见[加]耶斯考比(E. R. Yescombe):《公共部门与私营企业合作模式:政策与融资原则》,杨欣欣译,中国社会科学出版社 2012 年版,第 333 页。

⑤ The World Bank, *Guidance on PPP Contractual Provisions*, PPPLRC(Feb. 1,2019), https://ppp.worldbank.org/public-private-partnership/sites/ppp.worldbank.org/files/documents/Guidance_on_PPP_Contractual_Provisions_EN_2019_edition.pdf.

⑥ 参见易斌主编:《PPP 项目法律实务解读》,中国建筑工业出版社 2016 年版,第 99 页。

入权行使情形和私人部门(项目公司)未违约情况下政府介入权行使情形。[①] 但"在任何情况下,公共主管部门都有进入设施来监督PPP合同下项目执行情况的基本权利"[②],因此无论私人部门(项目公司)是否违约,只要出现可能或已经导致公共服务供给终止,且可能或已经危及国家安全和重大公共利益的严重情形,都会触发政府介入权的行使。区分违约与不违约的情形,主要是解决政府介入权行使导致的损害补偿由谁承担的问题,私人部门因自身违约触发政府介入的,由此造成的损害理应自行承担,另外,如出现资金流动性困难而导致服务供给不足或质量下降的特定违约行为,通常可由债权人先行介入。

政府介入权行使程序包括三个方面:(1)政府介入权行使的启动程序。启动程序始于政府向私人部门发出接管的书面通知,通知内容需要包括介入期限、介入方式、介入行动内容、介入后果等。政府在作出介入项目的决定之后应选任接管人并明确接管人的职责、权限,其可选择对象包括下级政府部门(如项目实施机构)、第三方独立机构等,并将接管人名单与接管公告一并公示。(2)政府介入权行使的实施程序,主要包括PPP项目财产设备和经营权的移交程序和介入接管期间的管理程序。此时的移交程序和管理程序与项目终止时的移交程序不同,私人部门仍然是PPP协议的相对方,项目公司的股东会和董事会仍然按照正常程序运作,仅是有义务配合接管人实施项目运营修复行动,包括接受询问、提供材料信息、配合减少损失等。(3)政府介入权行使的终止程序。介入权是政府接管项目的临时性措施,有明确规定的终止期限。其终止原因通常包括事先决定的期限到期、项目已提前恢复正常运营、项目已无可挽救需进入破产或其他终止程序等。当上述介入终止情形发生时,接管人需向政府作出报告,并公示终止接管原因、接管情况、项目后续处置等内容,同时通知私人部门(项目公司)、金融机构(债权人)等。[③]

政府行使介入权的法律后果主要体现在政府介入PPP项目对私人主体、融资机构和其他利益相关者的权利义务产生的影响。首先,就私人部门而言,政府介入权的行使涉及其对未违约部分的收款权利,对因介入所导致损害的受补偿权利,对

---

① 我国财政部《政府和社会资本合作模式操作指南(试行)》(财金〔2014〕113号文)第27条、《政府和社会资本合作项目财政管理暂行办法》(财金〔2016〕92号)第26条和发改委《传统基础设施领域实施政府和社会资本合作项目工作导则》(发改投资〔2016〕2231号)第20条对社会资本或项目公司违反项目合同约定的政府介入情形做了明确规定。英国《PF2标准合同》第18.2条、第18.3条则规定了私人部门未违约情况下政府介入权行使情形。

② 参见[加]耶斯考比(E. R. Yescombe):《公共部门与私营企业合作模式:政策与融资原则》,杨欣欣译,中国社会科学出版社2012年版,第333页。

③ See HM TREASURY, *Standardisation of PF2 Contracts*, GOV. UK(Dec. ,2012),https://assets.publishing.service.gov.uk/government/uploads/system/uploads/attachment_data/file/207383/infrastructure_standardisation_of_contracts_051212.PDF.

介入费用承担等问题。英国《PF2 标准合同》第 18.3.2 条规定,政府在承包商未违约情况下介入,即使对承包商供给的服务造成影响的,仍然需要针对该部分受影响的服务支付合同对价,但政府支付存在一个条件,即要求承包商为政府方介入提供必要的协助;第 18.5.8 条规定,政府介入对承包商的任何财产造成损失的,应当就直接损失补偿合理费用。[①] 而对于介入费用的承担,承包商违约情形下,由政府从承包商的收费金额中抵扣;承包商未违约情形下,政府承担或约定双方共同承担。

其次,政府介入权行使对融资机构权利义务产生的影响,本质上是政府介入权与金融机构(债权人)介入权的关系问题。英国《PF2 标准合同》第 26.7 条就两者的关系作出了规定。概言之,金融机构介入权的行使必须获得政府认可,即金融机构与私人部门欲在融资协议中植入介入权条款时需获得政府同意,或直接与政府签订直接协议(direct agreement)确定金融机构的介入权条款。其根源在于,金融机构介入权的行使目的是债权人利益,而政府介入权行使的目的是公共利益,只有当债权人利益符合或不危及公共利益时,金融机构介入才被允许。而在保障公共服务持续供给方面,两者利益是不矛盾的,金融机构依赖公共服务持续供给产生的现金流以支付贷款债务,而政府亦希望公共服务能够持续供给以最小化公共利益的损失。

最后,其他利益相关者主要与私人部门或项目公司产生合同关系,其权利义务受影响的情形主要是私人部门或项目公司履行能力出现问题,如果政府仅是临时性接管,并不会对 PPP 项目的后续运营产生实质性影响,那么私人部门或项目公司的对外履约能力并不受影响,也不会对其合同相对方产生影响。如果政府介入之后终止项目的,项目公司或私人部门履约能力直接受影响,可能出现给付不能的情形,根据合同相对性原则,此时其他利益相关者只能根据合同主张给付不能的合同解除以及损害赔偿。如果因客观原因导致项目公司或私人部门给付不能,其他利益相关者只能主张解除合同以免除对待给付。[②]

(二)PPP 项目介入权的类型化及其行使"阶梯规则"

根据 PPP 合同履行异常程度的不同,实践中往往采取私人部门内部自救、金融机构等债权人介入、项目实施机构介入或者项目监管机构介入的风险控制措施,可见,PPP 介入权制度是为了保障项目持续性运营而在不同干预主体和干预手段之间进行选择的机制。PPP 介入权的行使涉及对利益相关者初始权利义务的暂时性的调整与变更,本质上仍然是 PPP 权利义务的配置,需要考察不同介入权的具体定

---

① See HM TREASURY, *Standardisation of PF2 Contracts*, GOV. UK(Dec. ,2012),https://assets.publishing.service.gov.uk/government/uploads/system/uploads/attachment_data/file/207383/infrastructure_standardisation_of_contracts_051212.PDF.

② 参见邢钢:《PPP 项目中政府介入权法律问题研究》,载《比较法研究》2018 年第 2 期。

位和行使规则,实现介入权的优化配置。

根据项目运营障碍情形的严重程度,PPP 项目介入权具有不同的行使条件。私人部门或项目公司自我补救通常发生在项目异常情况尚处于可控制的状态,无论私人部门是否存在违约情形,其都有减少损失的合同义务或者法定义务,只是在涉及外部环境的变化时,项目公司自我救济能力有限,需要其他主体的介入。项目实施机构作为 PPP 协议的合同方,基于合同负有保障公共服务持续供给的义务。金融机构作为外部介入主体,其与项目实施机构介入的顺序,取决于可能导致服务中断供给的具体原因,金融机构介入权的行使主要围绕贷款偿还和现金流动性问题。现金流中断是商业运营过程中比较常见的现象,金融机构具有实施干预的能力和资源,因而金融机构的介入比起政府直接介入将更有效率。监督机构的介入通常是发生了严重危及公共安全和公共利益的事件,且项目实施机构和金融机构的干预均已失效。总体而言,PPP 项目介入权的行使条件大致包括以下几种情形(见表 1)。

表 1　PPP 项目介入权的类型及其体系

介入主体	介入情形	介入方式	影响后果
债权人	项目公司违反金钱债务	补救(cure rights)	项目公司仍然是项目合同当事人
债权人、项目实施机构	除项目公司金钱债务违约情形外,还包括可能导致项目主要合同提前终止的其他违约情形	狭义上的介入(step-in rights)	项目公司仍然是项目合同当事人
债权人、项目实施机构	项目公司严重违约并可能导致项目合同提前终止的风险	接管或合同更新(novation)	项目公司不再是项目合同当事人
政府项目实施机构	违约事件不可补救;违约终止事件;不可抗力终止事件	临时接管	在合同终止前项目公司仍然是项目合同当事人
政府项目监督机构或其指定机构	非违约情形下的公共事件	临时接管或最终接管	在合同终止前项目公司仍然是项目合同当事人

通过对不同类型介入权的介入条件的梳理,我们发现,当 PPP 项目运营出现异常已经或可能影响公共利益时,并不是直接由政府采取介入方式进行干预,实际上

存在一个不同介入权的梯度选择问题,我们可以称为介入权行使的"阶梯规则"。基于损失补救的便利性和有效性,在表格中所述的介入情形中,项目公司自身的补救能力和责任依次递减,外部介入主体的干预能力和权力(利)依次递增。换言之,PPP 项目介入权的行使,要遵循"项目公司优先自救、债权人及时干预、政府方终极干预"的原则,而且干预程度的加深意味着项目终止运营的可能性增大,公共利益危及程度越高,政府方介入权行使的必要性越强。依循上述原理,我们认为,PPP 项目介入权行使主体和介入方式的组合还存在细化的空间,即在政府方采取最严厉的介入措施前理应给予各方主体充分补救的机会,更符合 PPP 项目持续性运营的保障目标。

首先,介入权主体的多样化是介入权"阶梯规则"行使的前提。世界银行 2019 年版的《PPP 合同条款指南》(Guidance on PPP Contractual Provisions)第 4.1.1 条规定:"在特定情形中,PPP 项目合同的第三方,即融资机构或监管者,被授权介入合同履行,但当合同一方当事人允许另一方当事人在特定情况下暂代其履行合同义务时,合同相对方同样可能被授权行使介入权。"①该规定明确了债权人、政府方项目实施机构、政府监管机构的介入权主体地位。其次,项目运营异常情况的复杂性是介入权行使"阶梯规则"形成的原因。从介入权的行使条件可知,它是关于项目运营异常情况或影响公共利益事件的集合,是一个存在不确定性并不断发展变化的动态事件组合,很难对其作出细致的划分。根据介入主体的能力和责任,可以对介入权行使条件和行使方式作出一个适当的区分。通常理解,根据其对 PPP 项目运营信息的掌握情况和障碍情形的严重程度,不同介入主体的责任(权利)和能力呈现如下区别:项目公司具有自我补救的优势;债权人基于对 PPP 项目现金流和财务信息的观测,其对财务性违约的救济具有优势;项目实施机构是 PPP 项目合同相对方,掌握较多项目运营信息和情况,对一般性违约事件和未违约事件的救济具有优势;项目监管机构具备的项目运营信息最少,但具有最强的风险处置能力,适宜介入严重的违约事件和其他影响公共利益事件。

介入权的"阶梯规则"行使好似患者就医,症状轻微的自我观察或者社区诊所就诊,症状较重的普通门诊就诊,紧急症状则选择急诊,症状异常严重的由医院出具病危通知书。但需要强调的是,项目实施机构与项目监督机构都是政府方的不同代表,前者履行的项目内部的控制责任,后者则是项目外部的监管责任,虽均属于广义上的监管责任,但在介入权的行使顺序上项目实施机构应当优先,这亦符合

① The World Bank, *Guidance on PPP Contractual Provisions*, PPPLRC(Feb. 1, 2019), https://ppp.worldbank.org/public-private-partnership/sites/ppp.worldbank.org/files/documents/Guidance_on_PPP_Contractual_Provisions_EN_2019_edition.pdf.

项目问题内部优先处理的通常做法。需要平衡的是债权人介入权和项目实施机构介入权孰先孰后的问题。虽然介入权的宗旨均在于挽救项目以保障公共服务的持续性,但不同主体间的根本目的还是有差异的,债权人的根本目的在于保障贷款偿还和资金安全,上述目的的实现又取决于项目持续运营而形成的稳定现金流,若债权人的还贷需求获得某种方式的满足,项目的持续性运营将不再是其所关心的重点,由于"政府与融资机构享有竞争的介入权"①,债权人介入权并不能当然获得优先地位。债权人介入权的优先行使需要获得政府方的同意并纳入 PPP 项目合同或通过直接协议(direct agreement)的方式确定。

综上所述,政府 PPP 项目公共控制权之介入权是指项目实施机构所拥有的介入权,它基于公私合作供给协议规定的履约管理责任而产生,相较于项目监督机构的介入权,它属于内部接管权,是公权利,而非公权力。它是我国 PPP 项目介入权类型中的一种,其行使顺序要符合介入权行使的"阶梯规则",在私人部门自我救助无效后介入,而其介入无效时由监管机构接管。其具体行使条件由公私合作供给协议规定,通常是私人部门因违约行为或因非违约行为导致的公共服务供给异常,有可能或已经造成公共服务中断供给的,项目实施机构代替私人部门履行项目运营权利和义务。本质上也是作为项目所有人实施的自我救助,属于 PPP 项目内部控制行为。

四、政府 PPP 项目便利终止权的配置

(一)政府便利终止权的定义、渊源与性质

世界银行《PPP 合同条款指南》(2019 年版)将 PPP 项目合同便利终止权定义为政府方基于自身便利或公共政策需要所享有的终止 PPP 项目合同的自由裁量权,亦可称为单方终止权(unilateral termination)、任意终止权(termination at will)等。② 便利终止虽然是 PPP 项目合同提前终止的一种特殊情形,却是赋予政府独有的"特权",私人部门并不享有相应权利。世界上绝大部分的 PPP 项目合同中均会设置带有"特权"属性的便利终止条款,该类条款赋予了政府方出于自身便利考虑或公共政策调整任意终止 PPP 合同的权利,是政府方实现 PPP 合同灵活性调整的重要手段。那么政府便利终止权上的"特权"来源是项目实施机构的高权行为还是项目实施机构的履约管理责任?

---

① 参见邢钢:《PPP 项目中政府介入权法律问题研究》,载《比较法研究》2018 年第 2 期。

② The World Bank, *Guidance on PPP Contractual Provisions*, PPPLRC(Feb. 1,2019), https://ppp.worldbank.org/public-private-partnership/sites/ppp.worldbank.org/files/documents/Guidance_on_PPP_Contractual_Provisions_EN_2019_edition.pdf.

便利终止权源自便利终止条款。便利终止条款(Termination for Convenience Clauses)最早产生于美国的政府合同中,是政府用来随时停止大规模战争物资采购合同,避免财政支出的一种手段。① 政府在政府合同中享有便利终止权的理念最早由美国联邦最高法院在 1875 年 United States v. Corliss Steam Engine Co. 一案的裁决中形成,即承认政府享有终止不符合政府最佳利益合同的权利,其法律依据在于战争的不可预测性。在第一次世界大战期间,该观点同样被运用于美国政府采购军用物资的合同中,后来被拓展到和平时期的军事合同和 20 世纪 50 年代的民事采购合同中。1965 年,美国法院在 Nesbit v. United States 一案中将这个观念拓展至合同延长后当事人的期望发生重大变化的情形,1974 年,在 Colonial Metals Co. v. United States 一案中承认政府享有任意解除权利的自由。②

法院的观点因实际赋予政府绝对自由的终止裁量权而广受批评。因此,美国法院在 1982 年的 Torncello v. The United States(231 Ct. Cl. 20,20,681F2d 756,759)一案中作出了具有里程碑意义的转变性裁决,认为若履行过程中没有出现情势变更(change in circumstances),政府方不能任意终止合同,因为毫无限制地终止权利将会导致合同变得"魔幻而不可执行"(illusory and unenforceable),因此政府不恰当地行使终止便利权将构成合同违约。在该案之后,美国法院又在 Questar Builder,Inc. v. CB Flooring,LLC(2009)一案引入"诚实信用原则"(good faith)作为判断政府不恰当行为的依据。③ 综上,美国政府合同中的便利终止条款仍然赋予政府广泛的自由裁量权,只有当政府方违背诚实信用原则(由自己履行合同或以更低价格让第三方履行合同)或者滥用自由裁量权(合同便利终止是受到公共部门内部命令的影响)的情形下才构成不恰当行使便利终止权,但这两种情形的举证较为困难。④

便利终止条款是政府方减轻自身风险的一种重要工具或手段,而非纯粹的履行公共职能手段,因此虽然被很多国家广泛应用于公共工程合同中,但各国均对其设置了限制条件,如对合同相对方的补偿责任,不过,各国对便利终止条款中相对方的补偿标准的规定不同。在美国、英国、澳大利亚等普通法系国家,政府方享有

---

① See John Cibinic et al., *Formation of Government Contracts*, George Washington University, Law School, Government Contracts Program, 2011, p. 1049.

② See Varun Srinivasan, *Enforceability of Termination for Convenience Clauses in India*, Livelaw, November 2017, p. 1.

③ See Varun Srinivasan, *Enforceability of Termination for Convenience Clauses in India*, Livelaw, November 2017, p. 2.

④ See Terrence M. O'Connor, *Understanding Government Contract Law*, 2nd Edition, Berrett-Koehler Publisers, Inc., 2018, p. 169 – 170.

基本不受限制的便利终止权,只要在合同中明确约定了便利终止条款并对合同相对方作出适当补偿即可;而在法国、埃及等大陆法系国家,政府方享有法定的基于公共利益目的的便利终止权,而且其补偿标准相当于政府违约导致的损害赔偿标准。[①] 有学者比较了以普通法为规范基础的国际咨询工程师联合会(FIDIC)合同与大陆法系国家埃及(政府)公共工程合同中便利终止条款的适用条件,发现两者最大的区别在于便利终止权行使之后对合同相对方的补偿标准上,FIDIC 合同的补偿标准相当于让合同相对方处于合同履行完毕的状态,而埃及公共工程合同的补偿标准在前者基础上还包括对预期利润的补偿。[②] 在法国,政府基于公共利益目的行使便利终止权的补偿标准是所有合同终止案件中最高的。[③] 总结来看,不同法系国家在政府方便利终止权的行使条件和补偿标准方面均存在差异,普通法系国家赋予政府方更充分的终止合同便利而且其补偿标准未包括预期利润的损失,大陆法系国家则将政府方便利终止权限定于公共利益目的,其补偿标准相对较高。

便利终止权存在的合理性在于合同的长期性导致的契约不完全性,初始合同中事先约定的风险分配结构出现了不平衡,其中一方当事人(通常是委托人)的风险逐渐增大以至于合同目的无法实现,因而赋予该方当事人便利终止的权利。在建筑合同中,赋予委托人或其代表便利终止合同或者删除部分合同内容或条款是很常见的。[④] 它本质上是合同法中情势变更原则在 PPP 项目合同中的延伸,是合同正义对合同自由的矫正。[⑤] 但在 PPP 项目合同中,政府单方终止协议,既有"情势变更"原因,也有保护公共利益因素,虽然很多时候两者是重叠的,但仍有区分的必要。PPP 项目作为长期性合同,因情势变更带来的不确定性风险对公私主体都具有负面影响,私人部门同样可以因情势变更行使约定的单方解除权。但若出于

---

① The World Bank, *Guidance on PPP Contractual Provisions*, PPPLRC(Feb. 1,2019),https://ppp.worldbank.org/public-private-partnership/sites/ppp.worldbank.org/files/documents/Guidance_on_PPP_Contractual_Provisions_EN_2019_edition.pdf.

② See Salwa A. Fawzy et al., *Analyzing Termination for Convenience Provisions under Common Law FIDIC Using a Civil Law Perspective*, J. Leg. Aff. Dispute Resolut. Eng. Constr. Vol.10:4, p.5(2018).

③ The World Bank, *Guidance on PPP Contractual Provisions*, PPPLRC(Feb. 1,2019),https://ppp.worldbank.org/public-private-partnership/sites/ppp.worldbank.org/files/documents/Guidance_on_PPP_Contractual_Provisions_EN_2019_edition.pdf.

④ See Albert Monichino QC, *Termination for Convenience: Good Faith and other Possible Restrictions*, Building and Construction Law Journal, Vol.31:2, p.68-87(2015).

⑤ 普通建设合同中委托人的便利终止权是委托人单方享有,且通过约定方式植入合同,当其条件成就而行使时需要给予合同相对方补偿(补偿标准目前各国不一),这使便利终止权成为合同法上一种特殊的单方约定解除权。如我国原《合同法》第93条规定的合同约定解除"当事人协商一致,可以解除合同。当事人可以约定一方解除合同的条件。解除合同的条件成就时,解除权人可以解除合同"。

公共服务诉求变化或调适原因,此时行使的单方终止权就是政府独有的便利终止权。以公共利益为正当性依据的政府便利终止权具有行政优益权的地位,而以情势变更为正当性依据的政府便利终止权就是普通合同中的单方解除权利。有学者进一步提出,当项目实施机构具有行政法上的明确授权时,政府便利终止权为行政优益权;当项目实施机构依据 PPP 合同的约定行使这一权利时,该权利为行政法上的形成权;当项目实施机构仅依据民法上的规定行使这一权利时,该权利为民法上的形成权。① 该学者的观点大致描绘了 PPP 项目中政府方便利终止权可能的法律定性,但其选择的视角以合同订立的规范依据作为判断标准,并不符合我国实际,亦忽略了 PPP 项目本身的特性。

笔者认为,PPP 项目中政府方便利终止权兼具合同法上单方约定解除权和行政法上行政优益权的部分特性。单方解除权的特征如上文所述,其存在的依据是基于长期性服务项目的风险特征必须赋予风险较大一方再调整风险或终止合同的权利,但其与一般约定的单方解除权的区别在于无须获得相对方同意,可视为法定单方解除权。而具有行政优益权的部分特征是指其并不完全等同于行政优益权,行政优益权是行政权在行政合同履行中的表现,其虽源于"政府便利终止"这一惯例,但不限于对行政合同的单方面变更和解除权,②行政优益权的权力体系通常包括合同内容的单方决定权,对合同相对人的选择权,合同履行的指挥权与检查监督权,合同单方变更权与解除权,对违反合同的制裁权等。③ 可见,以保障公共利益为合理性和合法性基础的行政优益权具有较强的威慑力,虽然小于行政权力但明显强于普通合同权利,容易超出基于项目风险预防需求的权利行使范围。更为重要的是,PPP 项目合同并不能直接等同于行政合同,因为公私主体作为"责任共同体",私主体(合同相对方)同样是承担公共利益保障责任的主体,即负责公共服务最大化供给的效率目标,此时政府方并不能简单地以公共利益保障者的行政主体地位享有行政优益权。

申言之,PPP 项目中政府方将合同便利终止权作为必须保留的公共控制权具有双重原因。一方面,是基于 PPP 项目本身特性,需要对长达多年到十几年不等的履行期限内出现的风险激增和用户需求变化等事项作出及时调整,以符合项目自身运营的高效性,它主要是对公共服务供给效率的强调;另一方面,是基于特定区域内公共服务项目整体规划的调整,即实现不同 PPP 项目之间的平衡或不同社会

---

① 参见贺馨宇:《论 PPP 合同中单方解除、变更权的法律属性与控制机制》,载《法律科学(西北政法大学学报)》2020 年第 3 期。

② 参见胡必丰:《行政合同的司法探索及其态度》,载《法学评论》2014 年第 1 期。

③ 参见黎学基、谭宗泽:《行政合同中行政优益权的规制及其法律救济——以公共选择理论为视角》,载《南京工业大学学报:社会科学版》2010 年第 2 期。

公众之间公共服务的均衡供给时对项目内容作出变更,当变更无法实现时可行使合同便利终止权,它主要强调的是公共服务供给的公平性。但无论何种原因,对项目运营效率的强调以及对项目运营与辖区内公共服务规划相适应,都是政府对所让渡权利行使要求的约定,即基于此设立的便利终止权本质上是对私人部门未适当行使政府所让渡权利的约束或政府初始让渡权利丧失合理性的修正,因此便利终止权是公权利,既非行政优益权,亦非普通合同权利。

(二)便利终止权的行使及法律后果

无论 PPP 项目合同便利终止权属于何种法律性质,其均对私人部门形成"特权"优势,即公私主体间出现了利益失衡,那么对其具体行使施加适当的控制则是必要的约束手段。普通法系国家赋予政府方相对自由的合同便利终止权,因而对其施加的约束手段主要是通知程序和补偿机制,通知程序包括通知期限、通知内容等,而补偿标准通常是与政府违约情形相当(英国的补偿标准则是与合同履行完毕状态下相当)。[①] 虽然美国法院针对政府便利终止权的行使设定了诚实信用原则或禁止滥用原则,但举证存在难度,因而对政府上述权利的限制有限。大陆法系国家对政府便利终止权附加目的约束、程序控制和较高标准的补偿机制。但以保障公共利益为内容的目的显然为政府提供了巨大的解释空间,难以构成对政府终止便利权的实质性约束,因而不同法系国家间的主要区别在于补偿标准的差异。我国学者亦认为单方变更、解除权的行使的控制机制包括事前控制和事后控制,前者又包括目的控制、内容控制、补偿控制和程序控制,后者包含仲裁、行政复议、行政民事诉讼等机制。[②]

笔者认为,PPP 项目便利终止权行使的程序控制和目的控制应理解为权利行使条件。便利终止权行使程序控制的必要性自不待言,具体安排遵循通知、通知内容、合理期限、交接事宜等常规程序要求。目的控制同样有其必要性,因美国式的绝对任意终止权得以存在与其国家权力制约体系和司法审查体系息息相关,就我国政府行政能力而言,以公共利益对政府方的便利终止权行使目的和适用条件进行限缩具有合理性。但需要强调的是,在 PPP 模式中,对公共利益的内涵需要进一步细化,公私主体均承担不同的公共利益保障责任,只有当 PPP 项目的继续运营已无效率可言,或者该 PPP 项目的运营不符合社会公共服务供给的整体规划等,政府才能行使便利终止权。

---

① The World Bank, *Guidance on PPP Contractual Provisions*, PPPLRC(Feb. 1,2019), https://ppp.worldbank.org/public-private-partnership/sites/ppp.worldbank.org/files/documents/Guidance_on_PPP_Contractual_Provisions_EN_2019_edition.pdf.

② 参见贺馨宇:《论 PPP 合同由单方解除、变更权的法律属性与控制机制》,载《法律科学(西北政法大学学报)》2020 年第 3 期。

为合同相对方提供补偿，是政府便利终止权行使的主要法律后果。补偿控制是保障合同便利终止情形中社会资本方权益的重要手段。就补偿标准而言，大陆法系国家的补偿范围通常高于普通法系国家，即更有利于社会资本方或合同承包商利润损失（预期利益）的保证。[①] 但随着全球化趋势以及各个国家政府合同便利终止权的不断发展，各国关于便利终止的补偿标准逐渐趋同。现在各国政府便利终止条款的补偿范围更加注重对私人部门利益的均衡保护。之所以如此，一方面是因为 PPP 项目融资功能的发挥需要为融资方提供一个合理的预期收益保障，若政府便利终止的补偿标准限定于一个非常狭小的范围将很难获得融资机构的融资；另一方面，若将便利终止补偿标准限定于较小范围则为政府以便利终止掩盖实际违约提供了很好的借口，并可以通过较少补偿的方式实现违约赔偿的目的。

关于补偿标准的计算方式，英国以私人主体"剩余贷款余额水平"作为参考依据具有合理性。它不同于普通合同提前终止的补偿计算标准，普通合同通常是一时性合同，合同各方的投入（给付范围）和预期利益在初始合同中已完全确定，即其请求权系整体发生，对合同违约或终止的补偿或赔偿计算标准以合同是否开始履行为界，未履行的以信赖利益补偿为标准，已履行的以预期利益补偿为标准。PPP 项目合同作为一种典型的继续性合同。合同双方为履行合同所做的投入是在合同履行过程中不断明确的，难以在初始合同中完全明确（继续性合同给付的不确定性）。而且 PPP 项目的投入存在阶段性差异的特征（继续性合同给付的可分解性），即其投入主要集中在建设阶段，而在运营阶段的投入并不多。因而融资方所提供的融资亦存在阶段性特征，主要集中于建设阶段，对剩余贷款余额（未偿还余额）水平的计算方式亦存在阶段性特征。在合同开始履行之前，以信赖利益补偿为标准是恰当的，但合同开始履行之后，处于建设期内时，其贷款余额是不断增加的过程，当处于运营期内时，其贷款余额是不断减少的过程，因为贷款偿还主要发生于项目运营期，即还款来源主要是项目运营形成的现金流。当项目处于建设阶段末期或运营阶段初期，补偿标准的计算额是最高的。综上，以剩余贷款水平作为补偿金额的计算参考比较符合项目合同各方主体利益的平衡需求。

五、政府 PPP 项目单方变更权

（一）政府单方变更权的含义与内容

PPP 项目中政府单方变更权是指政府享有的任意变更合同的权利。"任意"主

---

① See Salwa A. Fawzy et al., *Analyzing Termination for Convenience Provisions under Common Law FIDIC Using a Civil Law Perspective*, J. Leg. Aff. Dispute Resolut. Eng. Constr. Vol. 10:4, p. 6(2018).

要是指无须经过合同相对方即私人部门或项目公司的同意。英国《PF2 标准合同》第 11.2.5 条规定,一般情形下政府享有不受约束的变更合同的权利,私人部门仅在个别情形下,如合同变更致使私人部门合同目的无法实现,才能拒绝履行;而私人部门虽然也享有变更合同的权利,但必须获得政府同意或确认。① 澳大利亚《社会性基础设施原则》第 19.3 条规定,政府享有在合同任意时期内修改项目设施和项目服务的权利,而私人部门作出相应的修改时,政府享有绝对的同意权,②澳大利亚《经济性基础设施原则》第 18.1 条也作出了同样的规定。③ 目前,大部分国家 PPP 模式框架均赋予政府任意变更合同的"特权",但我国尚未对 PPP 项目政府单方变更权作出明确规定。④

政府单方变更权存在的合理性在于确保公共服务项目长期合同能够保持稳定的持续性供给。这些变化的"情势"通常是指作为合同基础的客观事实,这些基础一般包括在合同缔结之际存在的法秩序、经济秩序、货币的特定购买力、通常的交易条件等。⑤ 在 PPP 项目中通常表现为政府公共服务规划调整、公民服务诉求变化、法律原因等影响公共利益的事由。在普通民事合同中,情势变更原则的适用前提是"一方当事人面临丧失最低限度实质性合同正义的情况"⑥,即基于情势变更而解除或变更合同的正当性在于保护合同当事人的公平利益。PPP 合同中政府因"情势变更"而行使单方变更权,通常会损害合同相对方的利益,其正当性在于保护了社会公众利益,即符合社会正义。为保障公共利益的目的,德法两国的行政合

---

① See HM TREASURY, *Standardisation of PF2 Contracts*, GOV. UK(Dec. ,2012),https://assets.publishing.service.gov.uk/government/uploads/system/uploads/attachment_data/file/207383/infrastructure_standardisation_of_contracts_051212. PDF.

② See Australian Government, *National Public Private Partnership Guidelines-Volume* 3: *Commercial Principles for Social Infrastructure*, Infrastructure Australia, https://www.infrastructure.gov.au/infrastructure/ngpd/files/Volume-3-Commercial-Principles-for-Social-Infrastructure-Dec-2008-FA.pdf.

③ See Australian Government, *National Public Private Partnership Guidelines-Volume* 7: *Commercial Principles for Economic Infrastructure*, Infrastructure Australia, https://www.infrastructure.gov.au/infrastructure/ngpd/files/Volume-7-Commercial-Principles-for-Economic-Infrastructure-Feb-2011-FA.pdf.

④ 我国 PPP 政策中,未明确规定政府的单方变更权。但发改委的文件规定"政府应依法依规履行承诺,不得擅自变更合同约定的政府方责任和义务"。参见发改委颁布的《关于依法依规加强 PPP 项目投资和建设管理的通知》(发改投资规〔2019〕1098 号)。

⑤ 参见韩世远:《履行障碍法的体系》,法律出版社 2006 年版,第 44 页。

⑥ 杜景林:《德国新债法法律行为基础障碍制度的法典化及其借鉴》,载《比较法研究》2005 年第 3 期。

同均吸收了普通合同的情势变更原则,[①]即“双方当事人都可以根据情势变更拥有调整契约内容及请求解除契约的权利,而且承认行政机关一方为重大公益之理由可拥有较大的契约变更或解除权利”[②]。

政府可单方变更的合同内容非常广泛。英国《PF2标准合同》从五个维度对服务变更进行类型化:(1)按照变更类型分为用途或功能变更、容量或吞吐量变更、服务规格或性能标准变更三大类;(2)按照主体分为政府提出的变更、承包商提出的变更、法律变更;(3)按照阶段分为建设期、运营早期(或试运营期)、运营期;(4)按照价值分为小额、中额和大额;(5)按照影响范围分为仅影响财务、仅影响工程、仅影响服务、影响工程和服务。澳大利亚社会性基础设施PPP项目的合同变更范围涵盖项目设施、服务以及服务标准,经济性基础设施PPP项目的合同变更范围也涵盖工程、设施等。实际上,政府可单方变更的合同内容基本与普通合同变更范围相当,主要是在变更权利方面,政府具有形成权特质的单方变更权,[③]而私人部门对上述内容提出变更请求时,则需要获得政府同意或承认。

虽然政府可基于情势变更行使单方变更权,但情势变更原则并非仅适用于政府一方,同样适用于作为合同当事人的私人部门,但政府单方变更权与基于情势变更原则双方均享有的变更权不同。政府单方变更权所强调的变更情势是指会引起公共利益受损的情形,包括可预见和不可预见的;而私人部门基于情势变更原则而行使的单方变更权所涉变更情势是无法预见的变化,如不可抗力、高阶法律变更等,这意味着公私主体适用情势变更原则的条件存有差异。情势变更原则在PPP项目合同中的运用,其特殊性是“情势”的可预见性。在一般合同法语境中,“情势”通常以“不可预见”作为合同基础的客观事实,而PPP项目合同中的“情势”除

---

① 如德国《联邦行政程序法》第60条规定,确定合同内容所依据的关系,如在合同成立后作出显著变更,以致遵守原合同对当事人一方不合理的,该当事人可要求将合同内容作出符合变更关系的调整,或不能调整或对合同当事人一方不合理的,作出解除合同通知。另外该条款还赋予了行政机关在“防止或消除对公共利益的重大不利”的情况下解除合同的特别权利。参见[德]平特纳:《德国普通行政法》,朱林译,中国政法大学出版社1999年版,第242页。在法国,行政合同的目的在于满足公共利益的需要,行政合同在履行过程中,由于情况变化,初始合同不再符合公共利益需要时,行政机关必须根据变化变更合同的内容或解除合同。参见王名扬:《法国行政法》,中国政法大学出版社1988年版,第196页。

② 参见郑艳:《私法原则在行政合同制度中的适用与超越——一个认识行政合同的新视角》,载《行政法学研究》2000年第4期。

③ 有人主张PPP合同中项目实施机构所享有的单方解除权、变更权具有三重属性:当项目实施机构具有行政法上的明确授权时,该权利为行政优益权;当项目实施机构依据PPP合同的约定行使这一权利时,该权利为行政法上的形成权;当项目实施机构仅依据民法上的规定行使这一权利时,该权利为民法上的形成权。详见贺馨宇:《论PPP合同中单方解除、变更权的法律属性与控制机制》,载《法律科学(西北政法大学学报)》2020年第3期。

了不可预见的情形外,还包括可预见但不可描述的情形。因为普通合同和 PPP 项目合同的不完全性是不同的,质言之,情势变更之于普通合同是例外情形,而在 PPP 项目合同履行过程中是常见情形,唯困难在于对不确定性因素的准确描述,显然情势变更原则在 PPP 项目合同中有扩大化甚至泛化适用的可能。[①] 这也是政府单方变更权行使范围如此之广的原因,它既包含了政府适用民法情势变更原则的变更情形,又包含了已经预见但无法具体描述的变更情形,两者的共同之处是由此提出的变更需求均符合公共利益。因此,政府单方变更权的行使范围大于普通合同当事人基于情势变更原则所享有的单方变更权。

(二)政府单方变更权的行使条件与法律后果

PPP 项目中政府单方变更权行使的正当性依据是在情势变更中保障公共利益,但通常以牺牲合同相对方的利益为代价。为了矫正公私主体过于失衡的权力关系,各国 PPP 法律框架均对政府单方变更权的行使设定了实体要件、程序要件和限制条件。实体要件包括公共利益原则、物有所值原则、情势变更原则;程序要件则要求政府应首先向私人主体提出变更要求,私人主体作出回应,说明愿意承担变更的基本条件,但政府既可以接受私人主体的回应,也可以拒绝私人主体的回应;限制条件包括政府变更受到合同“同一性”限制,即非合同的实质变更,[②]以及政府变更的补偿责任。

1. 政府单方变更权行使的实体要件

公共利益原则、物有所值原则、情势变更原则在各国的 PPP 合同或行政合同中均有体现,是 PPP 项目中政府单方变更权行使的常见实体要件,但三类原则在内涵、适用范围、法律效果方面存有差异性。由于公共利益内涵的不确定性,公共利益原则具有非常宽泛的外延,而物有所值原则是 PPP 项目特有的原则,是 PPP 项目中公共利益的“数学表达方式”,可以视为公共利益原则的具体原则。情势变更原则是从民法基本原则演绎而来的制度,即为维护合同正义而对契约神圣原则作出的限制。[③] 这里的合同正义主要是合同一方当事人的正义,且该种个人正义符合社会正义。当情势变更运用于 PPP 合同时,在理论上,政府作为公共利益代表者,其所主张的变更合同理应是符合公共利益的,即符合政府作为合同一方的“个体”正义也符合社会正义,此时情势变更原则与公共利益原则可以兼容。但政府同样存在自利性,其所主张的变更事由可能是“名为公共利益实为政绩利益”,因此,情势变更原则在 PPP 合同中的运用,存在一个如何剔除公共利益事由中政府自利性

---

① 国内 PPP 项目实践中再谈判的发生极为普遍即是对情势变更原则泛化运用的例证。

② 参见邢钢:《“一带一路”建设背景下 PPP 项目中政府单方变更合同法律问题研究》,载《东方法学》2017 年第 6 期。

③ 参见韩强:《情势变更原则的类型化研究》,载《法学研究》2010 年第 4 期。

因素的问题。

笔者认为,PPP 合同政府单方变更权行使的实体要件应以公共利益原则为基本原则,以情势变更和物有所值为具体原则。公私合作项目本身就是基于公共利益而产生的,仅以公共利益原则作为政府方单方变更 PPP 项目合同内容是草率的,至少要证明初始合同的公共利益目标已无法实现或变更后所能实现的公共利益(社会整体效用)高于初始合同,并不能简单以"满足公共利益需要"一言以蔽之。申言之,在 PPP 项目合同中,公私主体均承担不同的公共利益目标,当政府方行使单方变更权时,需要权衡不同公共利益目标即公共服务最大化供给和公共服务公平供给之间的冲突,而且还要权衡变更前后公共服务供给的效率和公平目标整体是否获得更好实现。这意味着政府单方变更是否符合"公共利益"的主张需要进一步验证。物有所值评价能够提供变更前后项目效益提升程度的方法,而情势变更原则能够解释上述变更事由的不可预见性或不可描述性以及政府主张变更的合理性。换言之,物有所值原则是对公共利益原则的量化分析,而情势变更原则是对公共利益原则的定性分析。

2. 政府单方变更权行使的程序要件

政府单方变更权是一种实体上的"形成权",其作出变更决定即对私人部门产生法律效力,它加重了 PPP 项目中公私主体间本就不太对称的权力结构的失衡状态。因此各国法律通常会为政府单方变更权的行使设定程序义务,本质上是赋予私人部门程序权利,以对抗政府的实体"优位"权利。英国《PF2 标准合同》通常在 PPP 项目启动前就拟定变更协议(Change Protocols),在竞标时就将潜在竞争者能否适应项目变化需求作为考察条件。第 11.3.2 条规定了所有变更协议均会包含的变更流程:包括通知和规范(notification and specification)、承包商评估及其意见(contractor's estimate)、政府对承包商评估及其建议的同意(authority approval)、执行变更(change implementation)、资金提供与支付(funding and payment)、尽职调查(due diligence)[①]、文件归档与监控(documentation and monitoring)。

为了确保服务变更的顺利推进,英国 PF2 将政府变更事项的预告提前至竞标阶段,给予承包商充分的应对时间。在正式提出变更的场合,仍然需要遵循通知、细化变更内容等程序要求,以及赋予私人部门评估、表达意见的权利。如澳大利亚《社会性基础设施原则》第 19.3.2 条也规定了私人部门在政府提出单方变更主张时,私人部门在合理期限内享有针对变更内容提出建议的权利。实际上,政府为尽可能与私人部门达到平等合作作了两方面努力,首先是将变更可能性以变更协议方式纳入双方的协议,成为合同目的的一部分,即构建"共同愿景",其次是以保留

---

① 包括金融机构的尽调、法律和技术尽调、财务尽调、保险尽调等。

实体权利并让渡程序权利的方式,为私人部门提供对抗政府“特权”的手段。因此,在公私主体均具有明确预期的前提下设置具有沟通功能的程序,很大程度上抵消了政府的“特权”。

3.政府单方变更权行使的限制条件

政府虽具有单方变更权,但只能针对可变更的合同内容,涉及主体变更、协议性质变更、标的变更的,应当属于不可变更的内容。① 当政府单方变更主张可能引致合同实质变更的,私人部门享有拒绝履行变更内容的权利。英国《PF2 标准合同》第 11.3.4 条规定,在承包商接到政府关于变更合同内容的通知后,可在适当合理时间内回复接受或者拒绝的意见。通常可以对以下变更情形享有拒绝的权利:(1)执行政府变更要求将违反法律或相悖于优良商业实践;(2)执行政府变更要求可能导致所有合意被撤销(或履行相关变更的新合意无法获得);(3)执行政府变更要求将对承包商的提供服务能力造成实质性的不利影响;(4)执行政府变更要求将对所有人的安全与健康产生实质性的不利影响;(5)要求承包商在不合理期限内履行变更要求;(6)执行政府变更要求将实质性地改变项目性质,包括不利于项目风险配置;(7)政府不享有要求承包人执行变更内容的法定职权。

因此,私人部门得以拒绝执行变更的理由主要包括变更内容对公共利益造成实质性损害,变更内容对原始合同造成实质性变更以及政府无权执行变更。虽然上述情形属于个例,但仍然给予私人部门限制政府任意变更合同的权利,从某种角度看,上述情形也是对政府行使单方变更权提出正当性要求。另外,政府执行变更本质是对合同履行内容的变更,对私人部门的履行利益造成了损害,私人部门针对变更要求作出调整时,会产生额外的负担或损失,该部分损失是政府必须承担的补偿风险。澳大利亚《经济性基础设施原则》第 18.3.3 条规定了政府变更的补偿责任,澳大利亚《社会性基础设施原则》第 19.7 条则对政府变更费用的确定方式作出了特殊规定,考虑到社会性基础设施项目变更可能性,事先预测可能变更的事项及其成本评估,通过事先约定方式确定补偿标准。②

---

① 参见王守清:《特许经营(PPP)项目合同期内的再谈判与协议变更》,载工程建设网,http://www.chinacem.com.cn/ppp-czsw/2016-07/213285.html。

② See Australian Government, *National Public Private Partnership Guidelines-Volume 3: Commercial Principles for Social Infrastructure*, Infrastructure Australia, https://www.infrastructure.gov.au/infrastructure/ngpd/files/Volume-3-Commercial-Principles-for-Social-Infrastructure-Dec-2008-FA.pdf. See Australian Government, *National Public Private Partnership Guidelines-Volume 7: Commercial Principles for Economic Infrastructure*, Infrastructure Australia, https://www.infrastructure.gov.au/infrastructure/ngpd/files/Volume-7-Commercial-Principles-for-Economic-Infrastructure-Feb-2011-FA.pdf.

六、政府 PPP 项目私人部门退出限制权

(一)私人部门退出限制权与锁定期制度

在实践中,PPP 项目合同中普遍约定政府方对私人部门退出的单方面审批权。政府方在项目准入阶段对潜在私人部门进行资格审查,目的在于确保私人部门具有相应的项目运营能力和融资能力。当社会资本退出时,政府实施限制的原因则在于保障项目的运营能力和融资能力不因私人部门的变动发生波动,或在项目运营期间维持在一个合理的水平。通常私人部门运营能力和融资能力的实际发挥需要合理时间,因而政府方通常会设置一个限制转让的期限,即锁定期(lock-in periods)。同时,我们知道,市场资本保持流动性是其追逐利润的根本前提,对其施加流动限制,应当有一个限度。因而,私人部门退出限制即锁定期的设置就要在政府方控制需求和私人部门流动需求间取得平衡。英国作为 PPP 模式锁定期制度的发源国,形成了一套成熟合理的制度规范。

英国的 PPP 锁定期制度经历了萌芽期(1992～2004 年)、生发期(2004～2007 年)、成长期(2007～2012 年)、成熟期(2012～2018 年)四个发展阶段。作为最新的规范文本,英国《PF2 标准合同》(2012 年)记录了最完善的锁定期制度条款①,包括私人部门锁定期内所有权变更申请权、政府方自由裁量权、政府方所有权信息知情权(私人部门的所有权信息披露义务)、政府方再次告知请求、私人部门救济权以及违约责任等。我国财政部《PPP 项目合同指南(试行)》(2014 年)规定了锁定期制度,包含了宗旨、锁定期含义、锁定期期限、例外情形等内容。有学者认为,我国 PPP 锁定期制度的不足主要表现为锁定期限制对象较窄、运行规则不够清晰及限制模式本土化不足三个方面,我国在采用锁定期制度时要作变通处理,如增强锁定期制度例外情形的包容性。②

对 PPP 模式锁定期制度的理解和构建需要探讨该制度及其权利存在的目的。政府对私人部门股权转让或退出的限制根源在于“能否保障有效项目运营能力的持续”。私人部门运营能力主要受物质资本和人力资本影响,政府对私人部门上述两种资本要素变动的容忍程度不同,对私人部门资金流动或变动的容忍度更高。按照通常理解,私人部门退出之后,其所投入的物质资本和人力资本理所当然地同时退出,但两种资本要素的专用性和替代可能性是不同的,而且私人部门对两种要素的“回笼”诉求亦不同。而政府方对私人部门在两种资本要素的提供要求亦不

---

① 有学者对其作了具体梳理。参见曹书:《PPP 模式锁定期制度的规范重构》,载《金融理论与实践》2018 年第 12 期。

② 参见曹书:《PPP 模式锁定期制度的规范重构》,载《金融理论与实践》2018 年第 12 期。

同。具言之,政府虽然强调竞标私人部门兼具经营管理能力(人力资本条件)和融资能力,但要求其组建项目公司或组建团队亲自负责实际运营,却允许社会资本通过项目公司进行多样化的融资,如获得银行贷款,即支持社会资本方吸纳更多其他主体的资金。之所以如此安排,是因为项目实际运营是不同投入要素的管理,而不同的参与主体在不同的要素投入和管理能力上完全不同,银行、机构投资者等并不具备实际运营的技术、人才等,①而私人部门在融资能力上依赖金融机构,但其具备项目运营能力。

政府对不同资本要素变动容忍程度不同,对其变动的约束程度亦不同。以股权转让为例,需要考虑私人部门股权转让的目的是退出 PPP 项目运营还是回笼资金,若是前者,应该由锁定期制度加以约束;若是后者,它本质上涉及的不是私人部门退出的问题,而是如何实现多元化融资的问题,这通常是政府受鼓励和促进的,即通过多元化融资为私人部门提供充足的经营资金,提高社会资本方的资金使用效率,进而提升项目的运营效率。有学者分析了 PPP 项目社会资本投资退出路径,包括资本结构优化设计、项目公司再融资、股权及相关权益转让、项目公司减资方式、项目公司注销清算、资产证券化 6 种方式。② 以我们的区分方式,上述 6 种方式中股权及相关权益转让、项目公司注销清算、项目公司减资方式是私人部门整体退出的途径,而资本结构优化设计、项目公司再融资、资产证券化更符合私人部门回笼资金的方式。涉及回笼资金的股权转让与整体退出的股权转让对 PPP 项目实际运营的影响程度是不同的,后者将导致私人部门投入的人力资本、技术资本、管理资源等要素脱离 PPP 项目。政府对不同资本要素变动的不同约束,通过 PPP 模式锁定期制度的一般规则和例外情形实现。英国《PF2 标准合同》第 6.4.2 款规定了 3 种例外情形,包含项目贷款方担保债权的实现、母子公司内部转让与政府转让出资。③ 政府转让出资和母子公司内部转让并不会对 PPP 项目的实际运营产生影响,而项目贷款方担保债权的实现虽然会因为融资方主张担保债权而导致项目公司股权结构变更,但为了保障项目公司顺利融资,锁定期制度作为例外情形为融资机构担保债权的实现提供了一个出口。

锁定期制度的例外情形为项目公司或私人部门融资目的的实现提供了制度安

① The World Bank, *Guidance on PPP Contractual Provisions*, PPPLRC(Feb. 1,2019), https://ppp.worldbank.org/public-private-partnership/sites/ppp.worldbank.org/files/documents/Guidance_on_PPP_Contractual_Provisions_EN_2019_edition.pdf.

② 参见张国:《PPP 项目社会资本投资退出机制研究》,载《建筑经济》2018 年第 3 期。

③ See HM TREASURY, *Standardisation of PF2 Contracts*, GOV. UK(Dec. ,2012), https://assets.publishing.service.gov.uk/government/uploads/system/uploads/attachment_data/file/207383/infrastructure_standardisation_of_contracts_051212.PDF.

排。如英国 PF2 的整体结构设计都是为了扩大 PPP 项目权益投资,并鼓励长期投资者(新的投资者)能够更早地进入项目(第 1.4.2 款)。在初始阶段,PF2 要求政府方对项目进行股权投资以增强其投资吸引力,吸引更多长期债务投资者,包括养老基金和人寿保险公司等机构投资者(第 1.4.3 款)。英国 PPP 项目的投资者类型除政府外,包括产业投资者(运营项目公司的私人主体)、贷款机构、机构投资者(如各类基金、债券)。三类投资存在不同的回报诉求、风险偏好和流动性需求,当其投资 PPP 项目时,需要为其提供相适应的退出制度。无论是贷款机构还是机构投资者,一方面它们强调项目运营产生的现金流的稳定性;另一方面它们强调资本退出的便利性(投资流动性需求),因而锁定期制度的例外情形需要包含这类财务属性的投资者。而产业投资者对项目运营具有主体责任,不能随意退出 PPP 项目,但为增强其资金使用效率,政府方通过股权投资增强其融资能力即是重要的利益平衡手段。[①] 因此,锁定期制度例外情形需要适应于 PPP 项目的多元化融资结构。在这方面,世界银行《PPP 合同条款指南》(2019 年版)着重强调 PPP 项目融资结构的多元性,以期寻求个人投资者、机构投资者、非银行机构投资者等的参与。[②] 虽然我国 PPP 项目的私人部门投资者,尤其是长期性投资者并不多,但锁定期例外情形的设定必须具有包容性,以适应我国 PPP 项目将来的融资多元化结构需求。

有学者提出将“在证券交易所挂牌处置的股权变动”情形增设为锁定期的例外情形,因我国参与 PPP 项目的社会资本中上市公司占比逐渐增多,上市公司在资本市场中的股权变动实属常态,通过锁定期对这一常态的限制不具有正当性与可行性。[③] 本书赞同该观点,但对其理由的阐述有更多颇值考量的方面。从表面上看,上市公司通过二级市场交易是其融资的基本方式,其股权变更涉及私人部门自身股权结构(而非其在项目公司的股权份额)的变化。实际上,需要考量的是项目公司的控制公司股权变化是否会对项目公司的运营能力产生影响。在非上市公司中,这是必然要受到锁定期约束的,因为项目公司的实际运营主要掌握在控制公司(私人部门本身)控制股东的手里,控制股东的股权变化必然要影响项目公司的运

---

① 对财务投资者和产业投资者的区分对待,也体现出政府对 PPP 项目运营过程中不同生产要素的处理态度,负责运营的人力资本通常由产业投资者提供,其整体退出(包括大额股权转让或财产转让)将直接影响 PPP 项目人力资本要素的继续投入和使用;而项目运营的资金要素,则相对比较灵活,可以允许(实际是鼓励)社会资本方优化融资结构吸引更多财务投资者,以减轻社会资本方的资金压力并丰富 PPP 项目的运营资金。这相当于缓解“社会资本方因资金压力退出 PPP 项目而导致人力资本要素投入中断”的问题,这也是设置锁定期例外情形的重要原因之一。

② The World Bank, *Guidance on PPP Contractual Provisions*, PPPLRC(Feb. 1, 2019), https://ppp.worldbank.org/public-private-partnership/sites/ppp.worldbank.org/files/documents/Guidance_on_PPP_Contractual_Provisions_EN_2019_edition.pdf.

③ 参见曹书:《PPP 模式锁定期制度的规范重构》,载《金融理论与实践》2018 年第 12 期。

营能力。而在上市公司中,项目公司作为私人部门管理投资项目的方式,其实际运营掌握在上市公司的管理层而非股东手中(除非该上市公司的管理层掌握在大股东手中),这是由上市公司股权与经营权分离导致的。换言之,上市公司(私人部门)的股权变更相较其管理层变更,后者对PPP项目的实际运营产生更大的影响力,这才是将"在证券交易所挂牌处置的股权变动"情形增设为锁定期的例外情形更深层的原因。这本质上仍然是政府方对影响私人部门运营能力不同因素的不同考量。

(二)私人部门退出限制权及其锁定期制度的本土化设计

私人部门退出限制权以及锁定期制度设计的基准点是项目运营能力维持与私人部门资金流动的平衡。英国锁定期例外情形的设计,以及PF2要求政府必须进行股权投资的要求,是从优化PPP项目融资结构的角度满足私人部门资金流动的需求,从而减少私人部门整体退出的压力。不同资本要素对项目运营能力影响的差异性,以及不同资本要素的流动性差异,也可通过剥离不同资本要素方式,减少私人部门所有权(包括股权、投资份额等)变动对项目运营造成的负面影响。详言之,相较资金资本,人才资源、技术资源等人力资本要素对运营能力具有不可替代的作用,①项目公司的实际管理者即管理层水平成为保障项目运营能力的核心。而管理层是可以职业化的,可与投资公司相分离,那么公私主体如何在专业化运营管理层的培育上共同投入、共享收益亦成为平衡政府控制和私人部门退出的一个创新思路。私人部门在锁定期内或者合作期内,培养具有专业项目运营能力的管理层,或者聘请新的管理人员并进行专业培训。当私人部门退出PPP项目时,仍然将该管理层留在项目公司,这样在最低程度上影响PPP项目的实际运营,而新进入的私人部门或政府自身运营,都可以借助原有管理层的专业能力保障项目持续良好运营,这在很大程度上消解了政府对私人部门退出的担忧。项目公司专业管理层的独立存在实际上是将项目公司运营能力的人力资本要素和物质资本要素相分离,物质资本仍然可以通过多元化融资结构实现,而人力资本要素则通过培养专业、独立的管理层实现。

对私人部门所投入的不同资本要素进行分离的思路,给锁定期制度设计带来了新的变化。首先,锁定期限制对象可根据生产要素进行分级处理。不仅包括股权、投资份额、固定资产、知识产权等所有权,而且需包括人力资本、管理团队等要

---

① 资金资本对PPP项目的重要性主要发生于项目建设阶段,进入运营阶段之后,政府对私人部门资金资本的依赖性降低,但对其人力资本和技术资本的依赖性增强,因此在建设阶段,政府就需要督促或者与私人部门合作,推进人力资本和技术资本在PPP项目的投入。人力资本和技术资本投入后,会在PPP项目中形成沉淀,这样既减轻了政府对私人部门的依赖,也增强了私人部门资金流动的便利性。而且私人部门可通过多元化的融资结构,提前实现资金的流动。

素。对与项目运营密切关联的固定资产、知识产权、人力资本和管理团队等生产要素的限制程度要大于资金要素。其次,锁定期期限设置的灵活性。锁定期期限的确定标准为项目缺陷责任期,它是锁定期期限的最小值,取决于私人部门履行合同义务的速度。[①] 从不同生产要素对合同义务履行的作用来看,资金要素对建设期义务的履行至关重要,而固定资产、知识产权、人力资本和管理团队等生产要素对运营期义务的履行至关重要,因而对资金要素的限制期限可以短于其他要素。但对私人部门整体退出的限制期限则取决于非资金要素,如果私人部门加速非资金要素在 PPP 项目中的沉淀,那么其同样可以提早退出。锁定期期限除了最小期限外,还存在承诺期限,将资金要素与其他要素剥离并优化融资结构,可以实现资金要素在最小期限之前的实际退出(资金回笼),加速非资金要素的沉淀以完成运营期的合同义务,私人部门在承诺期限届满之前即可做到实际上的整体退出,仅保留承诺期限的缺陷担保义务。上述设置,在一定程度上增加了私人部门资金流动的便利性,在私人部门普遍存在融资困难的环境下,无形中增强了 PPP 项目投资的吸引力。

综上,私人部门退出限制权是非常典型的 PPP 项目公共控制权,其以限制私人部门权利自由换取 PPP 项目运营的稳定性。锁定期制度的设计不仅要对私人部门退出进行限制,同样需要对政府权利行使适当约束。这种约束和限制,主要体现于各类程序性规定中,包括所有权变动报告、合同义务履行情况报告(知晓其非资本要素的投入情况)、合同义务履行程度的考核与确认、锁定期限及其承诺期确定与变动程序、私人部门实际退出的确认程序等。上述程序存在的意义是,减少锁定期制度履行过程的不确定性,更有利于厘清私人部门退出限制权行使产生的法律后果。在锁定期内,私人部门为融资目的转让部分股权的,其转让合同视为有效;当私人部门违反锁定期制度实施股权转让,其对第三方的转让合同有效但发生给付不能的法律后果。政府违反锁定期行使权利给私人部门造成损失的,应当履行损害赔偿义务。简言之,私人部门退出控制权作为一种公权利,基于公私合作协议具有一定"特权",但仍受诸多约束,完全不同于行政许可、行政决定等行政行为。

七、政府 PPP 项目定价权

(一) PPP 项目定价权与定价机制

定价机制是价格的形成过程,即对产品或服务的价格及结构、产品或服务价格的影响因素等进行协调、决策的过程。[②] 在这个过程中享有话语权的定价主体形

---

① 参见曹书:《PPP 模式锁定期制度的规范重构》,载《金融理论与实践》2018 年第 12 期。

② 参见吴维海:《PPP 项目运营》,中国金融出版社 2018 年版,第 82 页。

形色色,价格最终形成不仅取决于市场的供需关系,很可能也受不同定价主体议价能力的影响,[①]因为在现实经济活动中,定价参与主体的交易地位和竞争优势不可避免地会影响最终价格。因此,定价权的配置成为优化定价机制的关键。根据经济生活的定价实践,定价权行使的基本规则是:在不违反公共利益的情况下,市场主体享有自由的定价权。只有在涉及公共利益的情况下,市场主体定价权才会受到限制,政府才有干预或直接行使定价权的可能。[②]

公共物品定价权的行使具有特殊性,公共物品具有消费的非排他性,社会公众可以等量地享有,因此,基于法律上的平等原则,其定价权应当归属于政府。[③] 因此,公共物品存在市场价格形成障碍,无法由市场主体进行定价,需通过政府供给或补助和定价的组合方式,进行公共物品的供给。这是政府在 PPP 项目中保留定价权的原因。但在 PPP 项目中政府并未保留所有定价权,而是采取共享定价权方式。因为 PPP 项目主要适用于准公共物品的供给,该类物品兼具部分垄断性和部分竞争性。若通过政府直接在企业成本基础上定价易陷入成本核算的瓶颈。由于不同类型 PPP 项目所涉公共服务的垄断或可竞争特质不同,政府在不同类型的 PPP 项目中采取了不同的定价权配置结构。我国 PPP 模式的付费机制或回报机制包含三类:政府付费类、使用者付费类以及可行性缺口补助。可行性缺口补助以使用者付费为基础结合政府补助,因而三类机制的定价权配置结构存在两种类型:参与定价模式和合作定价模式。

政府付费类 PPP 项目采取"参与定价"模式,政府保留定价审批权和监督权,而私人部门行使定价建议权和执行权。英国 PF2 是典型的政府付费类 PPP 项目,其定价和付费机制最为成熟。英国《PF2 标准合同》规定政府对公共服务价格水平的确定采取一般价格水平(the general price level),它主要受通货膨胀以及各类指数的影响。各类价格指数的选择成为英国 PF2 定价机制的核心。同时,其第 19.11.3.2 项规定,政府不应将价格指数的选择交由竞标者或私人部门,虽然各类竞标者在竞标方案中可自由采用各类价格指数以确定竞标价格,但均须经过财政部(Her Majesty's Treasury,HMT)同意。第 19.11.3.4 项则规定了政府可以选择的指数类型以及选择指数的方式。可见,英国 PF2 模式中,政府享有定价审批权,直接决定其价格水平,以及以价格水平为基准的付费标准。其付费机制的设计宗旨是实现"物有所值"(第 19.1.1 款),但"物有所值"的实现程度取决于付费标准对

---

① 参见郑锦荣、徐福缘、陈滨桐:《铁矿砂谈判中谈判定价权争夺的博弈研究》,载《管理世界》2010 年第 3 期。

② 参见张守文:《定价权分配与行使的法律规制》,载《法学》2016 年第 10 期。

③ 详见[美]詹姆斯·M. 布坎南:《制度契约与自由——政治经济学家的视角》,王金良译,中国社会科学出版社 2013 年版,第 191~192 页。

私人部门产生的激励作用。因此,虽然政府在价格指数和付费标准方面具有决定权,但仍需赋予其他主体建议权,如英国政府部门在设计和校准付费机制时,采取咨询专家意见和吸收用户意见反馈的方式,强化其机制的合理性和可操作性。尤其是付费机制的校准机制,是公私主体就具体付费和费用扣减水平的合理性进行协商的过程。[①] 因此,英国《PF2 标准合同》所设定的付费机制是典型的"参与定价"模式。

使用者付费类 PPP 项目的定价模式属于"合作定价",即公私主体共享定价决定权。使用者付费类项目通常是可经营性公共项目,其所涉准公共物品的垄断特质和竞争特质均非常显著,其定价存在问题。付大学教授将 PPP 模式下使用者付费公共产品定价困境总结为三个方面:首先是定价中三方主体利益平衡之困;其次是林达尔均衡[②]与市场价格均衡冲突之困;最后是公共产品特殊属性造成竞争性价格生成之困。[③] 竞争价格生成之困;是由于公用事业存在规模经济效应,即"随着产量的增加,平均成本将一直呈递减的趋势,这就意味着在可能的产量范围内,边际成本永远低于平均成本,按照边际成本定价的企业,其生产收入无法弥补其生产成本,不能取得正常利润"[④]。第一个定价困境的解决之道是定价权的共享配置,而第二、三个定价困境的突破之道在于合理定价机制或价格形成机制的选择。

使用者付费类 PPP 项目定价权的共享是指基于公私主体的定价能力,政府保留价格监督权或审批权,私人部门行使价格决定权和执行权。本质上是合作进行价格管制,即政府为社会资本确定价格形成机制,但不直接干预价格的具体形成。因此政府所保留定价权的主要内容就是选择价格形成机制,并监督私人部门的价格形成过程。选择价格形成机制需考虑的关键要素是成本信息不对称问题的解决程度和对私人部门的激励程度。目前,较常见的合作定价方法包括资本收益率管制定价法,价格上限管制机制与 RPI-X 价格管制方法。[⑤] 资本收益率管制定价方法的关键是确定合理的规定收益率,其优势在于对社会资本形成投资激励,但其弊端同样明显,虽然有利于形成投资激励,但无法形成生产激励,即无法激励企业提升资产使用效率,同样存在企业成本信息不足的问题;当行业生产力接近饱和状态时,投资激励反而会导致资本产出效率低下;另外,规定收益率是政府和企业通过

---

① See HM TREASURY, *Standardisation of PF2 Contracts*, GOV. UK(Dec. ,2012),https://assets.publishing. service. gov. uk/government/uploads/system/uploads/attachment_data/file/207383/infrastructure_standardisation_of_contracts_051212. PDF.

② 林达尔均衡是指公共产品消费者愿支付成本之和等于为生产这些公共产品所需的成本。

③ 参见付大学:《PPP 模式下使用者付费公共产品定价的法律重构》,载《郑州大学学报(哲学社会科学版)》2016 年第 2 期。

④ 参见苏素:《产品定价的理论与方法研究》,重庆大学 2001 年博士学位论文,第 130 页。

⑤ 参见苏素:《公用事业间接管制定价》,载《重庆大学学报》2004 年第 5 期。

讨价还价方式形成,存在较高交易成本。为避免直接管制定价与收益率管制定价方法的缺陷,有学者提出了价格上限管制机制与 RPI-X 价格管制方法,即通过设定最高限价进行价格管制的模型。[①] 由于设定了企业产品价格上涨率的上限,企业既是提高生产效率、降低生产成本带来的利润增大的受益者,又是生产效率低下、高成本带来的利润降低甚至亏损的承担者,因此,它实际上形成了一种激励相容机制,而且,政府也不必监控企业成本,只需重点监控与规定行业经济效率,从而降低了监控成本。[②] 显然,价格上限定价方法更加适宜竞争临近饱和状态的公用事业领域。

(二)PPP 项目政府定价权行使

政府本身并不具有定价能力上的优势,但出于公共利益保护需求,在 PPP 项目中通过法律授予政府一定定价权,确保公共服务价格的可负担性和公共服务供给的普遍性。但不同类型 PPP 项目所涉公共服务的价格形成机制存有差异,对政府干预价格的程度和方式有不同要求,这就形成了 PPP 项目中政府定价权控制程度的差异性。

采取"参与定价"模式的政府付费类 PPP 项目,与采取"合作定价"模式的使用者付费类 PPP 项目相比较,前种项目中项目实施机构所保留的定价权具有更高的控制程度。在政府付费类 PPP 项目中,公共服务的付费来源是公共财政资金,本质上源于税收。如果将定价权赋予私人部门,相当于赋予私人部门税金支配权,这是违反公平原则的行为。政府掌握该类 PPP 项目的定价审批权是履行法定职责的表现。在使用者付费类 PPP 项目中,公共服务的收费来源是社会公众支付的对价,秉持"谁受益谁付费"的原则。但其与私人物品的消费过程不同,政府有确保社会公众获得个人发展所需公共物品的义务。该类公共物品的典型特质是具有可经营性,可实现一定程度的市场定价。那么政府在公共服务定价方面所扮演的角色主要是价格监督者,而非价格决定者。

但无论何种定价模式,合理价格的形成以及合理利润的确定都需要充分的成本信息。政府付费类 PPP 项目中公共财政资金的使用强调物有所值,需要私人部门在公共服务供给过程中产生比公共部门更高的绩效。这就需要在价格水平和付

---

① RPI-X 价格管制机制是英国采用的最高限价管制模型。RPI 表示零售物价指数,X 表示一定调整期内生产效率增长的百分率。RPI-X 机制是以社会零售物价指数减去生产效率增长率决定公用事业的价格上涨率的上限。该机制由英国学者 Littlechild 提出。See Stephen Littlechild, *RPI-X, competition as a rivalrous discovery process, and customer engagement*, Paper presented at the Conference The British Utility Regulation Model: Beyond Competition and Incentive Regulation, Utilities Policy 31 (2014), p. 152 - 161.

② 参见苏素:《产品定价的理论与方法研究》,重庆大学 2001 年博士学位论文,第 146 页。

费标准的确定方面,首先要能覆盖私人部门的投入成本,其次要能提供一定利润空间。因此,政府在行使定价权时,需要赋予私人部门提议权和执行权。私人部门享有提议权和执行权的目的在于当项目运营成本因通货膨胀或其他因素波动时,可以通过披露成本信息的方式,与政府进行协商确定价格水平和付费标准。使用者付费类 PPP 项目中政府定价权的作用主要是选定合理的价格形成机制以监督私人部门的价格形成过程和利润水平。监督权属性的政府定价权,是政府向私人部门让渡定价权的结果,其行使有赖于私人部门的积极配合。

共同定价模式的存在是因为公私主体在价格机制方面互相依赖,因此政府保留定价权时,需要保障私人部门的价格利益,这对政府定价权的行使施加一定约束。因为虽然在政府仅保留价格监督权的项目中,赋予了私人部门充分的价格决定权,但政府享有确定价格形成机制的权力,价格形成机制的作用之一就是将私人部门确定的价格限定在一个范围内,与政府付费类项目中政府掌握价格指数选择权利并没有实质性区别,其主要区别是,政府直接决定具体价格。总之,政府定价权行使的程序要求,首先是价格确定标准或价格形成机制的披露、价格变动的通知、价格变动异议期、价格变动异议的反馈或价格异议的磋商等;其次是建立公共项目服务成本和质量评价基础数据库①,以解决项目成本信息不对称的问题;最后是建立社会公众监督机制,尤其是针对付费者的定价参与机制。

概言之,定价权作为一种 PPP 项目公共控制权,其深受公共物品类型、定价机制等客观因素的限制,公私主体间存在较均衡的相互依赖关系,并不如介入权、便利终止权等公共控制权那样具有绝对优势。但在最终价格确定上仍具有主导作用,因而需要赋予私人部门充分参与或合作的权利,主要体现为各类程序权利,为公私主体提供协商定价的机会。此外,对私人部门价格利益保护的重要方面是明确政府定价权行使的法律后果,如果政府未按约定和法定程序行使定价权,造成私人部门价格利益损失的,政府应当承担补偿责任。在使用者付费类项目中,则由政府承担价格差额的补偿责任。反之,私人部门未按约定和法定程序行使价格权利,如违规披露成本信息的,则由私人部门承担整改、罚金等责任。

八、政府 PPP 项目绩效考核权

PPP 项目绩效管理是指在 PPP 项目全生命周期开展的绩效目标和指标管理、绩效监控、绩效评价及结果应用等项目管理活动。② 它是对 PPP 项目运营实效的

---

① 参见何寿奎:《公共项目公私伙伴关系合作机理与监管政策研究》,重庆大学 2009 年博士学位论文,第 101 页。

② 财政部《政府和社会资本合作(PPP)项目绩效管理操作指引》(财金〔2020〕13 号)第 2 条。

检验。绩效考核的标准是公共服务供给效率,包含了“效率、产品与服务质量及数量、机构所做的贡献与质量,包含了节约、效益和效率”①,其内涵比效益、效率的内涵更加广泛,涉及资源支出成本、支出效率、经济性与效果性、政治稳定、社会进步、发展前景等。② 可见绩效考核权与定价权一样,是一种有量化要求的技术性权利。它的技术性集中体现在 PPP 项目绩效指标体系,它由绩效指标、指标解释、指标权重、数据来源、评价标准与评分方法构成,③是对绩效目标的细化和量化,一般围绕产出、效果、可持续性和满意度几个维度构建指标体系。通常包含政府层面绩效考核指标体系和项目层面绩效考核指标体系,后者又细分为建设期、运营期、移交期绩效指标体系。④ 除共性绩效考核指标体系之外,还包括细分行业的个性绩效考核指标体系。

绩效考核权行使具有技术性和复杂性,形成了绩效管理工作。绩效管理是英国执行局制度改革的产物。英国新公共管理改革将执行局从政府部门中分离之后,形成决策属性的核心部和执行局,两者间关系的调整方式改为签订绩效合同,由执行局根据绩效合同设定的管理目标,对其所提供服务的绩效负责。⑤ 英国《PF2 标准合同》第 19.6 条规定了详细的与付费机制直接挂钩的绩效考核体系,它包括绩效水平的设定、绩效考核方法、绩效考核结果等内容。⑥ 我国财政部《政府和社会资本合作(PPP)项目绩效管理操作指引》(以下简称《PPP 项目绩效管理指引》)(财金〔2020〕13 号)第 2 条规定的 PPP 项目绩效管理是指在 PPP 项目生命周期开展的绩效目标和指标管理、绩效监控、绩效评价及结果应用等项目管理活动。该指引还规定了各行业主管部门、财政部、项目所在地人民政府、项目实施机构、项目公司等主体的绩效管理责任。

绩效管理是商业管理主义在公共管理领域的运用。因此,虽然项目实施机构承担 PPP 项目全阶段的绩效管理工作和执行阶段的绩效评价工作,但它对私人部门和第三方专业机构在技术、信息等方面存在高度依赖。PPP 项目绩效评价结果

---

① 参见[美]普雷姆詹德:《公共支出管理》,王卫星等译,中国金融出版社 1995 年版,第 192 ~ 193 页。

② 参见朱衍强、郑方辉:《公共项目绩效评价》,中国经济出版社 2009 年版,第 11 页。

③ 财政部《政府和社会资本合作(PPP)项目绩效管理操作指引》(财金〔2020〕13 号)第 10 条规定:“PPP 项目绩效指标体系由绩效指标、指标解释、指标权重、数据来源、评价标准与评分方法构成。”

④ 参见王泽彩、杨宝昆:《PPP 项目绩效目标与绩效指标体系的构建》,载《中国发展观察》2019 年第 2 期。

⑤ 参见赵成根:《新公共管理改革:不断塑造新的平衡》,北京大学出版社 2007 年版,第 191 页。

⑥ See HM TREASURY, *Standardisation of PF2 Contracts*, GOV. UK(Dec. ,2012), https://assets.publishing.service.gov.uk/government/uploads/system/uploads/attachment_data/file/207383/infrastructure_standardisation_of_contracts_051212.PDF.

是按效付费,政府付费和可行性缺口补助项目,运营补贴与绩效评价结果挂钩,使用者付费项目,项目收益与绩效评价结果挂钩。简言之,公私主体间存在较均衡的互相依赖关系。项目实施机构需向私人部门让渡部分绩效考核权利,以激励私人部门在信息和技术方面投入的积极性,如赋予私人部门绩效考核的执行权和建议权。《PPP 项目绩效管理指引》第 25 条第 3 款规定:"项目公司(社会资本)应做好项目投资、建设、运营、维护、移交等工作的日常管理和信息记录;积极配合开展 PPP 项目绩效管理工作,并对所提供资料和信息的真实性、完整性、有效性负责。"第 10 条则规定了私人部门在 PPP 项目执行阶段因项目实施内容、相关政策、行业标准发生变化或突发事件、不可抗力等无法预见的重大变化影响绩效目标实现而确需调整的,可由项目实施机构与私人部门(项目公司)协商确定,并报相关部门审核批准。第 12 条则规定项目公司(私人部门)对绩效目标或指标体系调整结果有异议的,可申请召开评审会。评审后无异议的,按评审意见完善后履行报批程序;仍有异议的,按照合同约定的争议解决机制处理。

相较传统项目绩效管理方式,PPP 项目绩效考核趋于"协作治理"模式,私人部门被赋予更多的参与权利。对绩效考核过程私人部门权益的保护,还体现在项目实施机构行使绩效考核权的程序性要求。《PPP 项目绩效管理指引》第 19 条规定了以下程序:下达绩效评价通知、制定绩效评价工作方案、组织实施绩效评价、编制绩效评价报告、资料归档、评价结果反馈 6 个方面的程序以及第 18 条规定的绩效评价结果公开。上述程序的设置引入了专家评审机制,但没有为私人部门参与绩效评价工作提供充分的空间。如绩效评价工作方案的制订,其制订依据是政策要求和项目实际,一方面,政策要求具有变动性,政策变动与原定的绩效考核指标目标和体系有冲突时,需要提供处理方案;另一方面,项目实际,除项目实施机构、参与项目运营的第三方专家外,掌握最充分信息的是项目公司(私人部门)。因此,需要赋予项目公司(私人部门)制订绩效评价工作方案的建议权,也更有利于降低项目公司对绩效评价结果异议的可能性。另外,对于绩效评价结果的公开也仅是原则性规定,未对社会公众监督途径、监督程序、监督结果反馈等内容作出细化,也未对公开方式和公开要求作出规定。

项目绩效考核权行使的法律后果主要体现为绩效目标或指标体系调整和绩效评价结果运用时对项目公司(私人部门)产生的法律拘束力。在 PPP 项目执行阶段项目公司对初始绩效目标或指标体系有异议的,在符合规定的情形下,可与项目实施机构协商调整;对调整结果有异议的,可申请召开评审会;对评审意见无异议的报审核批准;对评审意见仍有异议的,按照合同约定的争议解决机制处理。项目公司享有修改绩效考核目标或指标体系的权利,但须符合相应条件且经项目实施机构同意,双方以协商方式确定,对争议则按照合同约定的争议方式处理。在报审核批准前,PPP 项目合作双方有比较充分的自由协商空间,上级部门的审核批准更类似于备案。对绩效评价结果异议的处置方式同上,项目公司有异议的,可在结果反馈后的 5 个工作日内明确提出并提供有效的佐证材料,向项目实施机构解释说明并尽力与其达成一致意见。无法达成一致的,应组织召开评审会;仍有异议的,按照合同约定的争议解决机制处理。双方对绩效目标或指标体系和评价结果无异议的,项目公司按照评价结果获得财政补助或政府付费,而项目实施机构则根据评价结果支付对价,人民政府和财政部门按照评价结果安排预算支出。就项目实施机构而言,它除了对项目公司承担合同责任外,还承担监督问责的内部行政责任。

第四章　PPP 模式政府项目监管权体系

监管型国家的“监管”是一个包含监管主体、监管范围、监管方式多维度内容的概念，其内涵受不同国情以及社会变迁的影响。因此，我们需要从广义上理解现代政府监管，即它是多元主体以多样化手段方式和规范标准共同参与解决市场失灵问题的行动，强调激励约束相容、合作强制并存的理念。PPP 模式是合作治理理念的典型实践，PPP 项目监管①与 PPP 项目运营一样，深受多元共治理念的影响。在 PPP 模式中，政府通过保留与让渡的权力分化方式与多元主体权利展开互动，促成包含多元化监管主体和多样化监管手段的 PPP 项目监管权体系的形成，PPP 项目监管机构、PPP 项目实施机构、财政审计部门、私人部门、第三方机构以及社会公众都可能成为 PPP 项目的监管主体。②

---

① 本章内容主要围绕 PPP 项目监管展开。PPP 项目监管不同于 PPP 监管，前者主要表现为事中监管或过程监管，即监管时间节点是 PPP 项目正式启动（或 PPP 协议签订）到 PPP 项目正式移交，监管内容是 PPP 项目执行阶段的建设、绩效、价格、质量、维持等方面；后者涵盖 PPP 项目启动前的规划、准备、启动阶段到移交后的阶段，即包括 PPP 项目启动前监管、PPP 项目监管、PPP 项目移交后监管。PPP 项目监管客体是 PPP 项目公司或公私混合体，PPP 项目启动前监管和项目移交后监管则主要属于政府行为的内部监督。

② 我们认为，社会公众对 PPP 项目行使的是监督权而非监管权。所谓监督，一般是指由国家机关或私人机构对国家机关的活动独立进行审查的制度，其与监管的不同主要是客体不同，监督的客体是国家机关的活动或行为，而监管的客体通常是市场主体的行为或活动。社会公众对市场主体行为或活动的约束也是监督权。社会公众的监督权通常不具有强制力，需要借助国家和政府的力量，但它是公众需求信息传递的重要过程。参见［德］沃尔夫、奥托·巴霍夫、罗尔夫·施托贝尔：《行政法》（第 3 卷），高家伟译，商务印书馆，第 734 页。

从监管权力分化的方向看,上述监管主体可分为政府监管主体和非政府监管主体两种类型,前者包括政府的PPP项目监管机构、财政审计部门和PPP项目实施机构;后者主要包括私人部门、社会公众和第三方机构。在多元共治理念中,不同监管主体扮演不同的监管角色,行使不同的监管权力,而监管权力因监管主体的差异性其行使方式也具有各自的特征。因此,不同监管主体的监管权之间存在特定关系,从而形成具有一定内在结构的监管权力体系。

一、PPP项目监管权体系生成与结构

(一)合作管制:PPP项目监管权体系生成的基础

合作管制是现代政府权力分化的结果,政府管制职能的不断变化,以及多元监管主体的出现,催生了政府管制模式的多样化。从政府管制、放松管制到合作管制,现代政府监管权经历了从集权到分化的过程。20世纪70年代,现代政府的能力难题不仅产生于公共服务供给领域,还产生于政府管制(监管,下同)领域。在英国掀起国有企业私有化浪潮和执行局制度改革的同时,美国在经济领域进行放松管制,把政府原有的部分管制职能转归市场。但放松管制并不意味着政府管制的终结,市场主体与自律性组织的自益性引发的管制失灵对放松管制模式提出挑战,政府开始重新审视政府管制与市场自由的关系,不同监管力量出现融合的趋势,逐渐形成合作管制模式。合作管制是政府与非政府主体,包括市场主体、行业协会、社会团体等共享管制权力的治理模式,旨在形成互补优势,避免政府管制的低效率和市场自治的自利性问题。

公私合作浪潮中,应运而生的不仅是公共服务公私合作供给(PPP)模式,公私合作项目的监管也受到合作管制模式的影响。政府的公共服务供给责任既包括向公众提供公共服务的供给责任,也包括公共服务供给的保障责任,在将供给责任交由私人部门之后,政府要“负担起相较于作为给付者更为广泛庞杂且更难贯彻之公益确保责任”①,即对PPP项目的运行,政府必须实施有效的监管才能确保公共服务的正常供给,但控制力的丧失和信息不对称严重约束其保障责任的履行,政府单一监管模式未能适应PPP项目的复杂结构,合作治理提供了优化路径。在PPP项目监管问题上,政府通过让渡监管权力,以合作管制的模式为PPP项目保驾护航,由此可见,合作管制是PPP模式监管体系形成的基础,其彰显了PPP项目监管的本质特征。但PPP项目的合作管制不仅仅是公私主体之间的合作,而是政府与多元非政府主体之间的合作,对公共服务供给提供核心资源并发挥重要作用的主体角

---

① 参见杜仪方:《公私协作中国家责任理论的新发展——以日本判决为中心的考察》,载《当代法学》2015年第3期。

色均可纳入合作管制主体范围。

PPP 项目监管权的生成是政府将部分监管权向非政府主体让渡的过程,也是政府承认并辅助公众监督权行使的过程。PPP 项目监管权体系包括政府及其机构或部门、第三方机构的监管权、私人部门的自我规制权以及公众的监督权。公众监督权源自公民权利;私人部门自我规制权源于其自治权利和政府的权力让渡;其他非政府主体的监管权则主要来源于政府的让渡或授权。政府让渡监管权的客观原因是,政府与非政府主体在监管资源方面存在不同程度的互相依赖关系。公民监督权的行使依赖于政府提供机制保障,政府监管实效又依赖于公民的信息反馈;私人部门自治绩效的提升依赖于政府的监管权资源,政府监管实效同样依赖于私人部门的项目运营信息和技术;第三方独立机构可为政府提供项目运营的专业信息和技术,但其监管技术的运用需要借助于政府权力。因此,基于多元主体之间的互赖关系以及不同监管资源的重要性程度,形成了 PPP 项目监管权行使方式的多样化特征。它包括行政许可、决定、处罚等传统行政行为方式,公私合作契约、行政契约等契约监管方式,法定授权或约定授权的行业协会监管方式,以及行业自律、企业自治等自我监管方式等。多元化的 PPP 项目监管权主体和多样化的 PPP 项目监管权行使方式,共同构成了 PPP 项目监管权体系(见图 5)。

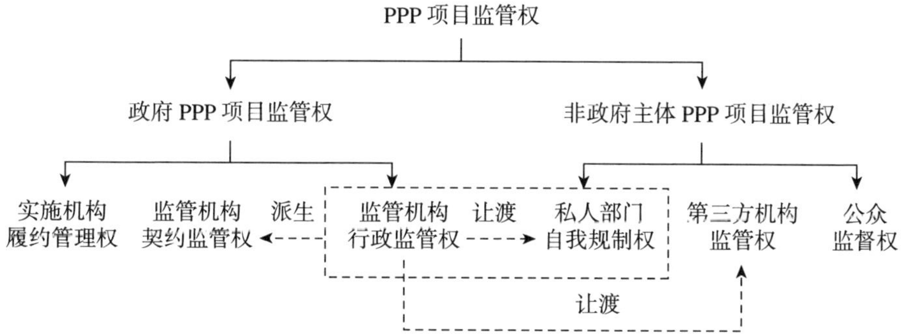

图 5　PPP 项目监管权体系

(二)PPP 项目监管权的内在结构

PPP 项目的监管实效取决于 PPP 项目监管权体系内在结构的优化程度,因此有必要厘清不同监管主体及其与监管权之间的关系。鉴于 PPP 模式中政府存在多种角色冲突,有学者提出了主体与行为两种政府角色调适路径。主体路径指通过政府授权实施机构作为 PPP 项目合同签订方的方式,有效隔离政府的多重角色;行为路径指通过政府权力和合同权利的有效转化,将政府多重角色的行为进行有效分界。①

① 参见刘梦祺:《政府与社会资本合作中政府角色冲突之协调》,载《法商研究》2019 年第 2 期。

相较而言,行为路径优于主体路径。因为仅从主体角度出发仍然无法完全分离政府因多重角色产生的不同职能,如项目实施机构既有合作职能又有管理职能,其合作职能极易被管理职能吸收,仅在成立项目公司的PPP项目中借助公司内部治理机制才能实现一定程度的角色分离。而行为路径从主体行为角度出发,不仅能够表达行为背后的主体角色需求,还能将主体的不同职能进行合同条款化处理,借助合同条款之间的效力关系以及合同本身的约束功能调整公私主体的行为。

该学者关于政府角色冲突调适的主体路径和行为路径之分为我们认识PPP项目监管权体系提供了参考。在PPP模式中,主体分离并不能直接带来行为的分离,一方面,同一政府部门可能集多种职能,如兼具合作和管理职能的项目实施机构;另一方面,同一职能可能分散于不同政府部门,如政府监管职能可以分解为项目实施机构的履约管理职能的和项目监管机构的行政监管职能。在PPP项目运行中,政府的核心角色是监管者,即使是分离成项目监管机构和项目实施机构等部门,部门的职能最终仍体现为不同类型的监管行为,因此,对行为的界分才是核心。即使项目实施机构在PPP项目中同时存在合作者与管理者两种角色,但合作者角色主要是辅助私人部门的项目执行活动,当项目进入正常运营阶段后,项目实施机构的合作者身份退居次要地位,贯之始终的是其管理者角色。从广义监管权角度看,项目实施机构的管理者身份本质上就是项目内部的监管主体。此时,政府角色冲突转变为不同政府监管主体之间的冲突,如项目监管机构与项目实施机构的冲突,前种监管权来自于政府行政监管权及其让渡后派生的权力,后种监管权源自政府行政执行权让渡后派生的管理权利,是政府合作者角色的延伸。

契约监管权与履约管理权的冲突是项目实施机构合作者与管理者角色冲突的实质内容。因为在权力行使要求和权力内容上,合作者强调积极地行使权力,体现的是政府促进职能,而管理者强调审慎地行使权力,它履行的是政府监管职能,在两者之间是有相对清晰的界限的。不甚明了的是项目实施机构的管理职能与项目监管机构的监管职能,它们的具体权利(力)均围绕公共服务的质量、价格、数量以及服务普遍性等内容,且权利(力)行使方式均要求审慎和克制。所以,需要在广义的PPP项目监管体系下,从不同类型的监管行为和监管权视角出发,才能探讨不同监管主体间的职能分工。我们将在主体功能划分的基础上考察不同监管行为之间的关联性,以获得一个完整的PPP项目监管权体系,并厘清不同政府PPP项目监管权的具体定位和相互关系(见图6)。

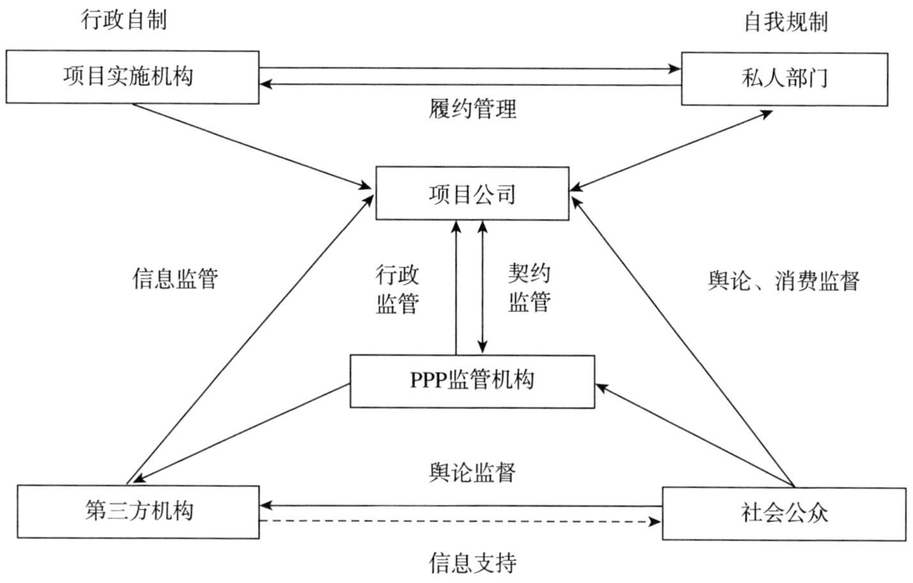

图 6 PPP 模式监管主体和监管行为的关系结构

第一,PPP 项目实施机构在 PPP 项目监管权体系中的角色和行为方式。项目实施机构是实际负责 PPP 项目规划、准备、启动、执行、移交等事务的地方政府或其指定的部门、单位,其代表政府在 PPP 项目运营过程扮演合作者角色。但项目实施机构较少参与公共物品的实际生产和提供工作,其合作者角色内容主要是对私人部门和项目公司履约行为的监督,即在组建项目公司的情形中,实施机构可能扮演政府股东角色,但其行为主要表现在股东的监督权而非实际参与经营;在未组建项目公司的情形中,其扮演的是 PPP 项目合同实际履行情况的监督者,享有的是履约管理权和重大事项决策权。这与普通公司或普通民事合同中合同一方(委托人)对相对方(受托人)履约行为的监督无异。这实际上是契约本身具有的控制功能,即通过事先约定的权利义务条款和履约检查以及惩罚条款遏制机会主义行为。① 因而,我们认为,定位为合作者身份的项目实施机构的履约管理行为应当属于普通合同控制功能的范畴。同时,基于合同的相对性,私人部门同样享有监督或者约束项目实施机构履约的权利,如依照约定出资或依照约定提供资金支持等。而且,公私主体在履约管理上应当以项目运营效率为优先目标,同时兼顾公平目标。项目实施机构作为政府方代表,其在项目执行环节的行为同样要受到行政监督约束,其

① See Schepker D. J. et al., *The Many Futures of Contracts: Moving beyond Structure and Safeguarding to Coordination and Adaptation*, 40 Journal of Management, p. 193 – 225(2014).

接受监督的方式包括PPP监督机构对其实施行政监督,还包括行政自制等方式。

第二,PPP项目监管机构在PPP项目监管体系中的角色和行为方式。如果将项目实施机构的履约管理(契约控制)视为项目内部治理结构的核心组成部分,那么政府的PPP项目监管机构就是PPP项目外部治理结构的核心组成部分。PPP项目监管机构的监管方式主要包括两种:合作监管与行政监管。前种方式有利于缓解监管主体与被监管对象间信息不对称问题,而且有助于减少外部干预对项目运营造成的效率损失,相较后种方式而言是更有效率的监管方式。因此PPP项目监管机构的监管权存在两种形式,即PPP项目行政监管权和PPP项目契约监管权。两者边界的划分可通过法律确定,通常影响项目外部社会公共利益保护或公私合作项目运营环境的因素,如行政处罚权、检查权等监管权仍应以行政权形式存在。但契约监管权的存在,将PPP项目外部治理结构与内部治理结构融合一起,与监管机构契约监管权相对应的是私人部门(项目公司)的自我规制权,两者的权力义务与项目实施机构和私人部门之间的权利义务在内容上具有相似性,对其进行区分有待深入剖析。

第三,私人部门(项目公司)在PPP项目监管体系中的角色和行为方式。在PPP项目执行环节,私人部门的项目经营行为是项目实施机构履约管理的客体。同时,在PPP项目监督环节,私人部门是PPP项目监管机构行政监管的对象。在放松管制浪潮下,PPP项目监管机构与被监管对象通过契约方式约定监管内容以充分调动后者接受监管的自觉性成为重要干预手段,这意味着PPP监管机构可以通过与私人部门达成管制契约的方式提高监管效率。当PPP项目管制契约与PPP项目合作契约共存时,私人部门是被动接受监管的一方亦是主动自我规制的一方,而两份契约的政府方却由不同政府部门代表,前者是项目实施机构,后者是项目监管机构。因此,私人部门既是监管主体又是监管客体,其权利和权力内容既包括自身自治权利,又包括受让的政府权力,其权利和权力行使基于公私合作生产契约与合作管制契约的具体规定。因此,私人部门自我规制权行使的有效性取决于项目监督机构契约监管权与项目实施机构履约管理权的协调程度。

此外,就PPP项目外部治理结构而言,第三方机构和公众监督均扮演着重要作用,第三方机构为PPP提供各类技术指标、评估服务以及专家裁决等,而公众监督以及消费者反馈是PPP项目绩效考核的重要依据。第三方机构项目监管权的来源是政府项目监督机构的行政授权,公众监督权源自公民权利,但需要政府为其提供参与机制。如何有效融合第三方独立监督机构和公众参与,是PPP监管机构开展有效监管活动的重要方面,其监管目标是保障公共服务的公平分配以及社会安全、生态保护等公共利益目标,但要充分考量监管活动对PPP项目运营效率的影响。综上,PPP项目监管权经政府监管权的分化过程形成分布于PPP项目内外治理结构的监管权体系，涵盖政府及其部门、私人部门、第三方机构、社会公众等主体的不同监管权，且相互间存在不同互动方式。

（三）政府与非政府主体 PPP 项目监管权的厘清

PPP 项目监管权具有双重客体，PPP 项目公司实际运营者私人部门的行为是监管权客体之一，项目实施机构的行为也属于项目公司运营行为的组成部分，同样属于监管权客体。但鉴于监管与监督含义的区别，项目实施机构行为应为监督权客体。这意味着 PPP 项目监管权实际上包含了监督权。PPP 项目监管主体则更加多元。因为监管权与监督权并存，政府既是监管权主体也是监督权主体，政府的 PPP 项目监管机构、财政审计部门也相应具有双重权力主体身份，而政府的 PPP 项目实施机构虽是监管权主体，但又是监督权客体。非政府主体也需要进一步区分，在政府之外的私人部门、第三方机构对项目实施机构与私人部门的行为同时施加约束，它们既是监管权也是监督权主体，而社会公众因其身份特殊性享有公民监督权利，因此它主要是"非政府监督主体"。[①] 在合作管制模式中，政府基于其特殊主体地位并贡献特殊资源，是非政府监管主体和监督主体参与 PPP 项目监管活动的核心推动力。

在合作管制模式中，首先，政府扮演与非政府监管主体的"合作者"角色。但作为"合作者"，政府监管职能的分配不仅在于提供合作监管的制度环境和让渡监管权力，还受到非政府监管主体监管资源贡献情况和政府对该监管资源的依赖程度的影响。私人部门的自治能力可以发挥自律性监管的效率优势，第三方机构在信息收集、分析和运用方面的专业能力也可以发挥市场监管的效率优势，而公众公共服务诉求的直接表达可直接为私人部门的公共服务生产供给活动提供有效需求信息，减少公共服务需求与供给信息的配对时间。政府对非政府监管主体的监管资源的依赖性以及官僚制导致的政府监管失效是 PPP 项目监管引入合作管制模式的直接原因。

其次，政府还需要扮演非政府监管主体的"监管者"角色，其职能是维护多元主体共同监管的合作秩序，从而间接或直接维护项目运营秩序。PPP 模式普遍存在于基础设施和公用事业领域，这些领域属于典型的社会规制领域。社会规制是以"为追求社会目标而进行的规制"[②]，它以确保健康、安全、环境及教育、文化、福

---

① 因为政府、私人部门、第三方机构的主要约束对象仍然是私人部门的项目运营行为，因此"监管主体"是它们的主要身份，我们以"监管主体"身份表达上述主体的身份，而公民则是以"监督主体"身份出现。

② ［英］费恩塔克（Feintuck，M.）：《规制中的公共利益》，戴昕译，中国人民大学出版社 2014 年版，第 87 页。

利为目的,因此,可以说社会规制在本质上是以增进社会福利为目的的。[①] 但公共服务供给"到底只是涉及商品,还是事关公民身份"[②],这直接决定了社会规制的公共利益内涵。就PPP项目监管而言,公共服务供给强调在最大化供给的基础上实现均等配置,它的终极目标是服务于公民,它强调公共服务的平等获得,而非仅停留于公共服务的最大化供给。但非政府监管主体在社会公平目标的保障上并不具有优势,以私利为合法目标的私人组织行为与公共任务目标发生冲突的可能性现实存在。[③] 即在PPP项目中,私人部门与第三方机构作为监管者,其监管目标中包含了自利性目标,如私人部门欲减少监管成本而变相增加利润的目的,第三方机构以推广自身监管技术的普遍运用而选择更符合私人部门偏好的监管技术等。此时,政府的"监管者的监管者"角色要求其制定非政府监管主体的监管规范和要求,并监督其日常监管行为,通常采取的是传统行政监管手段,保留的也是传统行政监管权,如处罚权。

政府扮演"监管者的监管者"角色本质上涉及"谁来监督监管者"这一复杂问题。政府在合作管制模式中,同样普遍存在可以运用自由裁量权的场合,对政府裁量的有效控制需要多元主体间互相激励约束的制衡机制。多元监管主体间的制衡机制,始于政府(保留)监管权力的让渡与再保留。PPP项目合作监管模式中,政府扮演非政府监管主体监管活动"合作者"角色和"监管者"角色,以及多元监管主体相互间的"制衡者"角色,集中体现于多元监管主体在项目监管权力的配置上。政府监管"合作者"角色要求保留监管政策制定权和监管辅助制度供给权,并让渡部分监管任务执行权即PPP项目监管权;"监管者"角色要求保留监管活动监管权。而且上述角色要求主要是服务于政府为防止合作监管失效的"最后一着"补救措施,包括合作监管机制的顶层设计,多元监管主体协调互动的安排组织,合作监管失灵的兜底责任等。因为政府与不同非政府监管主体间的互相依赖的监管资源及其重要程度不同,所以政府监管权力的让渡与再保留方式亦有所差异,它构成了政府监管权与非政府主体监管权的界限问题,更准确地说是外部界限问题。

1. 政府与私人部门的PPP项目监管权界限

政府与私人部门的"合作者"角色主要体现在PPP项目执行和项目监管两个

---

① 参见[日]植草益:《微观规制经济学》,朱绍文、胡欣欣等译,中国发展出版社1992年版,第281~284页。

② See Graham, C., *Regulating Public Utilities: A Constitutional Approach*, Oxford: Hart, 2000, p.63. 转引自[英]费恩塔克(Feintuck, M.):《规制中的公共利益》,戴昕译,中国人民大学出版社2014年版,第88页。

③ 参见金自宁:《"公法私法化"诸观念反思——以公共行政改革运动为背景》,载《浙江学刊》2007年第5期。

方面,但两种情境下公私主体互赖程度不同,政府所让渡与保留权力范围和方式亦不同。在 PPP 项目执行环节,私人部门拥有包括资本、技术、人力、管理等资源优势,而项目实施机构则主要掌握收费权、特许权等特权,二者在资源利用上构成相互依赖关系。由于实现公共服务的最大化供给必须依赖资本、技术和先进的管理经验,实施机构对私人部门的资源依赖缺乏替换手段,因此它必须向私人部门让渡部分权利资源。这实际上构成了 PPP 项目执行阶段项目实施机构履约管理权(项目公共控制权)与私人部门经营管理权(项目经营控制权)的配置规则。①

公私主体 PPP 项目“合作监管”的权力划分表现为监管机构契约管理权与私人部门自我规制权。私人部门的自我规制权不完全等同于自治权利,前者部分源于政府的权力让渡,后者完全源于私人部门自身的权利。② 在项目监管环节,公私主体之间虽然存在相互的资源依赖,但均具有替代手段,政府监管权力让渡的空间有限。政府监管活动需要私人部门提供项目运营信息,本质上是对私人部门“服从态度”即自觉接受监管的期待,而私人部门接受监管的自觉性与其占有的项目运营信息一样,政府难以通过强制手段获得,但可以通过第三方独立机构获得项目运营信息和分析技术;私人部门虽然期待减少接受监管的成本,但成本节约对市场主体而言有多种替代方式,如提高生产效率等,可见,公私主体在监管环节的互赖程度并非十分密切。但就 PPP 项目整体而言,赋予私人部门部分监管权,可以直接影响私人部门 PPP 项目的运营,从而带来项目整体效率的提升。因此,监管机构往往将具有自治效率或者效率提升空间的监管事项交由私人部门,如外部绩效考核权、质量监测权等。

无论是 PPP 执行阶段还是监管环节,政府权力(利)让渡的目的均在于提升项目实施效率,因此,私人部门受让权力(利)形成的 PPP 项目经营管理权和自我规制权在功能上也具有通过商业管理方法提升项目管理(运营)效率的特质。虽然政府实施机构与监管机构的价值诉求不同,前者权利配置要遵循“有公平的效率”原则,后者权力配置要遵循“有效率的公平”原则,但私人部门的介入均围绕“效率”原则而展开。同时,履约管理权与契约监管权在内容上具有相似性,进一步导致私人部门经营管理权和自我规制权在内容上的重叠,即对公共服务生产与供给的大部分事项(政府非保留事项)均具有管理权限。因此,从总体上看,私人部门是

① 在 PPP 项目控制权配置的语境中,私人部门享有的是项目经营控制权,但在一般语境中,私人部门享有的是经营管理权,两者在权力内容上相同,仅所用术语不同。

② 在 PPP 项目中,私人部门的自治权利以其财产权自由为基础,但其所行使的财产权包含了公共财产权,因此其自治权利的基础包含了公共财产权使用权。但通常该部分自治权利会受一定限制,即要接受项目实施机构履约管理权的限制。不过,公共财产权在公共服务生产提供环节投入并不多,通常都是根据绩效考核的事后给付,因此,私人部门的自治权利基础还是可以理解为私人自有财产权。

否具有信息和技术等效率优势,能够决定其受让的 PPP 项目监管权内容和类型,而政府保留的 PPP 项目监管权则主要限于直接影响公民平等获得公共服务的事项,如服务价格、服务供给面、服务供给持续性等。

2. 政府与第三方机构的 PPP 项目监管权界限

第三方机构存在的意义是为政府、市场和社会组织等多元治理主体平等、公正地参与治理搭建更加公正、可靠的平台和载体。[①] 政府作为第三方监管机构的"合作者",主要是提供参与监管的基本制度和具体制度,前者如第三机构参与监管的权利义务,后者如第三方机构获得监管权限的准入制度。政府合作监管职能的履行,除直接供给制度外,还包括让渡政策制定权,授权第三方机构监管标准制定权,如制定 PPP 行业标准、行业规范、行业信誉体系以及行业各类评估指标体系和标准等。而在具体的 PPP 项目监管中,政府甚至会向第三方机构让渡监管执法权,授权其参与 PPP 项目绩效考核目标和绩效考核指标体系制定,参与 PPP 项目绩效评价、信息披露审查和对公民反馈信息的评估、分析等。上述监管执法权的授予,既可通过项目实施机构授权,也可通过项目监管机构授权。政府作为第三方监管机构的"监管者",主要是在微观层面,政府保留对第三方机构监管行为的监管权,包括对实施机构或监管机构与第三方机构的合作监管协议的审查,对第三方机构项目运营信息违规使用、项目运营信息造假、公众反馈信息违规使用、公众犯规信息造假等不当行为的调查与处罚等。此时,政府与第三方机构之间主要是基于信息和标准服务而产生的合同关系,其监管权利(力)界限主要取决于第三方机构的服务内容。

在 PPP 项目监管过程中最常见的第三方机构是信息服务机构、绩效评估机构和争议处置机构。信息服务机构从政府处受让的 PPP 项目监管权主要是项目运营信息管理平台的建设权、管理权、维护权、调整权等,它的监管权力内容围绕私人部门与项目实施机构项目运营信息的输入、变更、传递、汇总、分析、输出等事项,但信息服务机构并不具有完全自主的信息监管权力,仍受政府的干预,如信息平台建设规划、方案,信息平台统一管理要求,信息平台维护标准,信息平台调整内容等的审批权,在特定情形下,政府会直接接管信息平台管理的工作。因此,政府向信息服务机构让渡了部分项目监管权,两者在具体项目信息监管权的配置上处于持续变动的状态。与其类似的是,政府与绩效评估机构之间关于 PPP 项目监管权的配置,绩效评估机构同样提供的是技术性服务,包含绩效目标和绩效指标体系及其评估技术标准,政府虽然在具体技术上不具有话语权,但在具体技术运用的范围和后果上有干预的权力,并且双方的监管权力配置也处于持续变动的状态。稍有不同的是,提供

---

① 参见董幼鸿、叶岚:《技术治理与城市疫情防控:实践逻辑及理论反思——以上海市 X 区"一网统管"运作体系为例》,载《东南学术》2020 年第 3 期。

争议处置服务的第三方机构。争议处置服务的本质是居中仲裁,应保持独立性和客观性,因此它与政府之间的合作监管关系必须有明确的权力义务划分,包括初始配置和再配置均应符合法定与约定要求,避免政府自由裁量对居中仲裁者行为的干预。

3. 政府与公众 PPP 项目监督权的界限

公众的 PPP 项目监督权源自公民权利,包括公众作为消费者对公共服务生产供给过程的知情权、对公共服务是否均等供给的知情权以及对公共服务质量、价格、供给方式等的建议或投诉权。公众 PPP 项目监督权是公民履行纳税义务和付费义务之后产生的权利,它并非源于政府的权力让渡,政府与公众的合作监管主要通过政府承认并保障公众监督权的方式实现。政府如何保障公众监督权,要视公众监督对 PPP 项目运营以及项目监管的作用而定。公众项目监督权本质上表达的是公民公共服务的需求信息,它是对 PPP 项目中公共利益内涵的确定。因此,公众项目监督权的关键作用是为多元主体的合作供给行为和合作监管行为提供正当性和合理性的判断依据。

公众项目监督权的具体作用集中表现在以下几个方面:第一,公众监督可对私人部门公共服务生产与供给决策信息作出反馈,公私主体应公示 PPP 协议或有关 PPP 项目投入、产出规划,并设定意见反馈期;第二,公众监督可对公共产品价格、质量、供给方式等具体服务产出情况作出评价,项目实施机构应公示绩效评价实施方案、绩效评价结果等,并设定意见反馈期和绩效评价结果实际应用公示;第三,公众监督可以对项目运营信息披露的易得性、易解性、及时性作出最真实的评价,监管主体应当选择更符合公众监督能力且具有可操作性的信息披露制度,可区分为项目信息总体报告和项目信息解读报告,可由政府出具或委托第三方机构出具,并对报告真实性负法律责任;第四,公众监督可以对项目重大变更事宜的影响程度作出直观判断,重大变更事宜包括服务内容、价格或供给方式的重大调整,介入、调查、处罚等严厉监管措施的采取,政府应设置相应的听证制度或社会意见征求制度。

实际上,公众项目监督权一定程度上解决了监督"监督者"的问题,即监督政府对其他监管主体的监督行为,同时起到了约束其他监管主体的作用。但公众监督权的实现往往依赖政府提供的相应制度设计和启动相关程序的权力,即在公众监督权的实现机制上政府拥有一定的裁量权,如何厘清政府与公众监督权的关系是 PPP 公众项目监督权有效行使的关键。理论上,政府是公民的代理人,政府应本着有利于委托人利益的目的去保障公众监督权,因此,社会公众利益是判断政府权力行使要求和具体边界的基本标准。一方面,政府不得滥用权力而侵蚀社会公众的 PPP 项目监督权,即以自身行为目标或利益动机取代社会公众的实际诉求;另一方面,政府应当积极行使权力以保障社会公众 PPP 项目监督权的具体行使。

在多元监管模式中,政府对社会公众监督权的积极保障更能促进监管资源的贡献与整合。现代公民监督权的实现需要体系化的制度设计和其他配套权利的支持。相较于个体监督,群体监督是一种有组织的监督,具有更高更显著的监督效能,且能避免互联网时代网民监督的极端化和无序化。但“组织化的监督,必然依赖于公民的结社自由这一公民监督权体系中的外围权利”①。因此,为了形成有效的群体监督,需要在宪法和基本法律上保障公民的结社权。同时,组织化的监督更容易引入公益诉讼机制,两者结合可成为提高公民监督意识和监督能力的重要手段,进一步完善和创新公民监督权行使的条件和机制。② 因此,政府对公众项目监督权的保障,不仅要赋予政府一定的法规规章制定权,而且从基本法律层面完善 PPP 制度和公众监督制度的顶层设计,从而形成多元监管主体相互制约的制度框架。

二、政府 PPP 项目监管权及其特质

(一)政府 PPP 项目监管权的体系与结构

政府与非政府监管主体间关于 PPP 项目监管权的划分构成政府 PPP 项目监管权的外部界限,政府 PPP 项目监管权作为政府保留的权力在政府内部不同部门之间的划分则构成了其内部界限。因不同政府部门承担的监管职能不同或同一监管职能由不同部门承担,政府 PPP 项目监管权表现为由多种权力形式组成的权力束。(见图 7)

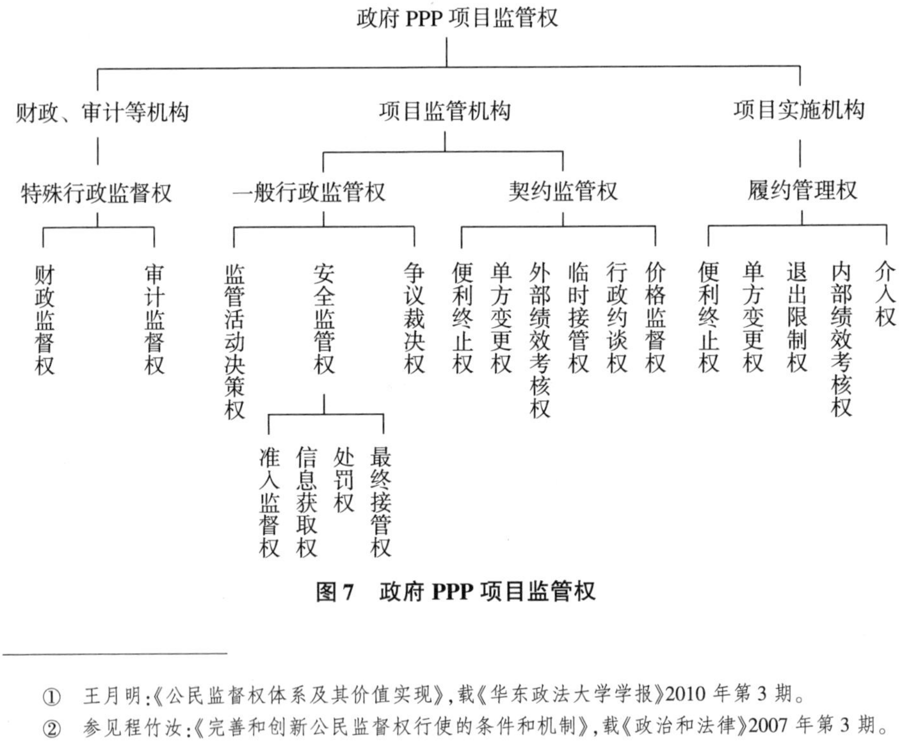

图 7 政府 PPP 项目监管权

---

① 王月明:《公民监督权体系及其价值实现》,载《华东政法大学学报》2010 年第 3 期。

② 参见程竹汝:《完善和创新公民监督权行使的条件和机制》,载《政治和法律》2007 年第 3 期。

政府 PPP 项目监管权的主体主要包括 PPP 项目实施机构、PPP 项目监管机构以及财政、审计等政府主管部门,不同监管机构行使项目监管权的表现形式不同,这些不同形式的监管权是政府基于担保责任要求进行权力(利)配置的结果,它们承担不同的监管职能,且相互间保持一定的效力等级关系。PPP 项目监管机构保留一般行政监管权和部分契约监管权,前者履行法定的 PPP 项目运营公共安全、环境保护、生产卫生等监管责任,包含调查取证权、处罚权、接管权等,后者包含外部绩效考核权、私人部门自我规制情况日常检查权以及合作监管协议的便利终止权、单方变更权等;PPP 项目实施机构则主要行使履约管理的权力,对项目运营过程实施内部管理,包括绩效评价权、内部接管权、私人部门退出限制权以及合作供给协议的便利终止权、单方变更权等;财政、审计、价格部门等专门监管机构则依职权对 PPP 项目行使财政监督权、审计监督权的特殊行政监管权。

政府 PPP 项目监管权体系,从主体路径看,同一主体行使多种权力,如 PPP 项目监管机构同时行使行政监管权与契约监管权;从行为路径看,同一权力由多个主体行使,如绩效评价权、接管权(介入权)等监管权则由 PPP 项目监管机构与项目实施机构同时行使。从主体路径与行为路径相结合的角度看,同一政府部门所行使的不同监管权力具有不同职能和不同行使要求,并且它们分属于不同的监管环节;由不同政府部门行使的同一监管权力,虽然在权力内容和行使方式上具有相似性,但其所承担的功能则具有差异性。因此,政府监管权体系和结构围绕不同监管权功能或职能展开。依据权力(利)功能或职能,上述权力(利)从项目内部到外部,从地方政府(部门)到中央政府(部门)形成了等级效力与行使顺序不同的政府 PPP 项目监管权体系,同时,鉴于不同权力(利)功能或职能之间的相互关系形成了特殊的内在结构。

对政府 PPP 项目监管权体系内在结构的理解,要以 PPP 项目监管权结构乃至整体治理结构为基础进行观察。因为政府是多元监管主体之一,其项目监管权内在配置结构是 PPP 项目治理结构的组成部分。PPP 项目治理结构主要表现为内部治理结构、外部治理结构和内外治理结构衔接机制三个部分。内部治理结构主要是指公私主体项目控制权配置结构;外部治理结构主要是指多元主体项目监管权配置结构;衔接机制主要是指公私主体契约监管权配置结构。在不同的治理结构中,不同政府监管部门扮演不同监管角色,并根据不同治理结构的关系形成特定的监管权力体系结构。

首先,在 PPP 项目内部治理结构中,项目实施机构的履约管理权承担内部监管职能。政府监管职能可分为监管活动决策、监管活动执行、监管活动监督等。项目实施机构监管职能主要是执行微观 PPP 项目内部的监管活动,它并不直接参与运营活动,而是管理私人部门配置公共资源的具体过程,因此它是 PPP 项目内部治理结构的组成部分。PPP 项目内部治理遵循“有公平的效率”原则,虽然项目实施承担着保证公共服务均等供给以及保护一般公共利益的公平责任,但其管理权力行使要服务于项目运营效率,即它更重要的职能是促进私人部门财产权利的有效行使,辅助私人部门提升自治效能。这是履约管理权与其他政府 PPP 项目监管权的根本区别之一。

其次,在 PPP 项目外部治理结构中,政府监管机构的行政监管权承担外部监管职能。PPP 项目外部环境秩序的监管属于 PPP 项目外部治理结构。政府监管机构包括 PPP 项目监管机构与财政、审计部门共同扮演监督监管者的角色,被监督的监管者包括项目实施机构、私人部门(项目公司)和第三方机构。它们还承担监管活动的决策职能,如对特定 PPP 项目实施特定监管措施的决定,对特定监管主体施加监管措施的决定等。其监管职能的基本出发点是维持 PPP 产业发展秩序,它是对所有处于运营状态的 PPP 项目的监管,而非针对特定 PPP 项目,因此其监管权行使既具有抽象行政行为的特征又具有具体行政行为的特质。政府监管机构行政监管权的行使秉持公平原则,其侧重的利益包括 PPP 产业整体利益,受 PPP 项目运营影响的社会整体利益,以及接受公共服务的社会公众是否享有均等获得服务的平等地位。

最后,在 PPP 项目内外治理结构衔接机制中,项目监管机构的契约监管权承担监管协调职能。由于信息不对称以及代理问题的存在,内部与外部治理结构的衔接至关重要。虽然政府不同部门在 PPP 项目内外治理结构中均扮演重要角色,但不同政府部门之间同样存在行为动机差异以及信息闭塞问题,通过合作监管模式可以联通不同的治理结构,为不同治理结构中的监管权提供协调统一的行使要求,更有利于兼顾 PPP 项目监管秩序和监管效率。因此,项目监管机构的契约监管权起着连接内部履约管理权和外部行政监管权的作用。与行政监管权相比,契约监管权的行使更符合效率原则,而与履约管理权相比,它又更符合公平原则,本质上促使特定 PPP 项目适应于整体 PPP 项目环境发展的要求,进而促使 PPP 项目整体发展环境充分考虑具体 PPP 项目的实际。

(二)政府 PPP 项目监管权边界的不确定性

1. 政府 PPP 项目监管权边界不确定性的集中表现

国家(政府)责任变迁引起政府职能变化,但这种变化是循序渐进的,是在原有责任的基础上不断进行修正逐渐达至质变。政府权力体系与结构是对政府职能体系与结构的体现,这种渐进的变化也体现于政府权力体系和结构中,就政府 PPP 项目监管权而言,是在传统行政监管权的基础上,经过公私合作过程发展出新的权力形式和新的权力行使方式,它包含了传统监管权权限的“不变”又包含了派生监管权权限的“变”。在多元共治模式中,政府主体新旧监管职能处于持续变化过程,而非政府主体新监管职能也处于逐渐生成过程,PPP 项目监管权边界的不确定性特征显著。

政府 PPP 项目监管权与非政府主体 PPP 项目监管权共同构成了 PPP 项目监管权体系,因此政府 PPP 项目监管权的外部边界是与非政府主体 PPP 项目监管权的界限,包括与私人部门、第三方机构、社会公众的监管权分界;政府 PPP 项目监管权的内部边界则是政府不同部门项目监管权之间的界限,表现为特殊行政监管权、一般行政监管权、契约监管权、履约管理权之间的分界。在外部边界中,社会公众项目监督权和第三方机构监管权均具有特定内容,社会公众监督权是公民专有权利,不存在与政府项目监管权划分问题;第三方机构监管权内容主要实施信息和技术监管,其内容较为特定且单一,而且政府在信息和技术方面不具有优势,其监管权不会主动介入,虽然政府仍会对信息和技术监管事项进行一定程度的干预,从而引起该权力在政府与第三方机构之间的变动,通常政府只规定或调整信息和技术监管权的行使力度与效果,因此两者的权力界限不难判断。而政府契约监管权与私人部门自我规制权因权力内容多样且变动不居,其界限不甚明了。在内部边界中,特殊行政监管权内容具有特定性,易与其他政府 PPP 项目监管权进行区分;一般行政监管权则因其强制性特征不同于以契约为载体的契约监管权和履约管理权;唯独契约监管权与履约管理权的内容存在较多重叠,两者界限不甚明了。因此,政府 PPP 项目监管权边界的不确定性主要集中体现在契约监管权的边界,无论其内部边界抑或外部边界都具有模糊性。

契约监管权与自我规制权界限不清晰是第一种表现。契约监管权的形成包括两个方面:一方面是对 PPP 项目监管机构一般行政监管权的契约化,另一方面是对契约化的一般行政监管权的协议转让。契约监管权的作用就是监督私人部门对受让监管权的行使,因此,契约监管权的内容就是可契约化但不可让渡的一般行政监管权以及在该过程中派生的不可让渡新监管权,而私人部门受让的监管权是既可契约化也可让渡的一般行政监管权。从合作监管模式角度看,监管权力的可契约化程度本质上是指采取非强制力形式履行监管职能的可能性,它解决的是合作监管契约中公私主体可分配监管权总量或范围的问题。契约化监管权力的可让渡性是指合作监管契约中可配置给私人部门的监管权范围。可见,一般行政监管权的可契约化和可让渡性构成了合作监管的合作限度。

众所周知,传统行政监管权发展自秩序行政时期的行政权,具有专属性,没有契约化的空间。但随着政府行政管理职能的不断发展,它不再仅限于经济领域,逐渐扩展至社会领域,社会规制领域的出现改变了政府行政监管权的专属性。在社会规制领域,如公用事业、网络、媒体、环境、产品安全、食品安全、信息保护等,从竞争秩序维护到社会风险认知、预防、消解,其公共治理专业能力、信息技术要求不断提高,任何单一社会主体都不具有独立规制的优势。而且从经济规制到社会规制,规制目标从唯一的经济目标到经济与社会目标兼容,公共治理的民主性要求也不断在增强。在公用事业等社会规制领域,逐渐引入合作监管(规制)模式,政府的行政监管权可契约化程度逐渐增强。德国等一般从两个角度考察合作管制的合作限度:首先是基本权利保障,即国家(政府)转移管制责任时不得损害合作管制者的自由权利,或合作管制者不得因从事自我管制而干预其他私主体的基本权利;其次是国家最后责任,即从宪法要求国家负担起公益维护责任的角度,国家有义务防止合作管制者管制失灵避免公益遭受危害的责任。对合作管制者管制失灵的避免包含了对合作管制者和其他私主体基本权利的保障,因此,合作监管的合作限度主要以"国家最后责任"为判断依据。

"国家最后责任"首先为契约监管权界定了合作监管契约的权力总量,即PPP项目监管机构一般行政监管权可契约化的范围,通常是具有效率提升空间的监管事项,契约化方式可将项目外部监管权植入项目内部管理,私人部门具有受让并行使该部分监管权的效率优势,绝大部分契约化的行政监管权属于可让渡的权力;其次为契约监管权界定了保留范围,基于"国家最后责任"履行要求,它通常包括对私人部门自我规制权的基本控制,如掌握部分绩效考核权、临时接管权等,还包括对合作监管契约的基本控制,如监管契约便利终止权,在激励约束相容的现代监管理念下,还应包括激励约束权,如对社会资本方声誉资格的减等或升级、行为限制或许可等。而在"国家最后责任"之外,私人部门受让的可契约化且可让渡的一般行政监管权具有相当广泛的范围。但"国家最后责任"的内涵、实现方式以及政府(国家)的保障能力,都处于不断变化的状态。政府(国家)职能伴随国家责任的变化而变化,依其而存在的公私主体契约监管权与自我规制权分界线必然是不确定的。

契约监管权与履约管理权界限不清晰是另一种表现。从表面上看,两种权力的主体、作用对象、价值诉求不同,但其相似性更突出。它们的控制内容均包含服务价格、服务供给面、服务供给持续性等方面,而且真实的契约相对方均是私人部门,即契约监管权与履约管理权均是与私人部门权力(利)分配的结果。与契约监管权和履约管理权相对应的私人部门自我规制权与经营管理权之间也并没有那么清晰的分界线,均是为了辅助项目运营而实施的自我管理。而且私人部门自我规制权的来源不仅包括行政监管权的让渡,还包括私人部门的自治权利,即经营自主权,它包含经营管理权、经营决策权、经营执行权等。简言之,私人部门自我规制权的双重来源及其自我规制权与经营管理权的重叠,使各自契约相对方的权力(利)内容之间也出现交错;兼之自我规制权与契约监管权的界限不甚清晰,契约监管权、履约管理权、自我规制权三种PPP项目监管权之间存在一定程度的相互交错。

2. 政府PPP项目监管权边界不确定性的根源

政府PPP项目监管权的不确定性集中表现在契约监管权的内外界限上，即契约监管权模糊了以契约为载体的各类监管权。其根源包括两个方面：第一，以契约为载体的监管权，包括契约监管权、履约管理权、自我规制权，均直接或间接服务于政府监管责任，其功能或职能具有相似性。存在于PPP项目执行阶段的履约管理权虽然是政府履行促进责任的结果，但它是PPP项目执行阶段保障政府监管责任落实的主要手段。而契约监管权本身就是实现政府监管责任的手段。自我规制权虽然属于私人部门的权力，私人部门没有承担政府监管责任的义务，但自我规制权形成的条件之一是私人部门以高效的自我管理间接获得政府监管责任的落实。第二，契约为三种监管权提供了一系列可共享的风险控制手段。公私主体不仅利益共享而且风险共担，契约监管权、自我规制权、履约管理权的产生就是公私主体借助契约进行风险配置的结果。契约因具有提供处理内在关系和绩效风险的方式，被视为能够缓解各类风险的多功能工具。[①] 契约功能分为三类：契约各方投资利益的保障（safeguarding）；交易过程的协调（coordination）；对未来不确定性的适应（contingency adaptability）。[②] 契约目的不同风控手段组合不同，契约目的相似风控手段组合则具有相似性。

契约风控手段包括三类契约治理功能：契约的保障性或控制性功能、契约的协调性功能和契约的适应性功能。契约的保障性或控制性功能的首要目的在于防止机会主义行为导致的合作关系破裂，即它涉及契约双方关系风险（relational risk）的控制。尤其是存在专用资产投资时，投资一方会因激增的机会主义风险要求在合同中设置保障自身投资的权利，典型的保障性或控制性权利见于知识产权、商业秘密、单方提前终止权、争议解决等事项。该类权利具有两方面的共性：一方面，是激励契约当事人防止机会主义行为的实际发生；另一方面，则是在机会主义行为实际发生之后为非违约方当事人提供救济指导，如通过法律途径或其他方式获得相应损害赔偿。[③] 因此，契约的保障性或控制性功能通常也被视为强制执行（enforcement）

---

① See Klein Woolthuis, R., Hillebrand, B. & Nooteboom, B., *Trust, Contract and Relationship Development*, 26 Organization Studies, p. 813 - 840(2005).

② See Eckhard, B. & Mellewigt, T., *Contractual Functions and Contractual Dynamics in Inter-firm Relationships: What We Know and How to Proceed*, University of Paderborn Working Paper No. 88, 2005, p. 1 - 41.

③ See Rooks, G., Raub, W. & Tazelaar, F., *Trust or Control? An Empirical Test of Effects of Social Embeddedness and Contracts on Performance in Buyer-supplier Transactions*, Working paper, 2003, Technical University Eindhoven.

功能或激励(incentive)功能。[①] 相较而言,契约的协调性功能关注的是契约任务履行过程中的绩效风险(performance risk)。[②] 绩效风险的发生意味着契约双方合作产出的失败。在任务复杂、分解难度大的合作关系中绩效风险特别突出,因双方任务履行存在相互依赖关系,跨组织的分工与管理就显得异常困难。为此合作双方通常会在契约中明确分工和双方的预期。例如,明确各方的角色和责任,包括确定决定权、信息披露义务以及任务衔接方式等。[③] 又如,明确绩效考核等级监督流程或指定项目经理。[④] 契约具有不完全性,契约的控制性功能和协调性功能均是针对合同签订之时能够预见的因素,无法对未来合同履行过程中的未知因素作出规定,为了控制不确定性风险,契约第三个功能即适应性功能就有存在的必要性。[⑤] 因此,契约的适应性功能是适应复杂多变的交易环境的产物。

基于上述治理功能,形成了多种相应的契约权利。关系风险控制,形成了介入权、接管权、便利终止权等权利。绩效风险控制与关系风险控制相比,更加强调合作关系内部的协调,更少受到外部强制力量的介入,关系风险控制在很多时候是引入外部强制力量,如法院的介入。[⑥] 因此,绩效风险控制,形成了绩效考核权、定价权或价格监督权等权利。不确定性风险控制,则形成了再调整特质的变更权或单方变更权等权利。对应 PPP 模式,项目实施机构的履约管理权承担着公私合作供给契约的关系、绩效、不确定性风险控制责任,三种风险的控制对公共服务的有效供给均具有重要性,相应的介入权、绩效考核权、定价权、单方变更权等均成为其实现风控的子权利。而项目监管机构的契约监管权也承担着公私合作监管契约的关系、绩效、不确定性风险控制责任。相较而言,项目监管机构更加关注合作监管契约的关系风险,即避免私人部门采取机会主义行为不恰当履行自我规制责任从而造成公共利益的损失,因此,便利终止权、临时接管权、单方变更权等成为契约监管

---

① See Eckhard, B. & Mellewigt, T., *Contractual Functions and Contractual Dynamics in Inter-firm Relationships: What We Know and How to Proceed*, Working Paper, 2005, University of Paderborn.

② See Das, T. K. & Teng, B. S., *Resource and Risk Management in the Strategic Alliance Making Process*, Journal of Management, Vol. 24:1, p. 21 - 42(1998).

③ See Mellewigt, T., Madhok, A. & Weibel, A., *Trust and Formal Contracts in Interorganizational Relationships-Substitutes and Complements*, Working paper, 2005, University of Paderborn.

④ See Schepker D J et al., *The Many Futures of Contracts: Moving beyond Structure and Safeguarding to Coordination and Adaptation*, Journal of Management, Vol. 40:1, p. 211(2014).

⑤ 不过需要指出的是,适应性功能所要解决的不确定性问题并不包括无法预见的机会主义行为,它主要是指交易环境中的商业风险,如需求、供应或技术的变动。See Gulati, R., Lawrence, P. R. & Puranam, P., *Adaptation in Vertical Relationships: Beyond Incentive Conflict*, Strategic Management Journal, Vol. 26:5, p. 415 - 440(2005).

⑥ See Ryall, M. & Sampson, R. C., *Do Prior Alliances Influence Contract Structure? Evidence from Technology Alliance Contracts*, Working Paper, 2004, Melbourne University.

权的主要子权力。

私人部门无论是对公私合作供给契约,还是对公私合作监管契约,都更侧重于契约绩效风险与不确定性风险的控制,因为两者直接关系项目运营的效益,进而影响其利润水平。私人部门也关注关系风险,但它不是主要的专有资产损失风险承受者,因此相较于政府其关注程度略低。相对应地,私人部门的自我规制权通常会包含自我考核权、定价参与权、信息披露权等。综上所述,契约监管权、履约管理权、自我规制权三者在绩效考核权、定价权或定价监督权方面会存在重叠,其中绩效考核是 PPP 项目日常管理或监督的关键事项,通常包含一系列目标和指标,即使仅有它也会带来不同监管权力在内容和边界上的交叉。

3. 政府 PPP 项目监管权边界不确定性有限解决的思路

契约监管权内外界限的模糊性,使契约监管权、履约管理权等政府 PPP 项目监管权的边界,以及与私人部门自我规制权的界限均存在交叉。在公私合作模式中,由于公私主体责任分配的复杂性、变动性以及公私主体履责能力优势的变化,政府无论是项目监管机构,还是项目实施机构,与私人部门之间的权力(利)界限是无法完全理清的,彼此固有权力之间存在相对不确定的权力空间。因此,对上述问题只能有限地解决,解决思路可以从政府端入手,即采取整合契约监管权与履约管理权的方式。

第一,契约监管权与履约管理权融合具有必要性。我们所说的两权融合是指在两权职能明晰且独立的基础上进行授权合作,而非两种职能的混同。契约监管权与履约管理权是从埋论上依据 PPP 项目监管机构与 PPP 项目实施机构的职能所作的权力划分,对其进行划分的意义在于厘清 PPP 模式中政府的不同角色,契约监管权是政府监管者角色的体现,而履约管理权是政府合作者角色的延伸。但在实际的 PPP 政策文件,以及 PPP 合同指南中,并没有明确区分履约管理权和行政监管权的具体归属或两者间的相互关系,只能大致判断出项目实施机构承担履约管理职能,而政府承担行政监管职能。这样的规定并不利于项目实施机构与地方政府及其确定的项目监管机构之间的职能划分,如果由地方政府直接充当 PPP 项目行政监管者,那么作为指定项日实施机构的上级机关,必然会使项目实施机构的履约管理职能被行政监管职能吸收,进而破坏了公私主体的平等合作关系。因为在 PPP 模式中,政府多重角色的厘清需要相互独立的职能划分。同时,职能的独立性存有限度,过度分离同样容易导致权力不协调。因此,PPP 模式要求政府不同角色及其职能之间形成相对分离且相互协调的关系。

就契约监管权与履约管理权的整合而言,它能够提升 PPP 项目的整体效率。一方面能够提升监管政策与产业政策的协调性。当契约监管权与履约管理权在微观项目层面相结合时,必然产生 PPP 项目监管机构与 PPP 项目实施机构的协调问题,能够促使两部门倒逼决策部门在制定 PPP 政策时考虑产业政策与监管政策的协调问题。另一方面能够促进项目外部监管与内部管理的协调,以达到整体项目运营效率的提升。内外治理结构相衔接是治理机制有效性的基本要素之一,因为外部治理结构侧重于其他利益相关者的利益保护,而内部治理结构更侧重于核心利益主体的利益保护,容易产生公平与效率的冲突。两者相衔接,公平与效率统一于一体,以达到更高的社会效率,这是契约监管权与履约管理权整合的效率优势。

第二,契约监管权与履约管理权融合具有可能性。契约监管权与履约管理权派生于 PPP 模式不同的环节,体现了公私主体不同的责任分配关系,因此其在功能和价值诉求上有些许差异,如契约监管权是履行政府监管责任的基本手段,秉持“有效率的公平”原则,而履约管理权是政府促进责任履行手段的自然延伸,秉持“有公平的效率”原则。但政府监管责任与促进责任本身就统一于政府的担保责任,均是政府兜底性责任的表现方式,均带有实施最终控制的意图。更重要的是,契约监管权与履约管理权以契约为载体,为“两权”融合提供了制度条件。首先,契约本身兼具回应效率与民主价值的功能,使“两权”的行使原则中效率与公平的权重趋同,因此在价值诉求上它们具有了融合的可能性,可以“效率与公平并重”的原则替换原有原则。其次,契约主体的同一性。公私合作供给契约与公私合作监管契约的政府方主体分别是 PPP 项目实施机构和 PPP 项目监管机构,但它们均属于政府,对于私人部门来说,并没有实质差别,均是对其施加自我约束义务的政府方。两种契约的相对方虽然在表面上是项目公司,但实际上的契约相对方是私人部门。最后,契约权力(利)义务具有同质性。两种契约的核心内容和风控手段具有相似性,均是围绕公共服务价值、供给面、持续性等事项展开,具体表现为各类绩效考核权、定价权等。契约监管权与履约管理权区别较大的是相应契约的便利终止权和单方变更权,其区别仅是针对的契约不同但两者功能相同,在两种契约结合之后,相应权力(利)可归于一体。

契约监管权与履约管理权整合的具体思路是,由项目监管机构将其行使的契约监管权的主要子权力委托项目实施机构统一行使,由项目监管机构让渡私人部门的监管权仍然归入私人部门的自我规制权,这样的做法相当于项目监管机构与 PPP 项目公司的不同股东签订了合作监管协议。其合理性在于,能够契约化的监管权力通常对项目运营信息具有高度依赖性,配置给具有信息优势的主体统一行使更有利于项目整体效率的提升。关于契约监管权与自我规制权之间的具体边界或权力变动则纳入履约管理权与经营管理权(公共控制权与经营控制权)关系范畴中处理。而且,这还有助于矫正公私主体履约管理权与经营管理权初始配置的失衡结构,即通过项目监管机构向私人部门让渡监管权的方式平衡履约管理权的过度扩张。因此,项目监管机构在向项目实施机构和私人部门授予监管权力后仍须拥有一定控制权力，如在授权契约中约定权力初始配置、变更等的备案与反馈机制。

三、政府 PPP 项目行政监管权

政府行政监管权是一种综合性的权力体系，它包含准立法权、行政权和准司法权。[①] 在向多元监管主体让渡之后仍然保留诸多行政监管权。政府 PPP 项目行政监管权是指政府监管机构对 PPP 项目运营过程以传统强制力方式实施监管的行政权力。它是政府对公私合作承担兜底性担保责任的最后手段。根据现代政府监管职能类型，政府 PPP 项目行政监管权包括 PPP 项目监管机构的一般行政监管权和专门性监督的特殊行政监管权。PPP 项目一般行政监管权包括 PPP 项目监管活动决策权、项目运营安全监管权、项目争议裁决权。PPP 项目特殊行政监管权主要是指财政、审计等部门的财政监督权、审计监督权。

(一) 政府 PPP 项目一般行政监管权内容及其行使方式

一般而言，政府监管机构具有 PPP 监管政策、规则和标准制定权以及立法建议的准立法权。[②] 我国 PPP 政府监管机构的准立法权主要表现为 PPP 模式操作指南或标准化以及 PPP 模式项目合同文本的制定权、预算绩效管理制度和实施细则制定权、PPP 综合信息平台运作规程制定权等。与传统行政部门的执行性、补充性立法相比，PPP 政府监管机构的准立法权是为弥补立法机关专业人员和专业知识的不足，它赋予监管机构更具回应性的公私合作项目环境维持能力，如创造公私合作监管制度环境[③]。但 PPP 项目监管机构的准立法权属于行政决策权范畴，而非行政监督权。因此，PPP 项目一般行政监管权主要是对 PPP 项目监管行政法规、规章、标准等规则的具体执行。根据决策活动与执行活动的关联性，对各类监管法规等的执行可称为 PPP 项目监管活动决策权，它主要是一种监管活动执行权，即行政监督权，如对特定 PPP 项目的处罚决定，但会附带执行监管政策所必须的规则制定权，如特定监管政策的执行方案、标准细化等。

PPP 项目监管活动决策权起到衔接 PPP 项目监管法规与具体 PPP 项目行政监

---

① 参见王俊豪：《垄断性产业管制机构的几个理论问题》，载《经济理论与经济管理》2008 年第 5 期。

② 这里所谓准立法权是指通过法律授权享有的制定、发布行政法规、部门规章等的权力，也包括根据自由裁量制定各类行政或公共任务执行标准，提出立法建议等权力。参见杨百揆编：《现代西方国家政治体制研究》，春秋出版社 1988 年版，第 189 页；王名扬：《美国行政法》(上)，中国法制出版社 2005 年版，第 176 ~ 177 页。

③ 公私合作监管制度环境包括：(1) 监管基本法律制度，它规定可采用合作监管方式的情形、多元监管主体权力义务等；(2) 监管的具体制度，如第三方机构筛选方式、合作监管事项确定等；(3) 辅助制度，如综合性信息管理平台运行规则、信息披露制度等。

管权的作用。因此,一方面它是抽象的宏观层面的普适性监管规则的具体化,以适应特定 PPP 项目监管的特殊性;另一方面它是具象的微观层面的个别化行政监管权的抽象化,以规范不同行政监管权行使的差异性。PPP 项目监管法规、规章制定权通常由中央政府 PPP 项目监管机构行使,其 PPP 项目地方监管机构则主要行使 PPP 项目监管活动决策权,负责对 PPP 项目监管法规、规章的具体化,但其更主要的责任是决定各类 PPP 项目运营安全监管权的具体行使,以维护特定区域内 PPP 项目发展的整体环境。作为抽象规则和具体权力的衔接中介,它的权能可被 PPP 项目监管法规、规章制定权和各类 PPP 项目运营安全监管权所包含,与其将其视为一种独立的行政监管权,不如将其视为一种特殊的权能,以强调 PPP 项目监管政策与 PPP 项目行政监管权之间衔接的重要性,同时有利于厘清不同行政监管权之间的职能分工。因此,下文笔者将重点阐述 PPP 项目监管机构的 PPP 项目安全监管权和 PPP 项目争议裁决权。

1. PPP 项目安全监管权

政府 PPP 项目监管机构的权力主要是处理具体事务,如要求被监管对象出具报告,对被监管对象及其行为进行调查,批准某些行为,禁止某些行为,追究某些违法行为等。[①] 这些政府权力具有强制性,是典型的单向性传统行政权,监管机构一经作出即对被监管对象产生法律拘束力。在 PPP 项目运营监管中,政府项目最终接管权、运营信息获取权、约谈权、处罚权等权力的行使不受私人部门或其他参与主体的意志影响,依监管机构的自由裁量权作出。

(1)获取 PPP 项目运营信息的权力

对 PPP 项目运营实施定期或不定期的检查是较典型的传统监管权力。对 PPP 项目运营过程进行检查,本质上是“监管机构为了解、分析、评价 PPP 项目的运营状况与风险情况,而采取一定措施获取有关信息的权力”[②]。基本上所有行政执法权都建立在行政检查权的行使之上,[③]因此它是监管决策、实施干预的依据和基础。在 PPP 项目多元合作监管模式中,信息获取的权力是凝结多元监管主体的纽带,任何主体监管权或监督权的行使均需建立在充分的项目运营信息基础上。项目运营信息的分布具有不对称性,主要掌握在私人部门手中,政府部门掌握信息的数量相对较少;而且不同的政府部门掌握信息的量也不同,项目实施机构作为项目参与者,比项目监管机构掌握更多的信息;同时项目运营信息的获取、分析、评估存在技术门槛,因此需要第三方机构的介入和私人部门的配合。因此,建立信息披露制度

---

① 参见王名扬:《美国行政法》(上),中国法制出版社 2005 年版,第 177 页。

② 孙国峰:《金融科技时代的地方金融监管》,中国金融出版社 2019 年版,第 173 页。

③ 参见李升元:《中国行政法学导论》,中国人民公安大学出版社 2014 年版,第 95 页。

和综合信息管理平台是辅助监管机构信息获取权行使的基本条件。

此外,监管机构信息获取权还包括两类子权力:现场检查权、取证权。现场检查权和资料调取权是对信息披露制度的补充,即监管机构可以通过定期或不定期的现场检查方式,获得其所需要的现场信息或对所披露的信息进行验证。同理,取证权,如资料调取权是对项目运营日常记录、文件的审查与核对。信息获取权的存在则服务于信息披露权,信息披露权是监管机构检查权存在的意义,是指 PPP 项目监管机构对外以特定方式披露特定 PPP 项目运营信息的权力。信息披露权赋予政府认证项目运营信息真实性的资格,能提高所披露信息的权威性和真实性,从而减少公众监督权行使的信息成本。

(2)最终接管权

最终接管权是指 PPP 项目监管机构在 PPP 项目运营极端异常情形下实施干预的行为或权力。PPP 项目运营的极端异常情形通常包括已经或可能发生严重影响公共利益的事件,已经或可能发生公共服务中止或终止供给的情形等。最终接管权的行使以终止公私主体合作为结果或目的,是具有行政强制性的政府权力,因此它不同于临时接管权和政府介入权(step-in)。临时接管权是 PPP 项目监管机构与 PPP 项目公司(私人部门)通过契约约定的接管权,即在尚未达到最终接管权行使条件的极端异常情形出现时由监管机构依据约定条件和程序实施暂时性的接管,其接管通常不以终止 PPP 项目为结果或目的。政府介入权则是指项目实施就依据约定对 PPP 项目运营异常情况的暂时性、即时性干预,它根据项目运营障碍的严重程度遵循"介入权阶梯规则"选择最具恢复效率的介入方式,其宗旨是让 PPP 项目即公私主体合作关系回归常态,而非以公私合作关系的终止为目的。基于权力行使目的的不同,最终接管权的行使依据政府自由裁量权,临时接管权、介入权的行使方式及其顺序通常依据公私主体的约定。

英国《PF2 标准合同》第 18 章和澳大利亚《社会性、经济性基础设施原则》第 27 章、第 26 章均将介入权界定为政府为了快速解决严重的项目问题在一段时间内临时接管部分或全部承包商义务的选择权,①新加坡的 PPP 手册第 2.1.18 条同时使用了介入(step-in)和接管(take over),"如果私人提供者无法持续供应符合要求的服务,如存在严重的公众健康、安全或环保风险,严重的国家安全危险等,公共代理

---

① See HM TREASURY, *Standardisation of PF2 Contracts*, GOV. UK(Dec. ,2012),https://assets.publishing.service.gov.uk/government/uploads/system/uploads/attachment_data/file/207383/infrastructure_standardisation_of_contracts_051212.PDF; Australian Government, *National Public Private Partnership Guidelines-Volume 3: Commercial Principles for Social Infrastructure*, Infrastructure Australia, https://www.infrastructure.gov.au/infrastructure/ngpd/files/Volume-3-Commercial-Principles-for-Social-Infrastructure-Dec-2008-FA.pdf.

人可以介入项目并接管服务的运营和提供”①。它将两者作为前后连续的动作,即介入之后实施接管。各国对介入权的规定均表达了临时或暂时由他人代为履行义务的意思,且蕴含了短期内必然恢复由私人部门继续履行原有义务的指向,这与通常理解的接管有所区别,如政府对金融机构接管后果的预设是开放的,既包括接管后恢复正常经营状态的,也包括接管后进入破产或清算程序的。

目前,我国 PPP 理论与实践对政府介入权和接管权的理解认识不一。如有学者认为,“政府介入权包括政府监管权、项目中止权、强制接管权和项目终止权,此权利在行使上应是公权”②。我国财政部将政府对异常 PPP 项目的介入称为临时接管,而将债权人的干涉称为介入权。③ 但在财政部 PPP 合同指南中同时使用了临时接管权和介入权的表述;④发改委则在其 PPP 政策文件和合同指南中使用临时接管权概念来指代介入权。⑤

笔者认为,在 PPP 项目运营和监管中仍有区分政府介入和接管的必要,而接管则分为最终接管和临时接管。我们先来讨论介入权与接管权的区别。从接管措施的实施步骤看,首先是介入项目的实际运营,其次是接收运营项目的管理团队及项目公司的权利义务,最后才是实施运营管理工作,介入是接管的前置步骤。但介入并不必然导致接管,也可能是介入者履行自身的权利义务,如在项目实施机构对 PPP 项目运营过程的介入,项目实施机构作为 PPP 项目公司的股东之一,或者公私合作供给协议的当事人之一,对 PPP 项目正常运营也承担相应义务,这是项目实施机构作为私人部门公共服务直接供给行为担保者应承担的义务之一。同理,债权人的介入权,债权人对 PPP 项目运营收入享有归还贷款余额的权利主张,其介入代替私人部门履行权利义务,在一定程度上也是在履行自身的权利义务。因此,接管是与被接管主体无直接权利义务关系的外部力量对项目或公司权利义务的暂时性承受,介入更适用于表达具有直接权利义务关系的主体对被介入者的权利义务的暂时性承受,介入者与被介入者具有共同的利益,在共同利益范围内,介入者具有代为暂时性履行权利义务的主观意愿和客观成效。因此,PPP 项目监管机构行使

---

① See Ministry of Finance of Singapore, *Public Private Partnership Handbook*, Version 2, PPPLRC (Jan. 1, 2012), https://ppp. worldbank. org/public-private-partnership/library/public-private-partnership-handbook.

② 邢钢:《PPP 项目中政府介入权法律问题研究》,载《比较法研究》2018 年第 2 期。

③ 参见财政部《关于印发政府和社会资本合作模式操作指南(试行)的通知》(财金〔2014〕113 号)第 24 条第 3 款规定。

④ 参见财政部《政府和社会资本合作项目合同指南》第 17 节规定。

⑤ 参见发改委《传统基础设施领域实施政府和社会资本合作项目工作导则》第 20 条规定;发改委《政府和社会资本合作项目通用合同指南》第 48 条规定;发改委《传统基础设施领域实施政府和社会资本合作项目工作导则》(发改投资〔2016〕2231 号)。

的接管权,而 PPP 项目实施机构与债权人行使的是介入权,而监管机构的接管权可视为广义的介入权,并统一纳入"介入权行使阶梯规则"以优化 PPP 项目运营异常情况的干预制度。

监管机构的接管权作为外部强制权力对 PPP 项目运营的干预,是比较严厉的监管措施,并非解决 PPP 项目运营异常情况的理想手段,在合作管制的背景下,对监管机构接管权行使方式的选择具有多种可能性。根据行使方式来分,PPP 项目监管机构的接管权可分为最终接管权和临时接管权。前者采取行政权力方式控制,后者则采取契约约定方式控制。最终接管权与临时接管权的本质区别是行使方式,其在权力行使条件方面虽有情形严重程度的些许差异,但这些都取决于法律对接管情形的规定以及监管机构对具体情形严重程度的裁量,很难在适用情形方面对两者作出区分。因此,只要在不违背法律规定的情况下,监管机构也可采取契约方式行使最终接管权,将最终接管权转化为临时接管权。但它一般不以公私合作项目终止为目的或结果,在约定接管期限届满后或临时接管情形消失后,归还项目公司或私人部门。这是对接管权强制性的软化,有助于私人部门签订合作监管契约的积极性,否则与直接采取最终接管权的法律后果并无实质差异。

(3)处罚权

行政处罚是指行政机关依法对违反行政监管秩序的公民、法人或者其他组织,以减损权益或增加义务的方式予以惩戒的行为。[①] 从不同的视角看,行政处罚具有不同特质,它既是行政主体依法实施的行政执法行为,也是行政相对人依法承担的行政法律责任,还是行政主体的重要行政执法权。[②] 因此,行政处罚权是指政府依法对违反行政监管秩序的公民、法人或其他组织,实施惩戒并要求其承担相应行政法律责任的资格与能力。在 PPP 项目监管中,它是指政府监管机构依法对违反公私合作项目监管秩序的私人部门、第三方机构或其他非政府参与主体实施惩戒的资格与能力。如《基础设施和公用事业特许经营管理办法》第 53 条的规定:"特许经营者违反法律、行政法规和国家强制性标准,严重危害公共利益,或者造成重大质量、安全事故或者突发环境事件的,有关部门应当责令限期改正并依法予以行政处罚;拒不改正、情节严重的,可以终止特许经营协议;构成犯罪的,依法追究刑事责任。"

PPP 项目监管行政处罚权的实施主体应当是政府 PPP 项目监管机构,而非各主管部门或地方政府及其项目实施机构。《行政处罚法》第 18 条规定:"国家在城

① 《行政处罚法》第 2 条规定:"行政处罚是指行政机关依法对违反行政管理秩序的公民、法人或者其他组织,以减损权益或者增加义务的方式予以惩戒的行为。"

② 参见李升元:《中国行政法学导论》,中国人民公安大学出版社 2014 年版,第 107 页。

市管理、市场监管、生态环境、文化市场、交通运输、应急管理、农业等领域推行建立综合行政执法制度,相对集中行政处罚权。国务院或者省、自治区、直辖市人民政府可以决定一个行政机关行使有关行政机关的行政处罚权。限制人身自由的行政处罚权只能由公安机关和法律规定的其他机关行使。”在我国行政处罚权的实施主体大致可以分为两类:一般行政处罚权实施主体和专门行政处罚权实施主体。一般行政处罚权采取相对集中实施制度即由各级政府指定一个行政机关统一行使。在 PPP 项目监管中,涉及人身自由限制处罚或刑事责任的,交由公安机关行使或法定机关行使。一般行政处罚也应当采取相对集中实施制度。PPP 项目涉及各个领域,如果由各个领域主管部门实施,不仅会造成组织冗余和行政效率低下,还会产生类似违法情形不同处罚结果的现象。PPP 项目通常由地方各级人民政府及其指定部门实施,如果由地方政府及其指定部门实施行政处罚权,会导致地方政府 PPP 项目参与者角色与监管者角色的严重冲突,且不利于对实际参与 PPP 项目实行的政府指定部门实施监督。由中央层级独立于其他主管部门的综合性监管机构及其地方直属监管机构实施行政处罚权,既可以避免利益冲突,又可以体现相对集中实施行政处罚权的效率优势。

PPP 项目监管行政处罚权的实施对象应当是私人部门及其他非政府参与主体。对项目实施机构的处罚应当属于内部处分。而且项目实施机构作为地方人民政府的指定部门,对其实施监督受我国《监察法》第 15、16 条约束,即由县级以上地方各级人民政府监察机关实施监察。① 行政处罚的种类根据《行政处罚法》第 9 条,包括警告、通报批评;罚款、没收违法所得、没收非法财物;暂扣许可证件、降低资质等级、吊销许可证件;限制开展生产经营活动、责令停产停业、责令关闭、限制从业;行政拘留;法律、行政法规规定的其他行政处罚。PPP 项目监管领域的行政处罚种类并无特殊性,但除较轻微的声誉罚和财产罚之外,其余处罚措施对公共服务供给的持续性均存在较大影响,监管机构在实施该类处罚措施时需要谨慎,包括前置干预或监管措施的及时跟进和处罚措施落地后的及时接管。

2. PPP 项目争议裁决权

行政裁决权通常是指行政主体依照法律授权,对当事人之间发生的与行政活

① 《监察法》第 15 条规定:“监察机关对下列公职人员和有关人员进行监察:(一)中国共产党机关、人民代表大会及其常务委员会机关、人民政府、监察委员会、人民法院、人民检察院、中国人民政治协商会议各级委员会机关、民主党派机关和工商业联合会机关的公务员,以及参照《中华人民共和国公务员法》管理的人员;(二)法律、法规授权或者受国家机关依法委托管理公共事务的组织中从事公务的人员;(三)国有企业管理人员;(四)公办的教育、科研、文化、医疗卫生、体育等单位中从事管理的人员;(五)基层群众性自治组织中从事管理的人员;(六)其他依法履行公职的人员。”第 16 条第 1 款规定:“各级监管机关按照管理权限管辖本辖区内本法第十五条规定的人员所涉监察事项。”

动密切相关的民事纠纷进行审查并作出裁决的行政权力。[①] 我国目前的行政裁决制度主要适用于民事纠纷、商标纠纷、土地纠纷等领域。在法律规范方面,主要是中共中央和国务院办公厅于2018年12月31日颁布的《关于健全行政裁决制度加强行政裁决工作的意见》(以下简称《行政裁决意见》),该意见将行政裁决界定为法律法规授权下行政机关根据当事人申请,居中对与行政管理活动密切相关的民事纠纷进行裁处的行为。在美国,监管机构对其管辖对象是否违反法律,不仅有追诉还有裁决的权力,这种裁决权力具有司法性质,“行政裁决权等于是把司法系统的程序拷贝到了行政机关”[②],只是行使机关是行政机关,故称之为准司法权或行政司法权。[③] 独立监管机构之所以能够行使具备司法权性质的行政裁决权,得益于其能够有效克服司法规制和立法规制缺陷的专业化、精英化的监管优势。[④] 一方面是因为行政主体在日常行政任务执行过程中积累的信息和专业知识;另一方面是因为行政程序相较司法程序简易且时间短。目前,在我国,针对PPP项目全生命周期出现的公私主体争议及其引发的纠纷是否直接适用行政裁决尚不明确。

笔者认为,在PPP项目监管中引入解决“纠纷性行政裁决”具有必要性,其理由在于:(1)行政裁决的专业性和高效性与PPP项目运营、监管的效率原则相契合。处置PPP项目运营过程产生的纠纷需要专业性知识,但在专业性知识的分布密度上,从PPP项目的运营主体到监管主体再到外部主体越来越小,法院作为与PPP项目无直接关联的外部主体,很难对PPP项目运营、监管纠纷作出有效的裁决。(2)英美国家的行政裁决对象既解决民事争议又解决行政争议。[⑤] 英美国家囊括民事和行政争议的行政裁决制度,固然与其公私法不分的法律体系有关,但更为重要的是其独立行政裁判机构[⑥],对现代行政任务履行过程中产生的任何纠纷,均具有更高的专业性和效率性。对于行政纠纷的裁决,行政机关在独立性上不如法院,但独立裁判机构的成立解决了上述问题。(3)我国《行政裁决意见》也明确了稳步扩大行政裁决适用范围的趋势。虽然我国在引入行政裁决制度时将其裁决对象限于民事纠纷的原因之一是行政机关的独立性不足,但具有专业和效率优势的行政裁决在我国现代行政任务中能够发挥巨大作用,而其缺陷行政机关的独立性问题可以通过我国政府机构改革和行政程序法律完善得以解决。其裁决对象不

---

① 参见李升元:《中国行政法学导论》,中国人民公安大学出版社2014年版,第158页。

② 参见余晖:《论行政体制改革中的政府监管》,载《江海学刊》2004年第1期。

③ 参见王名扬:《美国行政法》(上),中国法制出版社2005年版,第177页。

④ 参见周林军:《公用事业管制要论》,人民法院出版社2004年版,第137页。

⑤ 参见刘善春、刘雪梅:《行政司法主体制度之比较研究》,载《行政法研究》2001年第4期。

⑥ 英美国家均设立了独立于一般行政机关的行政司法机构,如英国的行政裁判所、美国的独立控制机构。

仅可以拓展至行政争议,还可以拓展至公私混合争议。

监管机构保留行政裁决权,结合专家评审机制,有利于公私主体PPP项目运营纠纷或PPP协议纠纷的解决,是维系公私合作项目运营环境的关键手段。因此,在完善行政裁决程序法律规范的同时,应当允许公私主体自由选择争议处置方式,成立独立的PPP综合性监管机构也有利于行政裁决的中立性和独立性。多元监管主体的合作监管协议争议同样具备通过行政裁决处置的必要性和可能性。合作监管协议不同于一般的行政协议,其内容是关于PPP项目监管信息和技术的,其纠纷裁判者需具备一定专业知识。此类纠纷与PPP项目的专业技术纠纷一样,通常采取专家调解方式解决。[①] 因此通过行政裁决结合专家参与方式,更有利于解决此类纠纷,符合政府为此多元合作监管秩序维持者的角色要求。关于监管机构裁决合作监管协议纠纷的中立性问题,一方面可吸收专家调解力量,另一方面可由上级监管机构进行裁决。

(二)PPP项目政府特殊行政监管权及其行使方式

PPP项目涉及公共财政支出,政府付费类项目以一般性公共财政支出为付费基础,使用者付费类项目也涉及政府投资、政府财政补助等公共财政支出,因此对PPP项目的财政资金使用情况进行监督成为重要的监督事项,但该监督事项并非由PPP监管机构负责,而是由各级财政部门负责。相较于PPP项目监管机构保留的一般行政监管权,关于财政资金使用的监督权具有专门性和特殊性,故称之为PPP项目特殊行政监督权,具体包括财政监督权、审计监督权。财政监督与审计监督承担不同经济监督职能,但又具有关联性,因此,探讨PPP项目财政监督权与审计监督权时,需要事先厘清两者关系。

从广义上讲,财政监督是指具有财政监督权的主体,根据财政活动客观职能的要求,依照法定的权限和程序,对财政资金运用及其所体现的经济关系的检查和监督。[②] 在我国,财政监督权主体包括人大、财政机关、审计机关、社会公众,因此,一个完整的财政监督体系包括人大的监督、财政机关的监督(狭义上的财政监督)、审计机关的监督和社会公众监督,因此审计监督包含于广义上的财政监督。狭义的财政监督特指国家财政部门的财政监督,其监督范围涉及"财政收支及其他有关财政、财务、会计管理事项",具体监督内容则包括财政收入、财政支出、会计、资产、

---

① 《基础设施和公用事业特许经营管理办法》第50条规定:"实施机构和特许经营者就特许经营协议中的专业技术问题发生争议的,可以共同聘请专家或第三方机构进行调解。调解达成一致的,应当签订补充协议并遵照执行。"

② 参见邓子基:《谈谈财政监督问题》,载《中国财政》2002年第11期。

财政绩效等监督。[①] 所谓审计监督，是国家审计机关依照国家审计法律、法规对政府机关、财政金融机构、企业事业单位等的财务收支和经济效益情况所进行的审核、监督、稽查。[②] 它强调对所审计的财政预算收支的真实性、合法性、效益性进行监督。

财政监督与审计监督的核心区别在于，财政监督权本质上属于财政管理权，监督寓于管理中，审计监督权本质上是监督权。[③] 因此，财政监督服务于财政职能，具有建设性，且贯穿于财政管理和财政资金运营的各个环节，是事前、事中、事后监督；审计监督具有惩罚性，是典型的事后监督。西方市场经济国家财政监督的重心普遍经历了由合规性监督到绩效性监督的转变过程，即开始注重财政资金的使用效益，要求财政资金成本最低并以最快速度发挥最好效益。[④] 目前我国财政监督同样以绩效管理为重心。审计通常在财政监督体系中具有较高的监督位置，之所以如此，其根源于审计的独立性。但目前我国审计机关仍隶属于政府部门，其独立性较差。概言之，PPP 项目的财政监督和审计监督要适应现代政府经济监督的要求，项目财政监督以公共财政资金使用的绩效性为重心，项目审计监督以财政资金使用的真实性为重心但监督财政资金使用的效益性，同时要保障 PPP 项目审计监督部门的独立性，在现有体制下，可由上级政府审计部门负责审计监督。

中共中央、国务院 2018 年 9 月 1 日公布的《关于全面实施预算绩效管理的意见》要求建立全方位、全过程、全覆盖的预算绩效管理体系。在全方位的预算绩效管理格局中包括政策和项目预算绩效管理，其中对实施超过 1 年的重大政策和项目实行全周期跟踪问效；在全过程预算绩效管理链条中，要求建立项目审批环节的绩效评估机制，设置政策及项目绩效目标，监控绩效目标实现程度和预算执行进度，开展政策及项目实施效果的绩效评价和结果应用；在全覆盖的预算绩效管理体系中建立一般公共预算绩效管理体系和其他政府预算绩效管理体系；并要求审计机关依法对预算绩效管理情况开展审计监督。该意见规定的预算绩效管理范围、要求及其审计监督构成 PPP 项目预算绩效管理体系的基本框架。在此基础上，财政部于 2020 年 3 月 16 日颁布了《PPP 项目绩效管理指引》。从政策领域看，PPP 项目发生于公共服务领域，是一般公共预算支出的主要方面，从公私主体合作方式看，PPP 项目运营过程也是公共财政资金使用的过程，因此 PPP 项目绩效管理也可

---

① 参见朱龙杰、白先春、石冰编：《财政监督理论与实务》，江苏凤凰科学技术出版社 2015 年版，第 2～3 页。

② 参见刘隆亨：《中国财税法学》，法律出版社 2004 年版，第 281 页。

③ 参见朱龙杰、白先春、石冰编：《财政监督理论与实务》，江苏凤凰科学技术出版社 2015 年版，第 5 页。

④ 参见刘晓凤、吴胜泽：《美、日、法财政监督制度的变迁及启示》，载《财会研究》2008 年第 11 期。

以理解为预算绩效管理,包含了财政监督和审计监督的基本要求。

总体上,PPP 项目的(广义)财政监督结构包括所在地政府财政部门实施的 PPP 项目预算绩效管理,所在地政府审计部门实施的 PPP 项目财政资金使用审计监督,项目实施机构实施的项目绩效评价。《PPP 项目绩效管理指引》第 25 条规定:“项目实施机构对 PPP 项目实施规范性、财政资金使用的合规性和有效性负责。项目公司(社会资本)对所提供资料和信息的真实性、完整性、有效性负责。”因此,虽然全面预算绩效管理以 PPP 项目为客体,但责任主体为项目实施机构,作为 PPP 项目执行者的私人部门虽然也是被管理对象但并非预算绩效管理的责任主体。从这个角度看,PPP 项目预算绩效管理与 PPP 项目绩效评价不同。绩效评价仅是预算绩效管理的一个环节;绩效评价结果是 PPP 项目的付费依据,即是私人部门获得合同对价的依据;预算绩效管理结果则是项目实施机构预算执行合规程度、绩效目标完成情况的判断依据。[①] 两者虽有不同,但直接关联,因此,如果出现项目实施机构违规执行 PPP 项目预算绩效管理,但私人部门的绩效评价合规且按照绩效目标完成了公共服务供给责任,此时项目实施机构的违规行为是否影响 PPP 项目绩效评价结果的正常应用,仍需进一步明确。

PPP 项目预算绩效的合规性能否构成 PPP 协议的生效要件是解决上述问题的关键。项目绩效评价是评价结果应用的前提自无疑问,并构成私人部门获得对价给付的前提。但项目绩效评价是预算绩效的组成部分,而且项目绩效评价的绩效目标和绩效指标的确定均是项目实施机构预算绩效管理工作的内容。因此预算绩效的合规性直接影响绩效评价过程和结果的合规性。如果将预算绩效合规性视为 PPP 协议生效要件,能对财政资金使用起到很好的监督作用,但不利于私人部门合法权益的保护,而且私人部门对于 PPP 项目预算绩效管理工作没有支配或参与的权利。预算绩效管理工作在 PPP 项目启动前已经确定好绩效管理目标和指标体系,私人部门参与项目时只能作出同意或者不同意并退出项目的决定。而在 PPP 项目执行阶段的绩效评价工作中,私人部门也没有充分的权利,仅是配合提供资料、信息等。因此,为了平衡绩效评价工作和私人部门利益保护,应将预算绩效管理工作方案、目标、指标体系及其变更,项目绩效评价方案、具体执行、结果应用及其变更均纳入 PPP 协议,赋予公私主体一定的协商空间,并明确公私主体在预算绩

---

① 现代绩效预算理念下的财政管理(监督)体系包括整个财政工作的绩效管理、整个财政资金的绩效预算、某项财政支出的绩效评价以及政府行为的绩效监督,这四个方面缺一不可。其中,绩效管理贯穿于整个财政管理之中,使财政内部管理制度发生革命;绩效评价把政府的工作目标从定性转为定量,在推进政府改革的同时,提高财政资金的绩效;绩效预算是综合反映政府、财政、市场绩效管理的工具;绩效监督是通过财政资金运行的全过程监督,确保政府工作绩效的基本工具。参见孔志锋:《绩效预算改革与财政监督机制创新(上)》,载《财政监督》2008 年第 19 期。

效管理和绩效评价方面的责任风险,经协商确定后报审批。

PPP 项目预算绩效管理情况的审计监督亦有诸多需要完善之处。第一,审计部门的独立性问题。从我国地方政府审计部门隶属情况,以及现有 PPP 政策文件规定看,对特定 PPP 项目实施审计监督的是项目所在地政府内部专门的审计机关,其财政预算来自同级财政部门并受所在地人民政府管辖,审计机关的独立性不足。地方政府 PPP 项目的审计监督与财政监督一样,不应由同级审计机关实施,应由上级政府的审计机关负责;而省级政府 PPP 项目的审计应由中央审计机关负责实施。

第二,审计监督的法律责任承担问题。从不同维度看,全方位、全过程、全覆盖的预算绩效管理体系,存在不同预算绩效管理主体,如政府部门主体与项目执行主体的重叠,因此会产生不同的审计监督对象。就 PPP 项目而言,审计监督的对象究竟是 PPP 项目,还是 PPP 项目实施机构或其所属的政府部门。《关于全面实施预算绩效管理的意见》并未明确,但从 PPP 项目的独立性角度看,应当以 PPP 项目为审计监督对象。一般而言,审计不合规的法律责任由被审计对象承担。在存在 PPP 项目公司的场合,可由项目公司承担,即公私主体共同承担;但在尚未组建 PPP 项目公司的场合,审计法律责任的实际承担者并未明确,可通过公私主体约定方式对项目实施机构法定审计责任之外的审计风险进行分配。

第三,三大审计主体的协调合作问题。参与 PPP 项目审计的主体包括国家审计机关、内部审计机关和社会审计组织。此处政府部门的审计监督属于国家审计机关范畴,因此上述文件并未规定政府审计与其他主体审计之间的协调问题。PPP 项目是具有典型多元合作共治特质的系统,其利益、组织、资源配置、专业技术知识应用等结构高度复杂,有必要建立 PPP 项目协同审计机制,以整合不同审计主体的审计资源,促进不同审计主体间以及审计主体和客体间的沟通,协调利益相关方利益冲突,发挥审计的建议咨询和价值创造功能。①

第四,审计监督的重点关注问题。PPP 项目在财政资金的使用上具有特殊性,它旨在提升财政资金使用的效益,这就要求审计监督重心要从资金使用合规性转向效益性或绩效性。而 PPP 项目的绩效目标以及绩效实现可能性主要体现于 PPP 协议,而 PPP 项目作为长期性项目,合同权利义务或风险分配的清晰度以及合同变更情况均会对项目绩效产生直接影响②,因此需要对合同初始约定和变更情况进行审计,而非仅停留于会计账目材料的审计。

---

① 参见刘骅、卢亚娟、陈涵:《PPP 项目审计的协同治理模式与机制研究》,载《中国行政管理》2018 年第 1 期。

② 参见许亚等:《公共投资审计视角下的 PPP 模式研究》,载《财政研究》2017 年第 6 期。

四、政府 PPP 项目契约监管权

PPP 项目契约监管权是监管机构在采用合作监管方式时通过契约向私人部门让渡部分监管权后保留和派生的契约权力。它是政府履行监管责任即公共管理职能的基本手段。监管机构与私人部门之间的合作监管不同于实施机构与私人部门间的合作供给。虽然从 PPP 模式整体看,公私主体合作供给与合作监管组成了公共服务供给的“责任共同体”;但从局部与局部关系看,合作供给是关于公共服务生产与提供责任的分配,私人部门从事的主要是公共服务的物质生产过程,即扮演公共服务的生产者角色,而合作监管是关于公共管理责任的分配,私人部门扮演的是公共管理者角色,要承受更多公法责任,此时相较于合作供给阶段政府享有更多特权,即行政优益权。申言之,合作监管协议属于行政契约。行政契约产生于政府行政任务趋于多元化、管理手段趋于多样化的时代背景,在这种背景下,政府倾向于运用强调沟通、协商与合作等具备双方性的行政行为来完成行政任务,因为这是一个“对公权力和私权力的创造性相互作用极其依赖的时代”①。因此,合作监管协议的主要功能就是发挥公私主体在监管过程相互作用的创造性,以提升 PPP 项目监管效率。PPP 项目契约监管权作为监管机构在契约中保留的权力起到调节公私互动创新的节奏,它具有开放性,能够包容新型监管方式,它又具有规范性,能够遏制协商监管的随意性。

(一)监管契约便利终止权

监管契约便利终止权是指监管机构享有的任意解除公私主体合作监管协议的权力,它是典型的行政优益权。行政优益权的权力体系通常包括合同内容的单方决定权,对合同相对人的选择权,合同履行的指挥权与检查监督权,合同单方变更权与解除权,对违反合同的制裁权等。② 因此,合作监管契约便利终止权不同于合作供给契约或 PPP 协议便利终止权。③ 虽然它也源于“政府便利终止”这一惯例,但这种便利性服务于政府高权行为,即保障公共管理职能履行的必要性权威。监管契约便利终止权具有一定强制性。它的强制性体现在对私人部门自我规制权限的单方面剥夺。对私人部门受让项目监管权的剥夺,通常发生于私人部门不恰当履行自我规制权或私人部门自我规制方式并不能产生监管效益等情形,此时监管

① [英]卡罗尔·哈洛、理查德·罗林斯:《法律与行政》(下卷),杨伟东译,商务印书馆 2004 年版,第 554 页。

② 参见黎学基、谭宗泽:《行政合同中行政优益权的规制及其法律救济——以公共选择理论为视角》,载《南京工业大学学报(社会科学版)》2010 年第 2 期。

③ 从整体上看,PPP 协议是合作供给契约和合作监管契约的结合体,合作监管契约是行政契约,但合作供给契约虽不完全等同于民事契约但具有民事契约的特质,因此 PPP 协议具有混合契约的特征。

机构扮演的是合作监管监督者角色，以便利终止方式矫正或减少合作监管失效产生的不利影响。

虽然监管契约便利终止权具有很强的"特权"属性，但监管机构同样扮演着合作监管的促进者和合作者角色，因此监管契约便利终止权的行使仍要体现一定的协商特质，赋予私人部门一定的参与权利。达成合作监管协议的初衷就是想要借助私人部门在监管方面的信息和技术优势，政府单方终止协议，意味着上述优势的发挥损害公共利益或者上述优势无法发挥，对该问题的评判政府在专业知识储备上同样不具备优势，需要赋予私人部门一定的反馈权利。所以政府便利终止权行使除实体条件外，还需要符合程序条件。首先是监管机构便利终止通知的发出；其次是私人部门对终止意见的反馈和建议；再次是政府对私人部门建议的同意或者拒绝；最后是监管机构同意后履行协议变更程序或政府拒绝后的终止程序。监管机构坚持行使便利终止权的，应当符合行政优益权的"财务平衡"原则，即"行政机关无论以何名义动用优益权，虽无过错，但必须对相对人由此遭受的损失进行相当的补偿，以达到一种相对人在金钱上没有损失的状态"①。因为，合作监管协议的初始内容由公私主体在法定监管职能框架内约定而成，此时私人部门存有信赖利益；当它基于协议从事自我规制的履约工作，私人部门享有履行利益。

（二）监管契约单方变更权

监管契约单方变更权是指监管机构享有的任意变更合作监管契约内容的特权，它亦属于典型的行政优益权。对于变更事由，监管机构享有充分的自由裁量权。从监管任务履行方式选择角度看，监管机构在履行 PPP 项目监管任务时，只要能够实现监管任务，有选择私法契约形式、公法契约形式乃至准契约形式的自由。但政府的行政行为形式选择自由是合义务的裁量，即只有"在合理正当的行政目的追求下，行政得就其行为形式作最适当、最合目的性的考量"②。因此监管契约单方变更权力行使必须是出于变更不适宜的监管内容即监管方式。何为适宜或不适宜的监管方式，监管机构仍有自由裁量的空间，因此需要借助程序规则约束其任意裁量的空间，从私人部门角度看，实际上是赋予私人部门参与权，增强合作监管协议变更的协商性。与便利终止权行使的程序条件一样，包括单方变更通知、变更意见反馈、变更反馈建议的同意或拒绝、执行双方合意的新变更内容或执行政府要求的变更内容等。此外，监管机构单方变更权行使的限制条件同样是遵循"财务平衡"原则，对私人部门因监管内容变更产生的成本或损失进行补偿。

---

① 李颖轶：《论法国行政合同优益权的成因》，载《复旦学报（社会科学版）》2015 年第 6 期。

② 程修明：《行政法之行为与法律关系理论》，台北，新学林出版股份有限公司 2005 年版，第 290 页。

从监管机构单方变更权、便利终止权的行使条件和限制条件角度看,两者主要差别体现于权力内容以及由此产生的补偿额度。同时,两者与PPP协议或公私主体合作生产协议中单方变更权和便利终止权的区分也并非易事。监管协议作为行政协议,单方变更权、便利终止权的“特权”属性非常突出,虽然PPP协议或公私主体合作生产协议中单方变更权和便利终止权的“特权”并不完全等同于行政优益权,但在权利行使的实体和程序条件,以及限制条件方面均相差无几。对PPP项目中不同协议的便利终止权、单方变更权的区分,笔者认为,更深层次的考虑是,不同场合下,公私主体在便利终止或单方变更事由的判断方面存在不同程度的互相依赖关系。在合作供给环节,对影响PPP项目是否继续运营或者重大变更的事项,对其作出判断很大程度上依赖于私人部门的商业判断,如变更公共服务供给量或方式能否产生更高效益的问题,在该类问题的判断上,政府虽有“特权”但不具备行使“特权”所需的专业知识,因此需要赋予私人部门更多权利,以平衡任意终止或单方变更合同造成的公共利益损失。在合作监管环节,政府是公共管理职能履行的专门机构,具备相应的专门知识,在合作监管协议的变更上具有相应的判断能力,因此政府对私人部门的依赖不如合作供给环节,其享有更多的资料裁量权,相应的私人部门权利受限则更多。

(三)行政约谈权

行政约谈在公众参与理论不断发展和服务型政府建设、柔性执法兴起的背景下产生,并不断被接受,常见于纳税和互联网监管领域。所谓行政约谈,是指“当行政相对人涉嫌违法时,为防止违法行为的发生或蔓延,行政主体运用协商对话机制,通过与行政相对人‘秘密’交谈的方式传递警示信息,明确指出行政相对人行为可能存在的违法情形,加以必要的引导和教育,促使行政相对人做或不做某种行为的一种管理活动”①。作为一种新型的行政执法方式,目前其法律定性仍存有较大争议。尚可明确的是其功能定位。不同于传统行政执法偏好威慑理论,行政约谈以遵从理论为基础。遵从理论假定被监管对象都是“守法公民”,以被监管对象潜在违法行为为着眼点,而且监管主体与被监管对象之间的关系由对抗转向合作。② 行政约谈的定位是以政府与私人部门合作促成守法,体现合作治理理念。当然,任何监管方式都有其局限性,行政约谈需以惩罚性措施为后盾。但“强制力之于行政约谈,是不能承受之重”,应当避免行政约谈的强制化;“以谈代罚”则容易导致行政自由裁量权滥用,应当避免行政约谈的过度化。③

① 邢鸿飞、吉光:《行政约谈刍议》,载《江海学刊》2014年第4期。

② 参见朱新力、李芹:《行政约谈的功能定位与制度建构》,载《国家行政学院学报》2018年第4期。

③ 参见孟强龙:《行政约谈法治化研究》,载《行政法学研究》2015年第6期。

对于PPP项目监管行政约谈制度的构建同样要兼顾监管效率与监管秩序。具体包括:(1)约谈情形。减少过多的行政约谈对PPP项目运营造成负担,当项目公司出现轻微违法行为或项目运营出现轻微异常情况时可采取约谈,此时约谈最能促进私人部门(项目公司)守法。(2)约谈对象。PPP项目监管机构的约谈对象是项目公司,而实际负责项目运营除私人部门外,还有项目实施机构,如果约谈情形的发生与项目实施机构有关,此时监管机构的约谈主体不仅限于私人部门。监管机构与实施机构的约谈属于内部行政约谈。要注意内部约谈与外部约谈机制的衔接。(3)约谈程序。行政约谈虽然是非强制性的行政执法方式,但改变不了谈话双方非对等地位的现实,"一旦运用不当,就十分容易异化为违法的行政强制行为"①,需借助以协商交流为核心的程序设计。包括约谈评估、约谈告知、约谈前交流反馈、约谈实施、事后反馈、约谈监督等环节。(4)约谈救济。行政约谈是柔性执法手段,给予了监管主体充分的自由裁量权,容易出现"以约谈之名行强制之实",需要赋予私人部门就约谈提起行政复议、行政诉讼甚至行政仲裁的权利。综上,根据行政约谈的协商性特质,可采取契约化方式,纳入合作监管契约,作为监管机构保留的契约监管权,由公私双方协商确定约谈内容、程序等内容。

(四)临时接管权

正如上文所述,临时接管权是PPP项目监管机构接管权的行使方式之一,它与最终接管权的主要区别是强制程度的不同,其行政行为形式是契约。但临时接管权与同样以契约为载体的介入权也有区别,即临时接管权主体与被接管对象并不具有直接的权利义务关系。临时接管权的严厉程度或干预程度介于最终接管权和项目实施机构介入权之间。之所以对PPP项目接管权作出如此区分,主要原因是避免行政权力属性的最终接管权对PPP项目运营的过度干预。采取约定方式与私人部门确定临时接管权的行使内容、行使顺序,更符合PPP项目运营规律。与项目实施机构、债权人介入权以及私人部门自救权相衔接,形成(广义)介入权行使的"阶梯规则"。"阶梯规则"可根据PPP项目运营异常情况的严重程度,采取对PPP项目持续性运营影响程度不同、干预效果不同、强制力不同的分级措施,可做到对项目中断风险的全方位控制,而不仅限于实施最终接管权的事后监管。监管机构与私人部门关于临时接管权的约定,要与介入权的约定相衔接,作为介入权失效的替补手段。同时,临时接管权起到了衔接项目外接管手段与项目内介入手段的作用,为监管机构采取最终接管权提供充分的准备时间,包括时机、方式、手段等选择。临时接管权的衔接作用意味着监管机构也可委托项目实施机构代为行使权力,但项目实施机构在行使临时接管权时需明确权力来源,即区分于其自身拥有的

① 邢鸿飞、吉光:《行政约谈刍议》,载《江海学刊》2014年第4期。

介入权,两种权力的强制性程度以及由此产生的干预范围、程度及其法律后果均有所不同。因为属于履约管理权的介入权具有典型的权利特质,但临时接管权属于权力。

(五)价格监督权

PPP项目价格监督权是指监管机构对PPP项目所供应公共服务的价格与定价机制确定、变更行为及其过程的监督。PPP项目的付费主体要么是使用财政资金的政府,要么是支付服务对价的消费者,公共服务的价格及其变更直接影响公共利益,需要实施价格监督。监管机构的价格监督权不同于项目实施机构的定价权,虽然项目实施机构作为政府方代表,在对公共服务进行定价时也承担公共利益保护责任,起到了约束私人部门借助自主定价追求超额利润的作用,但其定价权行使的核心是确定一个能够覆盖私人部门运营成本和适当利润,并符合政府或使用者付费能力的具体价格。通常在具体价格确定过程中,私人部门享有议价的机会,而作为最终负担者的社会公众,包括纳税人和直接支付消费对价的公众,都不享有充分的议价机会。在项目实施机构之外通过监管机构实施价格监督权,一定程度上起到缓解社会公众欠缺公共服务议价权问题的作用。

监管机构价格监督的内容包括公私主体对价格形成机制选择和具体价格确定及其变更的约束。之所以对价格形成机制的选择进行监督,是因为公共物品的定价方式存在特殊性,无法通过市场实现定价,选择一种价格形成机制相当于选择了具体价格。虽然不同价格机制经过科学验证具有一定合理性,但不同价格机制具有独特性会产生不同的价格,而且不同价格机制又适合不同的公共服务项目,因此项目实施机构与私人部门享有较大的自由裁量空间。监管机构价格监督的客体应该包括项目实施机构和私人部门。一般情况下,价格监督对象,包括两类:一类是在市场上从事商品生产、销售和劳务活动的一切市场主体;另一类是对价格形成与变动有决策权、影响权和管理权的一切政府机构。① 可见,地方政府及其指定的项目实施机构受价格监督是因为其享有公共服务价格的实际决定权。正如定价权行使方式的合作化,监管机构价格监督权的行使方式也可以契约化,即由监管机构与私人部门约定价格监督的监督内容、监督方式、法律后果等。价格监督的行使与定价权一样,建立在充分的价格信息上,而价格信息基本掌握在私人部门手中,因此采取合作方式进行价格监督,有利于监管机构在相对充分的价格信息上对价格形成机制选择的合理性作出判断,对具体价格以及价格调整的合理性进行评估。对于私人部门来说,也有利于避免监管机构不当价格干预行为导致其收益无法覆盖其运营成本的情形出现。

---

① 参见李善岳、李财谟:《经济监督学》,中国经济出版社1994年版,第271页。

(六)外部绩效考核权

监管机构的外部绩效考核权是指对项目内部实施的绩效评价工作实施监督的权力。外部绩效考核权不同于项目内部的绩效考核权,财政部《PPP 项目绩效管理指引》分别将其规定为项目绩效监控和项目绩效评价①。顾名思义,项目绩效监控即外部绩效考核权是对项目绩效评价行为和过程的监督,旨在防止 PPP 项目运营者项目实施机构与私人部门的失当行为。外部绩效考核权监督的依据是 PPP 项目绩效目标与绩效指标,监督的对象和内容是项目实施机构和私人部门(项目公司)在绩效评价过程对项目绩效目标和绩效指标的落实情况,是否存在目标偏离以及是否需要纠正、是否存在指标无效以及是否需要重置等。外部绩效考核与内部绩效评价,均是对 PPP 项目运营情况的技术性检查,因此除了采公私合作方式外,还需要引入第三方独立机构,提供技术支持或作为中立方解决技术纠纷。这也是外部绩效考核权与监管机构检查权的不同之处,检查权是一种传统的行政执法方式,检查方式主要包括现场谈话,调取书面资料、财务账本等证据,封存产品等,具有一定强制性,而且通常是发生于出现或可能出现违法违规情况后的事后监管手段。

《PPP 项目绩效管理指引》关于绩效监控的规定仍存在一定缺陷。文件将绩效监控交由项目实施机构负责,但项目实施机构同时是对项目实施绩效评价的主体,这导致项目实施机构陷入项目合作者和项目监管者双重角色冲突的情形,而且项目实施机构还是项目绩效目标和绩效指标的编制者。因此,从某种程度上来说,项目实施机构兼具绩效考核工作决策者、执行者、监督者的身份,与现代政府行政权分化改革的趋势相悖。一方面,绩效监控应当属于外部独立的 PPP 项目监管机构的基本职能,在尚未成立独立的综合性 PPP 监管机构的现状下,省级人民政府 PPP 项目的绩效监控工作应当由中央部委或其指定的第三方独立机构实施,省级以下人民政府 PPP 项目的绩效监控工作应当由省级人民政府财政、发改委等部门或其指定的第三方独立机构实施。另一方面,绩效考核目标和绩效考核指标体系的编制可由项目实施机构负责,但在报请项目所述行业主管部门、财政部门审核后,主管部门、财政部门应当充分征求监管部门的意见,将监管可能性和监管效率纳入考核目标和指标编制,提高后续监管效益。

---

① 详见财政部《政府和社会资本合作(PPP)项目绩效管理操作指引》(财金〔2020〕13 号)第三章“PPP 项目绩效监控”和第四章“PPP 项目绩效评价”。

第五章　PPP 模式政府权力边界与契约治理

在传统权力结构基础上，公共服务公私合作（PPP）模式派生了诸多新的政府权力，称为 PPP 政府权力。传统权力划分规则为 PPP 模式中公私主体固有权限的初步界定提供了基本思路，在双方依据功能初步划分的固有权限之间存在权力空间，且该权力空间处于不断变化中。可见，政府权力的让渡和保留不具有绝对性。如果仍以政府行政自由裁量权为依据进行 PPP 政府权力的再配置，极易打破政府通过传统权力让渡与保留的初始配置而努力构建的公私主体对称性权力结构，重回非实质平等的协作关系或政府控制关系。契约治理更新了政府权力划分的控权理念，以合作为主、控权为辅重塑权力划分规则，其平衡控权规则、平等协商规则、动态调整规则以及提供政府权力保留绝对性与相对性之分的实体指导规则，旨在约束和促进政府的自由裁量权，是政府权力空间合理配置的理想路径。

一、PPP 政府权力边界的模糊性

（一）PPP 政府权力是权力与权利功能的结合体

PPP 模式作为一种治理机制，其基本功能在于融合权力机制和权利机制同时促进私益与公益，政府权力的让渡与保留成为融合两种机制的重要手段，而 PPP 模式派生的政府权力就是权利与权力机制结合的产物。在权力和权利谱系中，权力与权利的结合体并不罕见，公司控制权就是权力与权利结合而派生的权力，“一方面，公司控制权具有权利属性,控制人可以自由决定是否行使公司控制权;另一方面,公司控制权又具有职权(power)的特征,控制人在行使控制权的同时必须承担义务。”①证券交易所自律管理权也是权利与权力的混合体,但其权利属性占主导,②其权源“少数来源于立法授权,可以归入公权力范畴;多数属于基于市场参与者的同意和权利让渡而取得的权力,属于私权利”③。

公共服务 PPP 模式派生的第一种 PPP 政府权力是公共控制权。政府公共控制权是政府 PPP 项目执行权让渡后剩余的权力,主要包括履约管理的权利和项目重大决策的权力,前者承载监督职能,后者履行剩余决策职能。政府公共控制权存在的意义是保障私人部门项目经营过程的有效性,它们虽是权力,但为了适应权利的作用方式,又带有了权利的属性,尤其是履约管理权具有非常突出的权利特质。政府派生权力中权利属性的凸显的根本原因是政府也承担了保护私人部门私益的义务,其对价是私人部门承担公益增值的义务。

公共服务 PPP 模式派生的第二种 PPP 政府权力是契约监管权。PPP 政府契约监管权的权源来自政府行政监管权,它是对市场主体破坏公共利益行为的遏制,一定程度上排斥私益,其作为典型的权力机制难以兼容于权利机制。契约监管权的出现是现代政府迫于低效率压力而改变传统行政监管方式的结果,其监管逻辑是,不再一味地排斥市场主体的利益,而是在尊重私益的基础上实现公益即市场秩序的维护。此种逻辑运用于 PPP 项目,就产生了 PPP 项目的合作监管模式,在行政监管权力运作的机制中融入权利运作机制。质言之,在政府实施监管之外,向私人部门让渡部分监管权由后者实施自我规制,同时为保障私益最大化动机的过度膨胀,其契约监管权力约束私人部门的自我规制权,其约束过程需适应私人部门实施自我规制的规律,因此,契约监管权也是一个兼具权力和权利功能的结合体。

作为权力与权利功能的结合体,PPP 模式派生的政府权力仍以权力为主导地位,但不同权力类型的权力比重不同。公共控制权作用于权利机制为主导的公共服务物质生产过程,而契约监管权作用于权力机制发挥主要作用的公共服务供给监督过程,两者相较,前者权力比重低于后者。值得一提的是,私人部门的 PPP 项目经营控制权以权利属性为主导,但也是权利与权力的混合体,与普通项目控制权相比,其权力比重较高。这是因为 PPP 项目经营控制权赋予了私人部门公共责任,即运用公共资源以实现公益最大化,此时私人部门是履行公共给付职能的公权力

① 钟瑞庆:《论公司控制权概念的法理基础》,载《社会科学》2010 年第 6 期。

② 参见卢文道:《证券交易所及其自律管理行为性质的法理分析》,载《证券法苑》2011 年第 2 期。

③ 卢文道:《证券交易所自律管理论》,北京大学出版社 2008 年版,第 56 页。

主体,只是其权力运作借助于权利机制,因此 PPP 项目经营控制权相较普通项目控制权,是权力比重较高的权利与权力的混合体。而私人部门的自我规制权相较项目经营控制权,具有更高的权力比重,因为此时私人部门是履行公共管理职能的权力主体。综上,从 PPP 模式派生的政府权力和私人部门权利来看,均是权力与权利功能的混合体,从契约监管权、公共控制权、自我规制权、经营控制权,其权力比重依次递减,而权利比重依次递增。

权力与权利功能的融合,意味着权力与权利之间的关系由过去的对抗转变为合作。虽然权力与权利在整体上仍然是独立的利益实现机制,有其独立的作用领域,相互对抗仍然是两者最常见的关系方式,但在多元化、平民化的权力边缘与群体性、公共性色彩日益浓厚的权利边缘,确实发生着权力与权利的互动。在该类场合,公权力的强制性被软化,私权利的公共性被强化,从利益实现机制角度来看,两者相互结合的可能性增强。而权力与权利相结合的必要性在于该类场合的私益与公益具有统一性,即私益的实现依赖于公益,而公益的实现也有赖于个人利益的共同作用。因此,该类场合具有多元合作共治的特征。PPP 模式就是典型的发生权力与权利互动关系的多元共治场景。公共服务有效供给是该场景的公共利益,百余年的公共服务供给历史揭示,其实现的可能性无法依赖于遏制私益的传统权力运作机制,也无法依赖于排斥公益的传统权利运作机制,它是在保障私益基础上的公益最大化。综上,PPP 模式派生的政府权力存在于公权与私权互动的关系框架中,其更强调两者的合作而非对抗,无法以传统私益与公益对抗的理念去划分其权力的边界。

(二)PPP 政府权力是具有综合职能的行政权

PPP 模式派生的政府权力蕴含合作理念,要求其权力机制能够增强政府的合作能力。一方面,政府合作能力是政府能力的一种,政府能力取决于其所支配资源的量及其支配能力,即职能的大小,因为“政府职能框定了政府能力的基本内容和发展方向,政府能力的大小强弱则决定了政府职能的实现程度”,[①]通常而言,政府职能越综合,政府越全能,其合作能力也越强;另一方面,它又是对私人部门等非政府主体治理方式的适应能力,它要求政府能够通过分离职能的方式,与其他主体共享公共资源。可见,对政府合作能力的要求,本质上是对政府职能的要求。PPP 政府权力是政府实现合作的基本手段,其所包含的职能及其职能履行方式必须能够增进政府的合作能力,因此,PPP 政府权力职能具有特殊性。

PPP 项目公共控制权包含项目决策、监督、执行职能。虽然它派生于政府行政执行权,主要履行执行职能,但由于决策活动与执行活动的内在关联性,两者无法

① 金太军:《政府职能与政府能力》,载《中国行政管理》1998 年第 12 期。

完全分离,因此它本质上是政府与私人部门分配项目决策职能与项目执行职能的产物。根据主体能力优势差异,PPP 项目公共控制权主要包含项目决策职能,而针对私人部门受让的项目执行职能,政府存在监督责任,它又包含项目监督职能。此外,PPP 项目公共控制权中的项目决策职能还会附随部分项目执行职能,如政府再投资决定的具体执行,政府承诺的实际履行,超额利润分配的核算与支付等,这些保留的执行职能是政府决策职能的延伸,是不适宜由私人部门负责执行的。从职能类型看,PPP 项目公共控制权是具有完整职能的行政执行权。从职能范围看,政府 PPP 项目公共控制权与私人部门 PPP 项目经营控制权共享部分职能。两者共享项目决策和执行职能,但私人部门占绝大部分职能;由项目监督职能构成的履约管理权则主要由政府享有,私人部门亦承担部分自我管理职能。

政府 PPP 项目契约监管权是政府与私人部门共享监管权的产物,其包含项目监管执行、项目监管决策、项目监管监督三种职能。私人部门受让部分监管权后行使自我规制权,即项目监管的执行职能。政府分离了项目监管活动的执行职能,剩余项目监管活动的决策职能和监督职能,两者构成了 PPP 项目契约监管权的主要职能。契约监管权的决策职能赋予监管机构变更、终止合作监管内容和方式的权力,监督职能则赋予监管机构矫正和避免私人部门不当自我规制行为的权力。此外,契约监管权中仍会保留部分项目监管的执行职能,如执行变更的合作监管协议等,其目的在于防止私人部门自我规制的失灵。因此,从职能类型看,PPP 项目契约监管权是具有完整职能的行政监管权。从职能范围看,监管机构与私人部门共享三种职能,但私人部门主要占有项目监管活动的执行职能。

PPP 模式派生的政府权力具有综合性,它不是对传统行政权职能的混同或是对传统单一行政权的回归,而是对已分化的行政权及其职能的再整合,通过寻求政府决策、执行与监督三种独立职能在政府内部和外部的合作方式,以增强政府对其他治理主体的回应与合作能力。西方国家新公共管理改革初期,虽然遵循分权思路对政府单一的行政职能进行变革,并要求决策权的担当者应当组织精干、决定迅速;执行权应赋予比较集中统一的专职组织;监督机关应当具有超然地位,和被监管对象无直接利害关系。但分权存在限度,过度分权也会侵蚀政府行政效率和回应能力,影响政府部门之间的协调,因为“任何组织在资源上都是相互依赖的,而且为了达到组织目标,不同组织之间需要进行资源交换”①。PPP 政府权力架构充分体现了对分化的政府组织及其行政权再整合的改革思路。

---

① See R. A. W. Rhodes, *Understanding Governance: Ten Years on*, Organization Studies, Vol. 28:8, p. 1245(2007).

需要指出的是,发达国家新公共管理改革初期和后期,改革思路的差异,从表面上看是对政府组织和行政权职能分化和整合的区别,但从政府权力作用的层次看,差异不在于改革的整体思路,而在于改革发生的具体领域。行政权"三分"改革无论是发生于政府机构层面,还是政府组织层面,相较于微观的权力运作环节如PPP项目,均发生于宏观层面的政府改革。宏观层面的政府改革包括央地政府及其政府部门内部的行政权改革,细化分权具有必要性和可能性,现代政府机构和政府组织体系庞大,其行政低效率与其权力过度集中息息相关,分权有利于治理能力专业化,而且有利于权力制衡。而微观层面的政府机构和组织,其治理任务的综合性更强,需要整合资源以提升回应能力,如基层政府的综合执法制度。同理,PPP项目是政府权力作用的微观层面,其需要具备及时回应私人部门治理需求的合作能力,职能越综合,其调配公共资源的能力越强。因此,对于PPP政府权力来说,一方面,需要进行一定程度的职能分化,即形成项目决策、执行、监督职能,以便在私人部门的优势领域开展公私合作;另一方面,需要一定程度的职能整合,以便辅助和支持私人部门治理优势的发挥。

(三)PPP政府权力边界厘定的困境

首先,PPP政府权力合作关系与传统政府权力对抗理念存在冲突。传统政府权力以相互对抗为基本关系方式,而PPP政府权力关系方式是合作,无论权力与权力关系抑或权力与权利关系,均秉持合作理念。对抗理念和合作理念冲突的背后是对利益关系的不同理解,合作理念表达的是私益与公益可以共存并融合的观点,而对抗理念秉持的是私益与公益不兼容的观念。该理论包含对封建集权统治的恐惧以及对个人利益的强调,认为公共利益是由个人组成的共同体的利益,[①]本质上否定公共利益的存在。它既强调权力不能干预权利,私益最大化就是公益最大化,权力没有干预权利的正当性基础。也强调权力不能过度集中,它只会带来权力的滥用,以权力制约权力才能保障权利不受权力随意干预。此时不仅公权力与私权利间存在对抗关系,公权力与公权力之间亦是对抗关系。实际上,公共利益与私人利益并非截然对立,每个人在追求自利的行为过程中往往会与社会公益发生内在的联系,每个人的自利追求都可能产生出一种普遍的有益于社会公益的结果。[②] 20世纪前后福利国家的兴起使公共秩序与社会生活发生了极大的变化,共同体的社会合作"使所有人有可能过一种比他们仅靠自己的努力独自生存所过的生活更好

---

① 边沁认为:"共同体是个虚构体,由那些被认为可以说构成其成员的个人组成。那么,共同体的利益是什么呢?是组成共同体的若干成员的利益总和。不理解什么是个人利益,谈论共同体的利益便毫无意义。"参见[英]边沁:《道德与立法原理导论》,时殷弘译,商务印书馆2005年版,第58页。

② 参见高全喜:《法律秩序与自由正义:哈耶克的法律与宪政思想》,北京大学出版社2003年版,第36页。

的生活”[①],此时,“公共利益既不是单个个人所欲求的利益的总和,也不是人类整体的利益,而是一个社会通过个人的合作而生产出来的事物价值的总和”[②]。

对公私利益关系的不同理解将产生不同的利益实现机制相互作用方式。现代社会,个体利益寓于公共利益,如个人安全保障有赖于社区治安,同时社区治安的维护有赖于人人尽责,即公共利益也寓于个体利益。私益与公益相互寄寓时,权力与权利作为不同利益的实现机制具有了融合的基础。一方面,在这个过程中权利机制对公益、权力机制对私益的兼容程度被提高了,现代政府权力分化、权力行使方式契约化,以及现代私有财产权的社会义务等都是典型表现;另一方面,在这个过程中主体利己利他动机的共存也推动了权力与权利的融合,公益代表主体和私益代表主体不再仅限于政府和私人,私人等非政府主体也可以成为公益的维护者,政府也可以成为私益的代表者,因为在推进共同体的公益或私益过程中也增进了私益或公益。因此,权力与权利关系由传统对立的管理关系转向互动的关系。[③] PPP 模式产生于公益与私益相互融合的时代,其所要实现的公共服务有效供给目标,同样寄托于公益与私益的有效互动。PPP 政府权力的存在就是为了塑造公私主体间对称的权力结构以实现真正意义上的合作治理。如果仍以传统对抗理念的要求去界定 PPP 政府权力的边界,将挤占私益在公私合作项目中的生存空间,并重新回到由政府为唯一公益代表的传统路径,也不可能借助私人部门追逐利润的过程实现公益最大化。

其次,PPP 政府权力职能整合与传统权力职能分离存在矛盾。孟德斯鸠预设国家职能具有可分性且有清晰界限,从而将国家权力分化为立法权、司法权、行政权。三者分离不仅承认政府功能权力的分立,还承认政府机构的分立,并将分立的权力赋予这些分立的机构。[④] 但这个职能或功能可划分的前提假设并不完全与国家职能的实践相吻合。国家的主要功能是表达意志和执行意志,由于政治情况的复杂性,两种功能分别由不同国家(政府)机构行使是符合心理需要和经济便利的,但它们又共同服务于国家统治或治理目标,存在天然的难分难解的内在关联性,任意地人为割裂也会带来新的问题。因为“尽管人们能够区分开政府(国家)的两种主要功能(政治与行政),但却无法严格地规定这些功能委托给哪些政府

---

① [美]约翰·罗尔斯:《正义论》,何怀宏译,中国社会科学出版社 1988 年,第 2 页。

② [美]E. 博登海默:《法理学:法律哲学与法律方法》,邓正来译,中国政法大学出版社 1998 年版,第 317 页。

③ 由这种权力与权利互动关系延伸开去的是一种互动性权力与权利关系的公私法划分标准,它在形式上将传统的主体关系标准转换成权力与权利关系标准,在内涵上应当将传统的对立关系标准转换为互动关系标准,它符合现代法律主体多元化、行为方式多样化和法律关系互动化的需要。

④ 参见[美]F. J. 古德诺:《政治与行政》,王元译,华夏出版社 1987 年版,第 7 页。

(国家)机关去行使”。[①] 而且,任何功能或职能的划分都存在限度问题,过度分化会带来“分割性问题”,而过度集中又会导致“专权倾向”。[②]

PPP 模式强调的是政府职能的适度分离,其要求政府权力具有清晰的内在职能结构,能够在与私人部门合作过程中,根据不同的治理需求,灵活地进行职能整合。PPP 模式作为混合型治理机制,其公私主体固有权利或主要功能的确定和权力界分虽然也遵循“分权以制衡”的理念,但是,相较于公司股东基于所有权享有的固有权利,PPP 项目中政府的固有权力(利)并不清晰。股东固有权利基于其财产权可以获致大致范围,但政府基于担保责任保留的权力,如 PPP 项目公共控制权,它并不以产权为基础,而是以公共责任为基础,公共责任取决于公共服务供给风险,供给风险受项目经营风险、外部环境风险、政策风险等各种因素影响,其范围具有不确定性,政府最终只能借助各类内涵不甚明确的职能来锁定其权力范围。

最后,传统政府权力划分的自我修复不能适应 PPP 政府权力划分的需求。传统的依据功能进行政府权力配置规则虽然能够大致规划政府权力的权力范围,但对于权力边界的具体划定和动态调整显得力不从心。为了提高国家(政府)职能履行的确定性,消除“分权以制衡”政府权力无限细分带来的“空心化”和“碎片化”问题,政府努力进行权力划分规则的自我修正和调整。这种修正主要表现在通过兜底条款的立法技术,在明确规定部分法定权力及其行使机构的基础上,赋予其相应的自由裁量权,对新出现职能的归属由执法者在其权限内裁断。但行政自由裁量权受合法性原则的约束,其对新职能的包容力主要取决于相应政府部门原有职能的扩张程度,即使通过扩张解释尽可能容纳新职能,也不乏职能真空和权力真空的出现。而与此相反的是,政府部门滥用行政自由裁量权将导致职能和权力交叠。在互相对立的权力关系中,任何新权力要么处于权力真空地带无人问津,要么处于权力交叠之处争抢不断。可见,这种权力划分的修正方式在行政效率和回应能力方面作用甚微。传统权力划分方式认识到在不同权力的固有权限之间还存在一个不断变化的权力空间,以相互对立的关系理念去厘定权力边界,能够通过不断“有名化”新型权力

---

① 参见[美]F. J. 古德诺:《政治与行政》,王元译,华夏出版社 1987 年版,第 9 页。

② “专权倾向和分割性问题”是学者刘圣中在分析深圳“行政三分制”改革模式提出的概念。他认为在三分模式中,决策权被集中于高层如决策局,决策局对决策权力的专有可能会因为决策组织的理性自负和远离社会环境的互动逐渐演变为决策权的独大;其分割性问题包括:权力被分为决策权和执行权,集中性决策远离社区利益,决策和执行之间存在很大的冲突;组织的完整权力和组织人员的个人能力以及责任感都被这种划分人为隔断,导致了组织权力不能完整地发挥功能;执行由于被抽去了重要的“自由裁断”的政治生命而沦为决策的工具,难以及时完整地适应多变的社会现实,处理需要及时变通的社会问题;负责这种执行权的组织人员在工作中非常容易产生无责任感、不积极性,容易失去自主性和适应性;这种分割性认识也会引起组织和社会环境之间关系的隔离。参见刘圣中:《决策与执行的分合限度:行政三分制分析》,载《中国行政管理》2003 年第 6 期。

的方式拓展固有权限的范围，但仍然无法对权力空间进行彻底划分。自由裁量的方式确实在一定程度上起到划分权力空间的作用，但不同权力主体的地位优势、信息能力等总是存在差异，很难获得实质平等地位，权力空间的自由划分也可能导向极端的不公正，最后仍需要法律提供外部约束，又再次回到了如何界分权力边界的难题上。

PPP 项目运营过程是一个复杂多变的过程，其风险因素多样、利益冲突复杂，需要丰富的治理资源和治理手段，难以事先确定何种事项归于政府管辖何种事项私人部门更有管理优势。在项目全生命周期，公私主体权力与权利处于持续性互动过程，它们之间存在一个具有相当不确定性的权力空间。如果借助政府行政自由裁量权进行权力划分，则每次都面临自由裁量权扩张和滥用的危险。虽然现在行政合同被广泛地应用于行政任务领域，通过合同双方约定方式替代法律对权力进行设定，但行政合同中的行政优益权仍然赋予了行政主体较突出的优势地位。因此，行政合同属于"协作"意义上的合作，它可以适用于政府 PPP 项目契约监管权的配置，但却不宜直接适用于政府 PPP 项目公共控制权的配置。PPP 项目运营的经营性特质更强，需要公私主体在无限接近实质平等的基础上合作。PPP 模式中公私主体权力与权利配置秉持合作理念，无论是 PPP 模式中的传统政府权力，还是 PPP 模式中新派生的政府权力，都需要具有动态性、协商性、平等性特质的新权力配置规则。

二、PPP 政府权力划分的理念更新与契约治理

（一）PPP 政府权力划分合作理念的生成

PPP 模式产生于传统权力关系对抗理念式微之时，但以权力约束权力的对抗理念是政府权力控制的基本手段，是现代政府权力不可离弃的基本原则，它仍然是公私合作模式在架构政府权力与私人部门权利关系的依据之一。在现代行政任务履行过程中，控权原则需要服务于政府的积极行政任务，即以保障行政权力有效行使为出发点，其具体要求是行政权力在积极行使和谨慎行使的要求间达成平衡。在公民需求的推动下，政府行政任务类型已从秩序行政拓展到服务行政，而行政要求也从消极行政发展到积极行政。[①]

---

① 关于行政的分类，最被广泛接受的是根据行政性质划分的规制行政（秩序行政）与给付行政（服务行政）。所谓规制行政，指借由限制私人之权利、自由，以达成其目的之行政活动。所谓给付行政，则指设置或管理道路、公园、设置或营运社会福祉设施，及实施生活保护，给予个人或公众便益者而言。另一种被广泛接受的是按照行政目的或要求划分的积极行政和消极行政。所谓积极行政，是指积极主动地实施管理活动。消极行政则是指作为管理者的行政机关，尽量控制自己的积极判断，尽可能少地实施具体行政行为。除上述两种较常见的分类外，还有根据行政方式划分的权力行政和非权力行政，根据行政机关与相对一方之间权利义务关系划分的负担行政与授益行政等。参见杨海坤：《跨入 21 世纪的中国行政法学》，中国人事出版社 2000 年版，第 30～34 页。

控权理念与积极行政的不兼容催生了权力合作理念。积极行政将持续推进政府行政任务履行方式的变革,控权理念也将继续存在,但只有两者相互兼容,才能适应现代政府行政任务发展的趋势。PPP 模式作为一种发生于公共服务供给领域的新型政府行政模式,它是服务行政的一种类型,也是服务行政的一种实现方式,通常被称为担保行政或合作行政模式。它既包含了控权理念,又包含了积极行政要求。因为“如果从国家不再亲自担任直接给付者的角度看,担保行政模式是一种消极的治理模式;然而就其将公共任务归由私人部门执行,并促进公私合作制度的完善的角度观察,担保行政模式是积极规划任务履行的模式,这是一种积极主动的模式。”① 因此,对于控权理念如何与积极行政相容,虽然过去数百年的政府行政发展史并不能提供有效的指引,但新公共管理改革后期发展起来的合作治理理念提供了一种可能的思路。

在上述背景下生成的合作理念作用于 PPP 模式公私主体权力配置过程时,其内涵可从多个方面理解。第一,权力划分的合作理念吸收了控权理念。在现代行政法中,控权和服务是一种良性互动的关系,②服务才是合作理念作用于政府行政领域的根本目的,因此合作理念和控权理念对服务行政而言均具有手段价值。但在手段组合上,控权是更为基础的手段,服务的实现则主要依赖合作理念构建的治理模式。在 PPP 模式中,政府的权力控制固然重要,但如何促进政府权力与私人部门权利的合作更重要。因此,对控权理念的执行必须服务于合作理念的推进过程,而不再是僵硬地、机械地对政府权力进行“一刀切”限制。可见,被包含合作理念的控权理念的内涵已经发生了变化,其作为一种“平衡手段的控权”,③旨在平衡公私主体之间的权利义务,其平衡要求与合作理念具有内在契合性。控权理念在公私合作中的权力与权利平衡作用是:一方面是勘定政府权力让渡与保留的基准线,避免权力让渡过多或保留过多,导致合作低效率;另一方面是规范政府保留权力的行使方式,避免权力过度扩张,或借助行政自由裁量权,随意破坏公私主体的约定。因此,控权规则又是合作理念借以矫正主体间过于失衡权利义务关系的手段之一。

第二,权力划分的合作理念强调权力间的协调性。权力划分的对抗理念强调分权以制衡,权力划分的合作理念强调分权以合作。现代政府权力内部分化时,要

---

① 周游:《担保行政:公用事业公法治理模式探析》,苏州大学 2012 年博士学位论文,第 69 页。

② 参见邓蔚:《控权理念与服务理念在当代行政法中的逻辑整合——兼论行政法理论基础的完善》,载《山东社会科学》2008 年第 6 期,

③ “作为一种平衡手段的控权”是学者对控权理念现代意义的理解。它仍然是消极意义上的控权,即限制行政权和制止其越权或滥用;其初级含义是:控制行政权力是平衡行政法主体之间权利义务的手段之一,后者是前者的一个目标。但由于其必须以平衡为目标,不能为控权而控权,它不包含传统典型意义的、极端的或僵化的控权。参见沈岿、王锡锌、李娟:《传统行政法控权理念及其现代意义》,载《中外法学》1999 年第 1 期。

求行使不同行政职能的部门的权力必须是完全独立且无重叠的，以尽可能达到专职分工。新公共管理改革时期的政府行政权内部分化，学习的主要是商业管理主义关于专业化分工的思路。但与企业内部的管理本质相同，专业化分工只能解决因职能划分不合理引起的政府低效率等部分问题，但因职能重要性程度的差异，容易形成强势部门与弱势部门之分，最后导致政府内部权力结构失衡和政策失调。英国布莱尔政府提出的修正性合作政府和整体政府理念，就在于增强逐渐分化的行政权力之间的协调性，努力获得行政民主与行政效率的平衡。在PPP模式政府保留权力中，决策权、执行权和监督权均需保持协调性，否则权力之间的失调将直接体现于PPP项目的运营过程，导致公共服务合作供给的失败。

第三，权力划分的合作理念强调权力与权利之间的合作关系。公私主体在PPP项目的不同环节，其伙伴关系具有不同内涵，包括协作关系和合作关系，其合作理念的内涵亦不同。在PPP模式中，政府权力体系包含传统权力和派生权力，传统权力与私人部门权利合作空间不大，派生权力是构建公私主体对称权力结构的制度产物，它的权力体系较丰富，兼具积极行使和谨慎行使的权力，可与私人部门权利形成不同的互动方式。如监管机构PPP项目契约监管权与私人部门自我规制权之间的协作关系，政府享有一定的行政优益权，而实施机构PPP项目公共控制权与私人部门PPP项目经营控制权更倾向于合作关系，政府特权受到较大约束。需要指出的是，权力与权利合作关系的构建虽以约束权力为主要方式，但对权利的约束同样重要，因为合作理念的基本价值诉求是实现效率与民主（公平）的平衡。

（二）契约治理：PPP政府权力划分合作理念的价值支撑与手段工具

公私合作PPP模式是合作治理理念的典型实践，而契约则是上述模式得以架构的制度工具。契约治理“把合同置于公共治理的中心，而不像传统的公共行政那样，把权威置于中心。合同制之所以取代公法或公共行政在公共部门中作为协调机制的地位，其原因是源于这样一个基本信念，即认为合同制能提高效率”①。契约概念中蕴含平等、自主和权利意识，而治理概念强调治理主体之间平等、合作、互动，可见，“多元平等主体之间的互信与合作是共同治理的基础，要做到这一点就必须借助契约。”②从这个角度看，合作治理就是契约治理。因此，PPP政府权力划分合作理念从契约治理理论中同时获得手段工具和价值支撑。

富有效率是契约被广泛运用的根本原因之一。交易成本经济学者威廉姆森在研究市场、等级制、混合制等不同治理机制时就提出，无论何种治理机制总是对应

① ［英］简·莱恩：《新公共管理》，赵成根等译，中国青年出版社2004年版，第168、242页。

② 沈海军：《政府治理模式演变的新趋势：契约治理》，载《汕头大学学报（人文社会科学版）》2011年第4期。

于某种独特的契约形式,如市场交易中的完全合约,企业(等级制)内部的不完全契约或关系契约,混合制中的混合契约等,不同契约形式具有不同交易成本节约效能。"把属性各不相同的交易与成本和效能各不相同的治理结构匹配起来,即会产生不同的(交易成本节约)结果。"①威廉姆森从经济学视角研究不同治理机制中契约形式的效率,其具体表现为对交易成本的节约情况,是一种市场效率。在政府治理领域,对效率的考量是多方面的,不仅仅是经济效率,更主要的是社会效率,即对公共利益的增进情况。未充分考虑效率内涵的差异而引入商业管理方式,是新公共管理改革后期备受质疑的根本原因。因此,契约所蕴含的效率价值具有不同内涵,在政府治理领域的契约治理其所导向的是社会效率。在 PPP 模式中表现为服从于公共服务有效供给目标的公共服务最大化供给效率,它是社会整体利益即私益与公益之和的最大化,那么政府在通过让渡与保留方式进行权力配置时,应将权力赋予更具有效率的一方,如具有生产效率的私人部门和具有维护秩序效率的政府。

契约治理的社会效率价值与社会公平等价值互相依存和包容,因为社会效率的提升包含社会公平和民主的提升。政府在过去对社会民主和公平的促进往往是不计成本的,如西方国家全面福利制度的建立,但福利危机也在警示我们:社会民主和公平的获得成本高昂,只能追求可负担的民主和公平。政府的任务不再是保障绝对的公平和民主,而是提供有效率的公平和民主,这是契约治理民主价值的重要内涵。契约的引入为创造有效率的公平和民主提供了可能性,因此,对民主价值诉求的回应被视为契约治理模式兴起的更深层次原因。借助契约,政府在具体治理活动中得以联合多元主体,非政府主体也得以直接参与具体治理活动。面对合法性危机,政府将契约治理理念从经济领域引入行政领域,改变了传统的权力运作方式,分权以引入第三方参与公共事务管理,并形成政府与社会多方主体共担责任和合作互动的共同治理机制,增强了政府公共服务的回应性和责任性。② 同时,在多元共治机制中,共同的契约目的成为不同利益诉求相互整合的工具,而在政府治理领域,共同契约目的的达成总会指向公民利益,公民诉求和权利在政府契约治理过程中更受重视。因此,对民主价值的践行,政府权力需通过契约向外分化,以吸引更多元的治理资源并回应更多群体的利益诉求。

契约因其本身具有的特质成为契约治理理论实践的工具,即它直接为政府治理提供成熟的制度工具。相较于价值与理念上的契合,契约治理的实在作用是制

① [美]威廉姆森:《治理机制》,王健等译,中国社会科学文献出版社 2001 年版,第 14 页。

② 参见于正伟:《契约治理:现代政府的治理变革》,载《西南交通大学学报(社会科学版)》2009 年第 6 期。

度工具的供给。PPP 模式就是以契约为制度工具架构起来的公私主体权力与权利结构。契约作为一种人际交换关系形式,其基本功能表现在:主体的无限性为政府治理领域多元主体的共同参与提供制度条件;①而协商规则具有博弈性,有助于形成统一意见;尤为重要的是契约能够通过配置不同权重的权力与权利实现契约主体权利义务差异化的平衡。契约的工具价值,不仅体现于契约的基本功能,还体现于契约的规范作用。

第一,契约为政府合作治理提供政策工具。发达国家的新公共管理运动使政府在政策工具的选择上积累了丰富的经验,在私有化和国有化之间形成了多种实施工具,如萨瓦斯所主张的公共服务供给制度连续体,②契约架构了这些政策工具。公私主体对项目的不同控制程度和控制方式,均可借助契约实现,PPP 模式就是其中一种合作契约类型。

"长期以来,我国对政府机构及其人员在政策执行中的正当角色和职责功能比较重视,而对如何选择合理的工具来执行政策以有效达成公共目标上则较少关注。"③因此,契约在设计政策工具方面的作用是我国政府在治理能力建设方面需要重点关注的。在新公共管理改革中,契约在政府治理领域的运用,可被概括为"合同文化(Contract culture)"④,它改变了政府的治理观念和治理方式,不仅包含狭义的契约形式(如民事契约、行政契约),还包括"类"契约、"内部"契约或"准"契约等"虚拟契约"。⑤ 契约文化的蔓延,给政府治理提供丰富的政策工具,但对各

---

① 即在理论上参与交换关系的主体可以是无穷数,主体数量较少的如双方主体买卖契约,较多的如公司章程,而社会契约论的主体更是包含一国范围内的全体公民。

② 萨瓦斯根据安排者、生产者和消费者之间的动态关系,将供给制度安排分成 4 种基本类型,然后再根据 4 种类型细分为上述 10 种具体形式,按照民营化程度递减的顺序分别为:自我服务、志愿服务、自由市场、特许经营、政府赠券、政府补助、合同外包、政府出售、政府间协议、政府服务。参见[美]E. S. 萨瓦斯:《民营化与公私部门的伙伴关系》,周志忍等译,中国人民大学出版社 2002 年版,第 92 页。

③ 参见吕志奎:《公共政策工具的选择——政策执行研究的新视角》,载《太平洋学报》2006 年第 5 期。

④ 英国学者卡罗尔和理查德认为,"合同文化"或"契约文化"这种用法表达了通过契约网络对服务提供者加以控制的观念,和体现(以前)政府官僚制模式的等级关系形成鲜明对比。契约文化并不必然限于绝对法律意义上的可在法院要求强制执行的契约。契约用制定规则的方式起到组织和限制自由裁量权的作用,不过是通过模拟市场而不是行政法黄灯理论所支持的等级制、参与式的规则制定方式。参见[英]卡罗尔·哈洛、理查德·罗林斯:《法律与行政》(上卷),杨伟东等译,商务印书馆 2004 年版,第 278 ~ 279 页。

⑤ "虚拟契约"是卡罗尔和理查德对政府管理领域出现的准契约的概括,就可由法律强制执行这一点而言,这些安排并非真正的合同。作为一种行政手段,虚拟契约在许多重要的新领域得到应用,其缺点在于,这种新行政形式与传统法律框架之间缺乏调和适应。虚拟契约需要制定专门行政合同法。参见[英]卡罗尔·哈洛、理查德·罗林斯:《法律与行政》(上卷),杨伟东等译,商务印书馆 2004 年版,第 405 页。

类契约工具的制度化和规范化是挑战传统公私法体系的重大难题。

第二,契约为政府合作治理提供制度规范。契约以及契约法律制度的发展久经历史,已臻完善,它是上述政策工具能够以契约为媒介的重要原因。政策工具具有多变性,容易异化为权力工具,因此仍然需要法律工具予以保障。契约法律制度能够为合作治理提供逻辑结构严谨的权利义务条款和具有保障功能的强制执行,使合作治理契约成为“一种形而下的、可以解释和控制的制度工具”①,即提供相应的行为模式和规则体系。契约中所蕴含的平等、自主和权利意识经由合作治理理念发展为实质平等的社会基础、互相依赖的社会共识和资源互换的社会交往关系,由此形成的契约法律制度是立足于多元主体“共生共在”的设定,其规范功能不再停留于“定分止争”,而是平衡主体间失衡的权利义务结构以维系持续性的合作关系,契约规范的作用时间将贯穿整个契约条款的初始设定、动态变更、争议、解除或终止等阶段。同时,政府公私合作治理领域需要的契约法律制度是混合性的契约法律制度,需要对现有契约法律制度进行调适,才能为公私主体间的权力划分提供有效的约束力。

目前,我国PPP模式欠缺PPP协议法律制度,对PPP模式中公私主体派生权力的配置应增加具有约束力的法律规范。政府治理领域的契约法律制度必然是多类型的,对于逐渐形成的契约文化,契约法律制度需要具有包容性和开放性,并且将契约视为一种公私法共享的法律制度,抽象其基本制度,发展其具体制度,才能为各种契约工具的适用提供规范依据。

(三)契约治理对PPP政府权力划分程序规则的塑造

1. 平衡控权规则

平衡控权规则依据法律规定和契约约定使多元合作主体间形成具有对称性的权力—权利结构,它是控权理念在公私合作模式中的调适运用,旨在解决政府主体与非政府主体间权力与权利结构的失衡问题,并约束公私主体履行治理任务过程中的失当行为。平衡控权规则的内涵包括以下三个方面:

首先,控权是手段。合作理念下的控权是为了公私主体在相对平等的关系中展开合作,而非仅仅相互制衡。在PPP模式中,多元主体均是承担公共责任的公共权力主体,其承担公共责任的机制包括权力和权利,因此控制对象包括所有权力和权利的行使行为及其行为主体。传统控权理念表现为对权力的控制,其必要意义“并非仅仅在维持权力与权利的平衡,而在于确保权利相对于权力的优越地位,最

---

① 于立深:《中国行政合同制度的实践与发展——透过行政合同判例和法律文书的观察》,载余凌云主编:《全球时代下的行政契约》,清华大学出版社2010年版,第13页。

终实现人权至上的法治理想”[①]。新的控权理念同样秉持人权至上的法治理想，并确保公民权利的优越地位，但对于“权利是否优越于权力”作了新的理解，即只要私人部门或其他非政府主体受让了公共权力及其公共责任，非政府公共权力主体在履行公共责任过程中的权力和权利行使行为也应受到相应约束，其正当性依据在于非政府主体也是公共权力主体，同样对公共利益和公民权利承担保护的义务。

虽然合作治理主体的权力与权利均应受到约束，但其受约束或控制的程度和方式不同。政府作为传统的权力主体，其权力行使仍要符合合法性原则、比例性原则以及约定性原则。非政府治理主体在受让公共权力之后，通常以权利形式履行责任，享有较大的自由度，即主要遵守约定的责任或义务要求，但不得以私益最大化为其行为目标。在约束规范的适用顺序上，政府权力优先适用法律规定，在法律允许的范围内与其他主体就公共权力的配置进行约定，政府传统权力一般受法律约束更多，而其在公私合作过程中派生的政府权力以及其他主体的权利享有较大的自主约定空间。

其次，平衡是目的。在合作理念下权力与权利虽是互动关系，但因权力的扩张性和强制性特质，兼之权利对权力的依赖，两者极易处于“不平衡”的状态，不利于合作关系的维系。因此，公私主体平衡意指合作双方的权力和权利的势能相当，[②]足以使合作双方的相互依赖关系达致平衡，从而实现平等合作的状态。[③] 平衡规则包括平衡对象和平衡支点两方面内容。在公私合作治理模式中，政府权力和私人部门受让的公共权力均源于公民公权利，[④]而非政府权力则源于私人部门。既然“平衡”源自“天平”结构，那么 PPP 权力需要平衡的对象即支点两端的“力量”，是政府的权力与私人部门的权利。[⑤] 在不同公私合作模式中，对平衡程度的要求不同，公私合作供给模式，要求无限趋于绝对平衡，即政府权力与私人部门权利势能（影响力或支配力）相当；公私合作管制模式，要求相对平衡，即政府权力势能稍

---

① 江习根、周刚志：《论法治社会权力与权利关系的理性定位》，载《政治与法律》2003 年第 1 期。

② 势能即权力或权利的支配力和影响力，是权力或权利所代表利益量或财产量与其效能的统一体。

③ “平衡”通常“指一定力量、要素或者结构上的实际对称、低效或比例均势，因而往往呈现一种相对的、暂时的、互动的稳定走势和有序状态”。参见马长山：《法治的平衡取向与渐进主义法治道路》，载《法学研究》2008 年第 4 期。

④ 郭道晖教授提出，“国民”兼具宪法上的公民和私法上的自然人双重身份，公民权即“参与国家”的“公权利”，与“私人”的自然人、经济人及其“私权利”不能等同。参见郭道晖：《论公民权与公权利》，载《政治与法律》2005 年第 6 期。

⑤ “平衡”原意取自天平，因此它的量化要借助天平和杠杆原理，即在杠杆两端之间任取一个点设为“支点”，“支点”两端若要获得平衡，那么动力与动力臂之积应当等于阻力与阻力臂之积。

大于私人部门,但其势能差不能像传统行政主体与行政相对人那样悬殊。支点是决定权利或权力利益量和效能具体比例的决定因素,只有确定了支点位置即平衡基准点,谈论是否平衡才有意义。有学者认为,平衡不是权力量和权利量的绝对值相等,其判断标准应该是其是否有利于法权总量及其相应利益总量和财产总量的最大化,即只要权力与权利的分配比例(法权结构)符合整体利益最大化进而财富总量最大化的要求,就可以断定权力与权利是平衡或者基本平衡的,否则就是不平衡。受治理环境和治理任务的影响,有时权力与权利及其相对应的利益量、财产量相等,但效能不同导致法权结构不能平衡,此时只有增加一端的效能投放,才能使两者处于平衡位置。

最后,在公私合作治理模式中,利益最大化即私益与公益之和最大化,公益最大化是借助私益最大化的过程而实现的,私益与公益均要达到一定量两者之和才能最大化,不可过分压制任何一种利益。因此,在 PPP 模式运行的不同环节,权力和权利需要保持适当的权重。在 PPP 项目执行阶段,一方面,政府占有公共服务合作供给重要的权力资源,如服务的收费权等;另一方面,政府的资源配置能力却不如私人部门,即使政府所占权力对应的利益量和财产量与私人部门所占权利的利益量和财产量相等,也无法产出相应的利益和财产增值量,此时如果将更多权利资源配置给政府就会导致法权结构的失衡,因此,需要将更多权利配置给私人部门。如果由政府独占这些权力资源,会遏制私人部门的资源配置效率,这样同样会导致法权结构失衡。而在 PPP 项目监督环节,监管秩序的维系依赖政府监管权,而监管效率的提升依赖私人部门自我规制权,此时政府监管权与私人部门自我规制权势能差的大小,"有效率的公平"原则,但为了兼顾监管效率,公私主体虽不能达致绝对平衡,但也要确保双方势能差不宜过大。

2. 平等协商规则

契约治理革新了公私主体间的关系,其根本性标志是利益主体的平等性和双向性交涉。[①] 平等协商规则意指公私主体就权力与权利的具体配置进行谈判的方式、程序及其结果等。PPP 模式中公私双方以相互依赖为基础,两者间是合作关系而非对立关系,其通常"以协商而不是权力来进行互动"。[②] 因此,协商是公私主体合作的基本方式,需以协商规则补充传统权力的法定分权规则。平等协商规则的具体构建可以从"协商"的含义中得出。"协商"是指"共同商量以便取得一致意见"[③],围绕协商活动,需要明确的方面包括协商主体、协商内容、协商程序、协商结

---

① 参见于立深:《契约方法论》,北京大学出版社 2007 年版,第 173 页。

② 田凯:《治理理论中的政府作用研究:基于国外文献的分析》,载《中国行政管理》2016 年第 12 期。

③ 夏征农、陈至立主编:《辞海》(第 6 版彩图本),上海辞书出版社 2009 年版,第 2526 页。

果等。在公私合作模式中,协商主体是政府与私人部门,因为此处的协商是公私合作协议范围内的协商,不是泛化的社会商谈。公众及其他利益相关者的诉求,主要体现于协商内容之中,而不能由其自身作为协商主体之间参与协议的磋商。之所以如此,是因为 PPP 模式是政府担保责任与私人部门执行责任的结合体,由此决定了双方的核心利益主体地位。此外,基于协议的协商是平等的协商,即使因私人部门对政府存在依赖关系而使双方协商能力具有差异,协议关于协商规则的设定必须抚平公私主体间悬殊的协商能力,以达到平等协商,这是契约治理的基本内涵。该目的的完成则主要依靠协商内容、协商程序、协商结果等规则的设计。

第一,协商范围。PPP 模式是政府履行公共服务供给职能的一种方式,因此,PPP 协议所包含的内容,对政府而言,就是其决定采取 PPP 模式供给公共服务的自由裁量权的范围,虽然享有一定自由选择的权力,但仍严格受法律约束;对私人部门而言,则是关于其承担公共服务供给责任的规定,不能由其进行任意约定。因此,与民事合同双方约定范围只要不违背法律的强制性规定,可就任何经济内容进行协商不同,公私合作模式中,公私主体的协商范围具有限定性。限定性要求法律对政府的行政自由裁量权进行约束,即政府必须保留的权力不可通过协议进行约定。从这个角度讲,协商范围就是可纳入协议的职能和权力内容。就 PPP 相关协议而言,公共控制权、契约监管权、履约管理权、自我规制权等权力和权利的内容均是可以协商的,此类 PPP 模式派生的权力边界模糊且处于动态调整状态,需要根据具体情形以约定方式予以明确和调整。除实体性权力和权利内容外,协商程序和协商结果等内容在法律未予明确时,亦可进行协商。

第二,协商程序。协商程序的设定,一方面是为了以公开程序的方式保障公私主体的平等地位,在一般情形下,政府因其占有权力资源而具有更强势的谈判地位(非能力),私人部门平等参与协商的权利保护是重点;另一方面是为了激励表达,了解各方的资源贡献能力和意愿,这是确定 PPP 项目控制权和契约监管权具体边界的重要依据。需要注意的是,设计协商程序的根本目的在于保障公共责任的履行,因而也会对私人部门进行一定约束,尤其是在私人部门具有较强的谈判能力时,通常会采取独立专家介入方式以弥补政府在专业能力上的不足。因此,PPP 协商程序的设计必须谨慎仔细地平衡政府和私人部门的权力和权利,具体而言,协商程序的设计包括四个参考因素:(1)主体参与度。主要是指具体协商的内容要由双方共同确定,而不是由政府单方指定或私人部门单方确定,而且需要事先沟通协商内容,正式协商程序以双方共同确定的内容为协商议题。(2)双方辩论度。辩论是双方信息交流、利益表达的关键方式,在程序设计上一方面,必须包含面议方式,避免出现仅有书面协商的情形;另一方面,任何提议一般均要经历提出、反馈、再磋商的流程,避免政府采取“一锤定音”的做法。(3)程序透明度。程序约束的核心在于公开、参与和监督,考虑到公私主体权力配置的协商过程是基于双方协议进行的,具有一定封闭性,因此对其透明度的要求主要是设置协商内容、协商结果的公示程序。(4)协商效率。程序价值包含民主和公平,但同样包含效率,而且其所追求的是富有效率的民主与公平,因此程序设计需要考虑对协商僵局的处理。通常采取专家介入裁决方式,而对于公私主体权力与权利配置协商存有难度的,有法律规定的依据法律规定,无法律规定的再采取专家裁决方式。

第三,协商结果。协商的目标并不是要产生共同的信仰,而是要提出一个双方能共同接受的建议。① 因此,协商是不同主体利益之间相互妥协的过程,在求同存异的基础上取得部分共识是谈判的最好结果。在多元共治场景中,经过谈判达成的共识是最接近现实且具有操作性的客观结论。在PPP模式中,公私主体的谈判共识是对公私主体互赖关系、贡献能力、行为偏好等的最终呈现,是最符合公私主体实际能力的结果,相应的其权力与权利配置最具合理性和可操作性。为了确保协商结果被有效地执行,需要以专门方式对协商结果进行确认。首先,协商结果必须经过内部确认,在形式上应当采取书面形式进行备案或审核,②而在实质上应当将其转化为要约与承诺并受契约法约束,作为公私主体权力行使的基本依据。其次,外部公示将公私主体的权力配置内容交予公众进行监督,能够起到避免公私主体任意变更协商结果的作用。

3. 动态调整规则

动态调整规则是指根据PPP项目运营情况的变更对公私主体权力与权利初始配置进行再调整的规则。动态调整规则设计的基准是在“变动性与稳定性”之间保持平衡。权力与权利的初始配置是经过公私主体协商达成的共识,包含对未来不确定性的一定预测,它具有一定包容性和稳定性,应当避免共识决策的过多变化。但从制度经济学的角度看,制度非均衡是一种“常态”,其内在原因包括制度选择集合的改变、技术改变、制度服务的需求改变以及其他制度安排改变等因素,外部因素包括环境变化、资源条件改变、国际环境变化以及体制变化等。③ PPP项目就存在于这样一种制度非均衡“常态”中,既有各种政策因素、经济因素引起的公私主体各自履约或行权能力的变化,也有公民公共服务需求变化引起的项目必要性的丧失。PPP项目的长期性特征更加剧了上述不确定性带来的压力。

---

① 参见[英]费斯廷斯泰因:《协商、公民权与认同》,载登特里维斯编:《作为公共协商的民主:新的视角》,中央编译出版社2006年版,第41页。

② 对协商结果的审核即对PPP相关协议的审核,主要审查其内容的合法性,附带审查其合理性。

③ 参见卢现祥:《西方新制度经济学》,中国发展出版社1996年版,第155页。

应对 PPP 项目中公私主体权力与权利配置“稳定性与变动性”冲突的主要方式是构建再谈判机制。公私主体的权力配置也是风险配置，从这个角度看，PPP 项目再谈判机制本质上就是风险再分担机制，是对项目中利益受损一方的救济手段。风险配置与再配置一般以合约效率为导向，但对 PPP 项目风险的“经济分析尚不能足够地考虑非经济动机”①，PPP 项目作为公共服务供给责任的履行载体，不以效率为风险配置的唯一考量因素，再谈判需要达成的是公平与效率再次均衡的解决方案。因此，“稳定性与变动性”平衡原则以及“效率与公平”统一原则，成为再谈判程序设计的特殊原则和一般原则。根据上述原则，再谈判机制通常包括以下几个方面：

第一，再谈判触发条件的确定。再谈判触发条件一般是指引起再谈判的情形，即适用再谈判的情形。因为是否符合再谈判的各类情形在变动不居的项目运营过程并非一目了然，对其进行事前审查实有必要。为再谈判机制设定触发条件的合理性在于避免无效率的谈判，同时基于对公共利益保障的需要，赋予政府单方变更合同的权利，其所涉及的事项均是法定事项。从严格意义上讲，政府行使单方变更权的过程并不属于再谈判性质的过程，因为整个过程主要是政府变更要求的落实，而非公私双方就变更事项形成合意的结果。因而我们可以将单方变更事项视为自动启动再谈判过程的情形，其流程主要包含政府对变更事项的通知、私人部门针对变更通知内容的评估和反馈、政府对私人部门反馈作出调整或者拒绝的表示以及变更内容的执行。同时出于平衡公私利益的考量，由政府承担变更成本并补偿私人部门因执行变更而遭受的利益损失。普通变更权则是公私主体均可享有的权利，它是 PPP 项目启动再谈判机制的常见情形。对此种情形下再谈判触发条件的确定以自由协商为主，但再谈判本质上是对初始权力配置情形的变动，会涉及不可变更或不可谈判的事项，因此明确法定的和约定的不可再谈判范围，以免引起协议的实质性变更。此外，因为再谈判的触发条件或适用情形本身也是一个处于不断变化的“事件集合体”，当通过扩大解释原有触发条件仍无法涵盖新事件时，需要对触发条件进行变更，它的变更程序同样需要通过再谈判程序进行，而且在原触发条件中应当对该种触发情形事先作出规定。

第二，再谈判的申请与审查。再谈判的申请实际上是对欲申请谈判事项是否相符于初始合同约定再谈判触发条件的审查。通常对再谈判申请的审查由独立的第三方机构进行，以预先审查的方式排除不必要的谈判事项。预审机制的另一个重要功能是提前收集与再谈判事项相关的项目运营信息、市场同期类似项目的收益基准等信息，不仅对是否启动再谈判的判断具有重要作用，更有利于合理的再谈

① ［冰］思拉恩·埃格特森：《新制度经济学》，吴经邦等译，商务印书馆 1996 年版，第 70 页。

判结果的形成。因而,再谈判的申请应当包含申请理由的说明、欲再谈判事项的具体说明(包括披露与再谈判事项相关的必要信息)、合同变更方案及成本估算、变更方案对用户影响等。信息披露的要求对公私主体是有不同的,当社会资本方申请再谈判时,由于其掌握更具体和充分的项目运营信息,因而承担更重的信息披露责任,相较而言,政府方申请再谈判时,主要是提供充分的理由说明。对再谈判申请的审查结果主要包括两种:审查不符合再谈判触发条件的,驳回申请;审查符合再谈判条件的,启动再谈判。若申请材料信息不全难以判断是否符合再谈判触发条件的,可重新补充材料再次申请,若仍然难以判断是否符合触发条件的,则驳回申请。

第三,再谈判的程序。再谈判过程包括争议事项的事先确定、合同变更基准的确定等。为了提升再谈判效率,当再谈判申请获得同意之后,申请方应当将申请变更或再谈判事项的具体内容以书面方式送达另一方,另一方在再谈判程序开始之前的合理期限内将反馈结果通知申请方。若双方已达成合意的,直接进入新合同修订和执行阶段。若仍存有争议的,在再谈判时,将争议点的再次确定和释明作为再谈判程序的第一个环节,之后的再谈判围绕争议点展开,在事先的书面沟通环节无异议的内容不再进行磋商。再谈判过程,必须引入第三方专业咨询机构,以提供变更方案的成本收益估算。再谈判过程本质上就是协商过程,也要确保其辩论度。权力与权利的再配置是直接影响公私主体各自责任落实情况的事项,需要经过双方的充分论证,不能仅限于书面意见的交流。因此,对于不同事项的再谈判,需要设置繁简程度不同的程序,如对接管权和介入权行使顺序的变更需要严格的论证程序,而对绩效考核权具体指标的变更则以书面磋商的方式即可。

第四,再谈判的结果。再谈判成功的,基于新形成的协商结果变更初始权力与权利配置结构,变更执行导致的费用和损失由申请再谈判者或双方共同承担。再谈判无法达成协议的,提交(约定或法定)争议解决机构处理,任何一方仍然不同意争议处理结果的,如果属于直接影响 PPP 项目项目运营效能的事项,则进入项目提前终止、政府介入环节;如果仅属于影响私人部门利益或政府便利,可附加补偿或其他替代措施通过或拒绝变更方案。再谈判引起公私主体权力结构的变更,可能对 PPP 项目的运营能力产生影响,进而影响金融机构即债权人的还款利益,因此再谈判结果需要征得债权人同意,通常需在谈判过程中告知债权人,由债权人作出融资方案的变更或申请退出,这实际上也起到了债权人约束任意变更的作用。再谈判结果同样需要接受外部监督,向公众公示的同时,还需要为公众提供意见反馈期,避免公私主体合谋任意变更。

综上所述,再谈判机制的效率原则要求事先排除不必要的再谈判,再谈判前确定争议焦点，再谈判时集中处理争议焦点等。在整个过程中信息披露是否充分起关键作用，申请方能够启动再谈判，取决于其所披露信息能否支持其主张；再谈判前争议焦点的确定，同样取决于双方所披露信息是否充分。若一方（尤其是私人部门）拒绝披露充分信息，无法启动再谈判或政府启动再谈判之后依据政府所确定的变更方案进行谈判。再谈判机制的公平原则主张再谈判流程和程序设计的合理性，即给予各方平等机会和合理反馈时间；更为重要的是第三方独立机构的进入，作为专业信息咨询者、中介裁判者引导再谈判程序进行，避免政府通过行政强权或私人部门通过信息优势扭曲再谈判过程的公平性，导致更大的整体效率的损失。概言之，公私主体权力与权利的具体配置与再配置是 PPP 协议的核心内容，在实体和程序上均需具备合法性和合理性。

三、PPP 模式政府权力划分实体规则的构建

（一）PPP 政府保留权力的绝对性与相对性

合作理念吸收控权理念，是 PPP 模式政府权力划分理念的新内涵。两种理念蕴含政府权力的不同功能，控权理念强调政府权力的谨慎行使，而合作理念更侧重政府权力的积极行使。根据权力行使的谨慎行使与积极行使要求的不同，PPP 政府保留权力存在绝对性与相对性之分。权力保留绝对性意指绝对保留的权力，即 PPP 模式中政府基于担保责任的履行必须独占且不得让渡的权力。权力保留相对性意指相对保留的权力，或可让渡的权力，即 PPP 模式中政府基于担保责任的履行需要让渡给私人部门或可以自行保留的权力。绝对保留的权力源于政府担保责任中的兜底性责任，包括促进责任中决策职能、监督职能等，还包括监管责任中决策职能、监督职能、裁决职能等；相对保留的权力则源于担保责任中的辅助性责任，包括促进责任中协助执行职能等，还包括监管责任中合作监督职能等。提出政府权力保留的绝对性与相对性之分的主要目的是在基本原则和程序规则之外为政府权力配置提供实体性指导性规则。

在 PPP 模式中，政府权力保留与让渡的具体范围欠缺必要的规范依据，主要通过政府自由裁量决定。“裁量（作出选择的权力）与不合理的或者反复无常的选择（专断恣意）可能会混淆”①，因此“平等合作”“优势互补”“效率与公平兼顾”等零散的原则或抽象术语通常成为 PPP 模式中政府行政自由裁量权的规范依据。以高度概括且具有主观性的抽象原则规范政府的自由选择权，并没有提供多少明确的指示，政府在 PPP 模式中的行为始终备受“合法性”质疑。本书以公共服

① ［英］卡罗尔·哈洛、理查德·罗林斯：《法律与行政》（上卷），杨伟东等译，商务印书馆 2004 年版，第 199 页。

务有效供给目标体系和价值诉求,结合公私主体“责任共同体”观念,提出了公私主体间权力与权利配置必须以“效率基础与公平优先”为基本原则。但是基本原则的具体适用是一个释义的过程,其中,政府仍然拥有很大的裁量空间。诚如有学者在分析法律原则的诠释时所言,原则是包含诠释性概念的共享规范,它通过诠释被包含其中的诠释性概念来理解原则的具体内涵,但这些诠释性概念通常都是道德概念,总是会面对不同概念观的竞争,即以诠释性概念为核心的原则总是面对不断被重新诠释的挑战和机遇。[①] 法律原则中的诠释性概念或道德概念代表某种我们认同的价值,但对于价值究竟是什么我们存在分歧,如言论自由、公平等概念。对法律原则的诠释是法官的工作,但在行政自由裁量权中,其诠释工作由行政主体负责,这意味着政府享有对公私主体权力配置原则进行诠释的自由。

本书从契约治理的角度提出政府在 PPP 模式中的权力划分理念和规则,契约作为一种分权工具被引入 PPP 项目,起到对政府行政自由裁量权的约束作用。在 PPP 模式中契约控制方式表现在公私主体采取协商方式进行权力划分,取代了由政府单方裁定的权力划分方式。但契约引入的主要是协商式程序规则,公私主体仍然需要明确协商的标准或准则,“效率基础与公平优先”原则当然是协商的准则之一,但是对于抽象原则中所涵盖的诠释性概念或道德概念的解释,私人部门与政府一样具有局限性。本质上,对抽象原则的诠释是一个多元主体达成共识的过程,仅限于公私主体的协商共识,理解发生偏差也不无可能。契约作为一种法律机制,本身可以提供实体法律规则和程序法律规则用以指导公私主体的权力划分,但 PPP 项目尚欠缺相应的契约法律制度,仅有的政策文件也互有冲突。因此,我们在借助契约治理理念架构权力划分的程序规则时,仍需要进一步探讨具有实质意义的权力划分指导性规则,用以规范公私主体对权力划分问题的协商过程。

权力保留绝对性与相对性规则属于技术性法律规则,[②]是为实施“效率基础与公平优先”基本原则而设定的实体规则。技术性法律规则旨在提供一种客观的明确的指引,以约束政府裁量的“自由心证”。但“严格规制之下无裁量”[③],过于细

① 参见王琳:《论法律原则的性质及其适用——权衡说之批判与诠释说之辩护》,载《法制与社会发展》2017 年第 2 期。

② 技术性法律规则常见于司法证明领域,如预先筛选证据的证据排除规则,规定如何评价证明程度的证明力规则,这些技术性规则的广泛运用,旨在构建“技术性司法背景下的自由裁量”,即为保障司法的客观性,通过技术性的司法规则来规制自由裁量。参见王国龙:《守法主义与裁量正义》,载《法律科学(西北政法大学学报)》2013 年第 3 期。

③ 周佑勇:《行政裁量的治理》,载《法学研究》2007 年第 2 期。

致的具体规则反而是对裁量的过度控制而非指引。PPP 政府权力保留的绝对性和相对性规则的运用,比较可行的做法是通过对绝对保留的权力范围作出判断得出相对保留的权力范围。绝对保留权力范围的判断更具有客观性,虽然在不同的行政发展阶段,政府权力的范围在不断变动,但必须由政府独占的行政权力范围仍然是清晰可辨的,它由该类行政权力的强制属性以及数百年来的行政权历史所证明,并不随当下政府及其官员的主观意志而转移。较为典型的是秩序行政领域的消极行政行为,如传统行政管理权,包括行政特许权、行政决定权、行政处罚权等。

形成于现代公共行政领域的 PPP 模式,虽然政府权力类型相较于以往异常丰富,但基于担保责任对政府的要求,仍然可以获得绝对保留权力的范围。从行政决策权、行政执行权、行政监督权的层面上看,行政决策权与行政监督权的保留范围明显大于行政执行权。但任何行政活动总是由决策部分和执行部分组成,在决策部分与执行部分进行适当分离的过程中出现的是监督部分,因此对绝对保留权力范围的界定还需要在更细致的层面上进行。根据决策控制,行政决策权仍可细分为提议权、审批权、执行权、监督权。行政决策权必须保留的部分是决策审批权和决策监督权,而行政监督权必须保留的部分是监管决策审批权;监管活动监督权,如监管协议便利终止权;部分监管活动执行权,如处罚权、裁决权等。而行政执行权中仍有部分重大事项的执行决策权由政府保留。因此,绝对保留权力属于政府履行兜底责任的、具有强制性的传统行政管理权力,此类权力旨在维护市场整体秩序,可以容忍对 PPP 项目运营效率的牺牲。

虽然对绝对保留权力的确定,或多或少需要视具体情况而定,但这类权力一般能够寻得实定法依据,在未来 PPP 法律制度制定过程中,应当通过多方论证的方式以明确规定需要政府绝对保留的权力或提供相应的判断原则,在该类权力之外的政府权力则应归入相对保留的权力范围,相对保留的权力范围可由公私主体通过自由协商方式确定其实际配置。除将绝对保留权力法定化外,还可以借助契约约定政府绝对保留权力的范围,约定方式具有灵活性,可通过变更程序实施动态调整,以适应政府具有不同控制程度的公私合作模式权力与权利配置的实际需求。政府控制程度的差异还体现于特定 PPP 项目不同环节,PPP 项目监管环节受控制程度大于 PPP 项目执行环节,其权力的绝对保留范围必然不同。因此,根据政府控制需求的差异性,权力保留范围的绝对性与相对性之分仍有具体化的空间,需要结合具体的权力类型展开讨论。因为绝对性与相对性之分本身就具有相对性,即"相对的绝对性——自己时代的绝对,历史过程的相对"①。政府权力绝对保留范围,是政府基于其法定责任而享有的专有权力,给付行政时期,政府专有权力增添了"福利供给权力",同时,由秩序行政到给付行政,政府权力不断丰富,其专有权力也不断变化。在横向维度上,政府专有权力也具有相对性。在现代的公共行政领域,政府权力呈现出社会化,其专有权力范围更是变动不居,而且不同性质的行政权力社会化程度不同,其专有权力范围也具有差异性。因此,政府专有权力的绝对性是在特定语境中的表达。

(二)政府 PPP 项目公共控制权的绝对保留与相对保留

政府 PPP 项目公共控制权的绝对保留与相对保留取决于政府在 PPP 项目执行环节所承担的担保责任,该环节的担保责任很大程度上受私人部门公共服务供给能力的影响,因为该环节的核心任务是实现公共服务的最大化供给,它本质上是产品生产销售活动。因此,在公共服务的实际生产与提供方面,政府对私人部门存有更深的依赖,其权力的让渡范围更广,而且其权力配置遵循"有公平的效率"原则。在政府绝对保留的公共控制权范围确定方面,具有参考私人公司治理结构中股东会专有权力范围界定方式的空间。PPP 项目(公司)治理结构与普通公司治理结构都是获得终极控制权的基础,前者以存在公共责任为基础,后者以存在资本投入为基础,但两者的逻辑具有相似性,均以风险的最终承担者为终极控制权人。而且治理主体间的关系也具有相似性,公私主体兼具合作与代理关系,股东会与董事会同样兼具合作与代理关系。

工程管理学通常强调以项目治理理论作为 PPP 项目控制权配置的理论依据。项目治理理论强调在所有参与项目的利益相关者之间形成动态的控制权配置关系,虽然现代公司治理理论也强调相关者利益,但项目治理对利益相关者理论的具体运用更彻底。② 项目治理理论虽然为 PPP 项目运营过程中不同利益相关方的参与方式和权力配置方式提供了理论基础,但并未认识到不同利益相关者在 PPP 项

---

① 关于绝对与相对的关系,孙正聿教授认为绝对具有相对性。"人类在自身的历史发展中所形成的具有时代特征的关于真善美的认识,既是一种历史的进步性,又是一种历史的局限性,因而它孕育着新的历史可能性。就其历史的进步性而言,人们在自己的时代所理解的真善美,就是该时代的人类所达到的人与世界的统一性的最高理解,即该时代人类全部活动的最高支撑点,因此具有绝对性;就其历史局限性而言,人们在自己的时代所理解的真善美,又只是特定历史时代的产物,它作为全部人类活动的最高支撑点,正是表现了人类作为历史的存在无法挣脱的片面性,因而具有相对性;就其历史的可能性而言,人们在自己的时代所理解的真善美,正是人类在其前进的发展中所建构的阶梯和支撑点,它为人类的继续前进提供现实的可能性。真善美永远是作为中介而自我扬弃的。它既不是绝对的绝对性,也不是绝对的相对性,而是相对的绝对性——自己时代的绝对,历史过程的相对。"参见孙正聿:《从两级到中介——现代哲学的革命》,载《哲学研究》1988 年第 8 期。

② 在项目治理中,客户、供应商是重要的利益相关方,而且利益相关方之间是协同的工作伙伴关系。参见王彦伟、刘兴智、魏巍:《项目治理的研究现状与评述》,载《华东经济管理》2009 年第 11 期。

目全生命周期的参与程度、参与时间、影响力等方面存在的差异，即只有公私主体才是核心利益关系主体。相较而言，现代公司治理对利益相关者的关注更富有层次性，而非采取一视同仁的做法，它在不改变“股东本位”的基础上，将员工、债权人、社区视为公司的利益相关者，并赋予董事会承担维护相关者利益的责任。而且，当“权力分配”与“决策类型化”结合之后，公司内部不同主体间的权力可以更加细致地分割，①使公司内部权力配置与“基于决策事项划分权力”的项目治理结构具有相似性。因而，我们认为，公私主体就 PPP 项目控制权的配置与公司治理结构具有契合性，而且公司治理结构作为一种成熟的权力配置规则包含权力配置的一般性规则，即分权与制衡理念，它作为一种中性的符合经验逻辑的权力配置规则，常见于公私法领域，具有很强的适应性，可作为 PPP 项目控制权配置的重要借鉴工具。

公司治理结构能够给 PPP 项目控制权分配提供借鉴的根本原因是两者核心治理主体间的关系具有相似性，即股东会与董事会之间、政府与私人部门之间均是合作兼代理关系。合作关系表现在：公司和 PPP 项目（公司）均是通过契约实现“不同要素”合作生产并追求合作剩余的组织制度。现代知识经济型公司大量出现，董事的人力资本逐渐成为与股东资本具有相当地位的“投入要素”，公司普遍被认为是财务资本和人力资本的复杂合约。② 董事人力资本同样专用于公司，同样具有较高市场成本，传统公司法中的“物质资产强权观”逐渐失去了解释力，因而，在某些情况下董事和股东共享最终决策权成为妥当的选择。董事与股东共享最终决策

① 许可教授认为，为了避免“决策权”沦为一个没有大小、没有范围差异的“万金油”变量，需要对其类型化。目前主要包括两种主要类型化方式。根据决策权的行使对象，它可以分为“战略决策”和“战术决策”，前者指长期的、对公司产生深远影响的决策；后者指常规的、与公司内部各部门的日常运作相联系的决策。参见［英］克里斯·迪尔登、迈克·福斯特：《组织管理决策》，罗薇华、罗秋菊译，上海远东出版社 1998 年版，第 78 页。根据决策权的行使步骤，它又可分为“决策管理”和“决策控制”，前者涵盖方案提出（提出资源利用和契约结构的建议）和执行决策（贯彻已认可的决策），后者则包括方案认可（对提议作决策选择）与决策监控（评估方案执行、考核绩效给予奖惩）。See Fama, E. & M. Jensen, *Separation of Ownership and Control*, 26 Journal of Law and Economics, p. 301 - 325(1983). 通常，战略决策与决策控制是股东会与董事会权力划分的困境，一般又将“结构性战略决策”的批准和监控归入股东会的专属权力，将“经营性战略决策”以及“结构性战略决策”的提议和执行归入董事会专属权力。参见许可：《股东会与董事会分权制度研究》，载《中国法学》2017 年第 2 期。

② 参见周其仁：《市场里的企业：一个人力资本与非人力资本的特别契约》，载《经济研究》1996 年第 6 期。

权意味着董事实际上取得了股东的地位;①而在 PPP 模式中,公私主体的关系在整体上是合作关系,公私主体通常共同投入资源,共同追求公共服务有效供给的目标。公私合作供应起到了对公共服务品市场提供或政府提供低效率现象的改变,同时避免市场单独供给情形下的不均衡供给。代理关系则表现在:其中一方要素投入者并不参与实际经营,而由其中一方负责实际经营,产生了经营上的委托代理关系。在公司中,董事因作为人力资本的所有者,在物质资本股东"普遍冷漠"的背景下,董事成为公司的实际运营者并掌握实际控制权(包括资本股东让渡的部分剩余控制权和剩余索取权),基于其专业经营能力为物质资本股东创造了公司增值;在 PPP 项目(公司)中,公私主体通常共同投入资源,并由资源的主要投入者社会资本方负责组建项目公司并承担项目的实际建设运营,而在项目实际运营过程中,基于公共服务提供与生产分离原则,又产生了私人部门直接执行责任与政府担保责任的关系即代理关系。

代理关系与合作关系的核心区别是,合作关系中主体间存在共同的行动目标;而代理关系中,代理人有双重行动目标,包括代理人自身目标和委托人目标,委托人目标通常是合作关系中的共同目标,代理人的双重目标中自身目标要服从于共同目标,而实际上共同目标是对代理人自身目标的包容,即共同目标同样有利于代理人自身目标,代理人在共同目标上的努力同样是在推进自身目标。因此,虽然董事是股东的代理人但公司增值是双方共同追求的合作剩余,也符合董事自身利益目标。PPP 项目中私人部门目标包含私益最大化和公益最大化,但公私主体共同目标的实现同样有利于私人部门的私益目标。申言之,在合作与代理共存的关系中,代理人同时也是自身的代理人,这是激励代理人积极追求共同目标的重要方式。但两种制度中的代理问题产生的具体原因不同,公司中董事与股东的代理问题是股东作为公司物质资本的所有者承担了董事经营失败的绝大部分风险。在 PPP 项目中,政府虽然也因其部分公共资源的投入而承担了私人部门运营失败的部分风险,但项目的主要物质资本是私人部门,政府的代理风险或成本主要是公共责任履行失败的风险,即"政府是剩余(公共责任)风险的兜底者"②。不过,虽然代理问题产生的具体原因不同,但公司中董事会与股东会之间关系与公私项目中的

---

① 法学教授朱慈蕴较早提出了以人力资本出资的可能性。他认为人力资本是资本的一种,它与物质资本具有相通之处,即它们都是由过去的投资形成的,通过对这些资本加以计算,再将其融入人力资本的市场动态供求关系中考察,可以正确评估人力资本的价值。由此,人力资本出资就具有了现实的可操作性。而人力资本出资所形成的公司资本在营运、担保功能,特别是清偿方面的功能可以通过在公司法中规定当公司无法清偿债务时,要求人力资本的出资者依照其人力资本出资形成的股份总额,折换为相应的财产出资,即承担有限担保责任。从而人力资本出资获得了物质资本出资相当的地位和功能。参见朱慈蕴:《职工持股立法应注重人力资本理念的导入》,载《法学评论》2001 年第 5 期。

② 参见邢会强:《PPP 模式中的政府定位》,载《法学》2015 年第 11 期。

公私主体一样,均存在由代理问题造成的合作困境。而对此种合作困境的化解主要是通过构建激励相容的治理结构。

需要指出的是,PPP 项目公司股权结构不同于一般的公众公司,我们关于公私主体权力配置结构参照的是公众公司中股东会与董事会的权力配置结构,而且着重探讨两者间逻辑关系即合作兼代理关系的相似性。现代公司制度理论关于股东会与董事会权力的划分类型,包含股东会专属权力,董事会专属权力,以及股东会授权董事会行使的权力。此种权力划分形式是 PPP 项目控制权以及公共控制权绝对保留与相对保留划分方式的重要思路来源。① 通过不同维度的比较(见表 2),我们认为,PPP 项目控制权配置可以通过对公司治理结构的分析获得一般性规律。

表 2　公司治理结构权力配置逻辑与 PPP 项目控制权配置逻辑的比较

比较维度	股东会与董事会	政府与私人部门
制度功能	追求合作剩余	追求合作剩余
制度优势	降低交易成本	降低交易成本
制度特征	不同要素投入者参与程度、参与方式、参与能力不同	不同公共责任承担者、要素投入者参与程度、参与方式、参与能力不同
	合作契约不完全	合作契约不完全
制度缺陷	因代理问题而存在高交易成本	因代理问题而存在高交易成本
制度缺陷解决方案	构建分权与制衡治理结构	构建分权与合作治理结构
权力分配原则	交易成本节省原则	交易成本节省原则
权力分配视角	依据决策权类型	依据决策权类型
决策权交易成本类型	信息成本、市场成本、决策成本	公共风险成本、信息成本、市场成本、代理成本
成本—收益分析考量因素	降低交易成本的动机、能力	降低交易成本的动机、能力

---

① 此处既不采取股东会主义,也不采取董事会主义,我们秉持“同等主义”即基于交易成本节约原则,不同类型的公司权力应在充分考量具体情势的前提下,在股东会与董事会之间妥当分配,最终令股东会和董事会各自享有独立且对等的权力,并通过合作共同促进公司治理的提升。“同等主义”更符合 PPP 项目中公私主体的合作治理理念。关于公司权力分配规则我们主要参考许可:《股东会与董事会分权制度研究》,载《中国法学》2017 年第 2 期;罗培新:《股东会与董事会权力构造论:以合同为进路的分析》,载《政治与法律》2016 年第 2 期。

续表

比较维度	股东会与董事会	政府与私人部门
权力主体关系	合作兼代理关系	合作兼代理关系
权力分配结构	从决策对象看,战术决策由董事会或经理层作出,战略决策由董事会或股东会负责	从决策对象看,战术决策(如公共物品生产决策)由私人部门作出,战略决策(如公共物品供应决策)由私人部门或政府方负责
	从决策程序看,决策管理主体由董事会或经理层担当,决策控制主体宜由董事会或股东会充任	从决策程序看,决策管理主体由私人部门担当,决策控制主体宜私人部门或政府充任
权力分配困境	股东会和董事会职权在战略决策和决策控制上存在交叠	政府公共控制权的绝对保留部分与相对保留部分存在交叠
不同权力主体的专属权力	股东会专属权力:利益冲突明显且股东会拥有决策能力的“结构性战略的批准和监控”	政府专属权力:利益冲突明显且政府方负有兜底责任的“涉 PPP 项目运营持续性决策事项的批准和监控”,即部分绝对保留事项控制权
	董事会专属权力:经营性战略决策以及结构性战略决策方案的提出和监控	私人部门专属权力:PPP 项目日常运营性控制权以及政府专属决策方案的提出、执行和监控
特殊情形下的越权行使	董事会无法行权或行权成本过高由股东会行使战术决策权和经营性战略决策权	当私人部门无法行权或行权成本过高则由政府行使经营控制权

有学者提出,公众公司在股东会与董事会间权力配置问题上应强调“交易成本节约原则”,该原则通过对公司决策权的类型化和交易成本的细分,基于不同主体、不同决策权类型、成本节约程度三要素形成权力配置组合群,最后取最优成本节约的权力配置组合。① 其结论是:(1)董事会及经理层掌握需要充分信息和迅速决策的战术决策权和决策管理权时,给公司带来的是较低的信息成本、决策成本和市场成本;(2)公司的战略决策权和决策控制权的行使同样依赖于充分的商业信息和决策的速度,因此股东会和董事会职权虽在战略决策和决策控制上存在交叠区域,一般仍授予董事会行使,除非董事会行使上述权力引发的市场成本和代理成本显著高于股东会;(3)通常公司法将“结构性战略的批准和监控”事项作为股东会的专

① 参见许可:《股东会与董事会分权制度研究》,载《中国法学》2017 年第 2 期。

属权力,将“经营性战略决策”事项以及决策方案提出和监控归为董事会专属权力。

可见,公司治理结构是基于股东会和董事会的能与不能,依循成本—收益原理来确定不同类型决策权的分配。权力划分规则可总结为:基于公司专业经营的价值增值需求,董事会及经理层需要掌握公司的大部分决策权力,而直接关系风险终极承担人股东权益的决策事项由股东掌握审批权,股东会在董事会行权不能时暂行董事会权力。这种规则给予PPP项目控制权配置的启示是:基于市场化经营效率的优势,应由私人部门掌握PPP项目的大部分控制权,包括经营性控制权和部分公共性控制权,这些控制权由政府相对保留的公共控制权让渡而来;而基于对公共责任终极承担者履行责任的权力保障,由政府掌握公共性控制权有其必要性,包括绝对保留事项的控制权和相对保留事项的控制权;而当私人部门无法正常履行运营责任或运营不当,可能导致公共服务供应出现异常时,由政府通过介入、接管等方式履行项目运营职责,该类权力属于政府绝对保留的公共控制权,即政府绝对保留公共控制权属于政府的专有权力。

虽然在逻辑关系上具有相似性,均可借助交易成本节约原则对权力进行划分,但界定股东专有权力的考量因素与政府专有权力即绝对保留公共控制权的考量因素,仍有很大不同,政府权力的配置不以交易成本节约为唯一原则,更强调公共责任风险控制原则。公司中股东会与董事会权力分配考量的是公司经营终极风险(财产损失)承担者与实际经营者之间的利益平衡,而PPP项目中公私主体控制权分配考量的是公共责任终极承担者与公共责任实际履行者之间的责任平衡。因而在PPP项目公司治理环境中,确定决策权力重要性程度不以战术和战略以及经营性和结构性为唯一区分因素,更为重要的是影响决策事项与项目终端用户的利益相关程度的“直接影响因素”和“间接影响因素”,前者更多地发生于PPP项目运营阶段的公共服务供给活动或项目存在终止可能时;而后者更多地发生于PPP项目建设阶段的公共服务生产活动。因此,私人部门通常掌握项目建设阶段的绝大部分控制权,如国有土地使用权等公共财产使用权,以及在项目运营阶段的收费权利、特许经营权利等。项目运营阶段可由公私主体共享的控制权包括定价权、绩效考核权等,其共享的原因一方面是此类权利行使直接影响终端用户的权益;另一方面是专业信息基本由私人部门掌握,此类控制权可称为政府相对保留的公共控制权。在特定情形下,如私人部门具有独占性的专业优势或降低风险成本的能力等,上述相对保留的公共控制权可完全由私人部门行使,即使由政府保留决策审批权,也应由私人部门占有决策提议权。而政府的绝对保留公共性控制权,相当于公司股东会越权行使经营权的情形,即发生了“直接影响”终端用户利益的情形,如项目陷入运营困境或服务供给存在中断可能,则由政府实施最终控制权,如私人部门退出限制权、介入权、便利终止权等。此外政府的绝对保留公共控制权还包括基于政府投资或公共资源使用权产生的财产支配权,包括利润分配决定权、承诺担保权、追加投资决定权、税收优惠决定权等。

总之,合作与代理双重关系、交易成本节约和公共责任风险控制双重原则,可作为政府 PPP 项目公共控制权绝对保留范围与相对保留范围的判断依据。首先,依据交易成本节约原则,PPP 项目执行阶段秉持"效率基础"原则,私人部门作为专业项目运营者,具有信息和专业优势,由其代理经营所产生的代理成本低于政府自身经营的信息成本和决策成本,应当将 PPP 项目经营控制权授予私人部门。同时,私人部门还是公共服务供给生产要素的主要投入者,亦有强烈追求公共服务有效供给的行动目标,因此政府还可赋予其部分 PPP 项目公共控制权。其次,PPP 项目执行阶段所追求的效率更是"有公平的效率",必须坚持公共责任风险控制原则,由作为风险的兜底承担者政府掌握绝对保留的公共控制权。同时,公共责任风险亦是引发私人部门资本损失风险的主要因素,私人部门作为合作者同样具有遏制公共责任风险的强烈动机,可赋予其部分建议权或执行权。最后,无论是公司治理结构中股东会和董事会的专有权力划分,还是 PPP 项目(公司)治理中政府与私人部门的绝对权力划分,都具有"一事一议"的特征,即使分权规则或方式越来越细致,也难以进行彻底地划分。对于公私主体 PPP 项目控制权,以及政府绝对保留和相对保留公共控制权的划分,我们可以采取参考公司章程与公司法相结合的方式,将绝对保留公共控制权通过法定方式赋予政府,将相对保留公共控制权和经营控制权赋予私人部门,但公私主体可以通过 PPP 协议方式变更相对保留公共控制权的配置,而对于法定的绝对保留公共控制权亦可采取更灵活的方式,可以赋予本级人民政府或者上级主管部门变更权。

(三)政府 PPP 项目监管权的绝对保留与相对保留

政府绝对保留的 PPP 项目监管权主要是指具有强制行政权力特征的传统行政监管权,如处罚权、裁决权等。而相对保留的 PPP 项目监管权是指可以通过合作监管契约让渡给私人部门或仍由监管机构保留的监管权,如外部绩效考核权等。从权力形式上看,在 PPP 模式中,政府权力的让渡与保留是变更行政行为形式的过程,从行政权力变更为公私契约权利,即政府权力的契约化。显然,政府行政监管权的可契约化程度不如行政执行权,因为在政府责任方面,行政执行权是履行政府公私合作促进责任的主要手段,而行政监管权则是履行监管责任的主要手段,带有明显的强制属性。责任与职能的差异带来权力属性的差异,在公私合作过程中,行政执行权以让渡为主、保留为辅,行政监管权则反之。相较而言,政府行政监管权的保留范围较大,契约化程度则较小,仅在有利于提升监管效率时,才会尝试通过契约化方式让渡部分监管权力,但此时的监管权力类型和行使方式,均与传统强制性行政权力有较大差异。因此,政府 PPP 项目监管权的绝对保留范围主要包括不可契约化的传统行政监管权。但可契约化的监管权力也并不等同于可以让渡的监管权力,因为权力让渡并非权力的彻底出让,它本质上是关于政府权力保留范围和方式的再变更,即新的权力让渡会产生相应的权力保留。① 因此,可契约化的监管权力中不可让渡部分也属于政府PPP项目监管权的绝对保留部分,如契约监管权中的合作监管协议便利终止权、单方变更权。政府PPP项目监管权的相对保留范围则是可契约化且可让渡的传统行政监管权和可让渡的契约监管权。

上述政府公共控制权的配置原则对政府PPP项目监管权保留绝对性与相对性同样具有适用性。首先,政府(国家)仍然承担兜底责任,公共责任风险控制原则也有助于监管权配置。行政监管权是政府控制PPP项目的重要手段,即使为了监管效率让渡部分监管权力,也仅是PPP项目监管权配置的非主导方面,公共责任风险控制需求很大程度上决定了政府PPP项目监管权的绝对保留范围。其次,以效率提升为直接动因,交易成本节约原则对监管权的配置具有适用性。传统监管权力行使效率低下,PPP项目政府监管主体需向非政府监管主体分享部分监管权力,非政府监管主体作为监管效率的主要贡献者,可以借助交易成本节约原则判断其潜在的效率优势。最后,PPP模式合作监管模式中公私主体同样兼具合作与代理关系。行政监管权的让渡即行政授权,公私主体间属于代理关系,而合作关系是PPP项目公私合作关系特质的延伸,即私人部门的私益寓于公益中,自我规制效率的提升符合其私益增值目标,因此政府相对保留范围的监管权应尽可能地配置给私人部门。

公共责任风险控制原则用于确认政府PPP项目监管权绝对保留范围,即不可契约化传统行政监管权和不可让渡契约监管权的范围。换言之,国家(政府)改变了履行责任的方式,合作行政就是现代政府新的责任履行方式。可在这种合作行政模式中,无论是公私合作供给服务,还是公私合作监管,政府逐渐退却到传统责任范围内即对公共利益保护和公共风险控制,虽然现代社会公共利益和公共风险范围前所未有地庞大,但政府责任性质仍然属于带有浓厚消极色彩的行政管理责任,如政府的监管责任,同时附带必要地辅助非政府主体代履行行为的促进责任。可见,上述责任是政府必须亲自履行的责任,因此其必须保留相应的权力。在PPP模式中,理论上政府必须亲自履行的责任是担保责任,但在特定PPP项目实践中,政府必须亲自履行的责任是控制PPP项目运营带来的公共利益损失风险。控制风险的最佳手段则是政府行政权力,行政权力凭借其法律强制力和威慑力,可单方面对损害公共利益或造成公共风险的私人行为或政府行为直接施加约束。因此,传

① 如政府PPP项目行政执行权让渡之后产生了履约管理权,政府PPP项目行政监管权让渡之后则产生了契约监管权。

统行政权力也不具有契约化的可能性，即不能以契约约定方式进行转让，是属于政府的专有权力。这类政府绝对保留的PPP项目监管权就是监管机构行使的一般行政监管权和特殊行政监管权。另外，作为政府亲自履行责任的延伸，监管机构在合作监管契约中仍然保留有必须亲自履行的责任，即对合作监管事项的最终控制权力，因此其必须保留起最终控制作用的契约监管权。

交易成本节约原则可用于权衡多元监管主体的效率优势，有助于实现政府可契约化PPP项目行政监管权的具体配置。不同于公共服务的具体供给，政府在监管方面具有专业优势，兼之其权力资源优势，具有降低公共风险成本的效率优势。非政府监管主体虽然不具有专业监管优势，但其具有监管信息优势，即能够起到降低信息成本的作用。因此，在PPP项目监管权配置过程中，风险成本与信息成本的平衡是交易成本节约原则的核心问题。当PPP项目监管涉及社会整体风险时，非政府监管主体并不具有交易成本节约优势。但对PPP项目运营的监管，不仅需要考量该项目对社会整体环境的影响，更重要的是对项目内部运营风险的控制。对PPP项目内部运营风险的监管，高度依赖项目运营信息，该类信息的分布在政府与非政府监管主体间呈非均衡态，私人部门和第三方机构掌握主要信息，而社会公众是公共服务真实绩效信息的来源。因此，如果由政府掌握监管权，则将承担昂贵的信息成本，只有当风险成本远高于信息成本时，政府才应当保留相应监管权；如果非政府监管主体具有信息优势，能够降低信息成本，且引起的风险成本处于较低水平时，应由其行使相应的PPP项目监管权。

合作监管模式中公私主体同样兼具合作与代理关系。监管代理关系的产生，是因为私人部门在项目监管方面具有效率优势，由私人部门代替政府执行监管，虽服从于政府指示，但私人部门仍具有自身的行为目标，即降低监管带来的成本约束。监管合作关系的存在，并非完全取决于政府态度，还受私人部门对政府所掌握的“关键性资源”的渴望程度和摆脱手段限制程度。私人部门PPP项目运营效率严重依赖政府所掌握的公共资源，如公共预算支出权、收费权、特许经营权等，私人部门在获得这些公共资源之后，必然延伸出政府对私人部门的监管约束，监管约束又反过来制约PPP项目运营效率。因此，私人部门同样依赖政府的放松管制，与政府实施合作监管，受让部分监管权，提升PPP项目监管效率成为公私主体合作的共同目标。代理问题的存在强调政府必须保留控制权。但在PPP项目中，公私主体是利益共同体，监管效率提升也符合私人部门的利益目标，这又强调私人部门在行使监管权方面的效率优势。因此，多元合作监管的双重关系特质，强调政府绝对保留监管权和相对保留监管权的差异化配置，前者更多保留于政府内部以解决代理问题，后者更适于配置给私人部门以提升合作监管效率。这种逻辑同样存在于政府与第三方机构之间的合作监管关系，其监管权配置也应秉持同样的原则。

PPP 项目监管环节与 PPP 项目执行环节相比，政府担保责任的兜底性压力更大，控制程度更高，因此交易成本节约原则、公共责任风险控制原则以及合作关系与代理关系在合作监管模式中受重视程度不同。监管的基本宗旨是控制公共服务供给风险，优化目标是在公共责任风险可控的基础上节约监管成本或提升监管效率。如果说 PPP 项目执行环节公私主体间是代理式的合作关系，那么公私主体在合作监管中的关系是合作式的代理关系，私人部门接受监管机构的行政委托实施自我规制才是本质，吸纳合作关系的原因在于提升行政委托的效率。简言之，政府 PPP 项目监管权的配置契合于“有效率的公平”原则，对监管秩序的保障在于监管效率的提升。

综上所述，政府绝对保留的 PPP 项目监管权包括绝大部分的传统行政监管权，该类权力具有消极行政特质，由政府掌握方能接受合法性审查的约束；政府相对保留的 PPP 项目监管权主要是绝大部分的契约监管权，其让渡于私人部门即属于自我规制权范围，其保留于监管机构即属于契约监管权范围，该类监管权力的典型特质是具有非强制性，倾向于私人部门的配置原则具有较高的监管效率提升可能性，它的内容基本上是围绕 PPP 项目运营行为本身的监督事项，而非直接事关 PPP 项目外部市场秩序的监督事项。政府 PPP 项目监管权的绝对保留也具有一定程度的相对性，即政府并非完全独占特定传统行政监管权，主要是占有其审批权，其建议权、执行权仍可让渡，如 PPP 项目监管政策制定权，可授权私人部门建议权，又如最终接管权，可授权项目实施机构实际接管权。此外，对于政府 PPP 项目监管权配置的绝对性与相对性同样存在“一事一议”的特征，但鉴于政府监管责任的特质，可通过法定方式明确政府绝对保留的行政监管权及其行使方式，法定绝对保留监管权之外的均可视为可让渡于私人部门（包括第三方机构）的监管权力；而合作监管协议的初始约定，可约定相对保留的政府 PPP 项目监管权主要由监管机构行使，但通过变更程序可让渡于私人部门。与 PPP 项目控制权配置不同的是，法定的绝对保留 PPP 项目监管权不可通过上级部门予以变更，因为它涉及处罚、取证等法律保留事项。

四、PPP 模式政府权力配置的规范性依据

PPP 模式中政府权力配置通过行政自由裁量权实现，契约治理的引入旨在平衡政府行政自由裁量权的约束与促进要求，其主要方式包括更新权力划分理念，构建协商性权力划分程序规则，提出权力保留绝对性与相对性的指导性规则。“约束与促进”兼容是现代公法体系重塑的主要问题，即“在拒绝法律实证主义的同时致力于回答这样一个问题：法律如何为当代社会提供一种能够安排和限定政治—行

政系统之运作的规范性框架”①。契约治理所提供的政府权力配置规则需要新的规范性框架,以保障其适用的确定性和包容性,从而避免陷入法律形式主义或导致权力滥用。新的规范性框架,从规范层级上看,首先是最底层的契约,其次是行政规则或行政机关制定的内部标准,最后是行政法、经济法、合同法等基本法律制度。

(一)PPP模式政府权力配置的规范体系与效力等级

PPP模式中政府权力配置的方式主要包括三种:依实定法规定配置、依行政自由裁量配置、依契约约定配置。依据实定法规定进行配置的主要是PPP模式中的传统政府行政权力,即主要属于政府绝对保留范围的权力,如PPP政策制定权、PPP争议行政裁决权等;而依据行政裁量和契约约定配置的主要是新派生的PPP政府权力,主要包括政府相对保留的权力和部分政府绝对保留的权力,如履约管理权和契约监管权的一系列子权力(利)等。除传统行政权力的配置外,PPP政府权力的配置均缺乏实定法规范。之所以寻求PPP政府权力配置的实定法规范,一方面,是因为控权原则是任何政府权力都必须遵循的基本原则,无论是传统的行政权力,还是派生的PPP政府权力;另一方面,是因为主体的有限理性和利益的冲突,无论是通过行政自由裁量权进行权力配置,还是通过契约协商方式进行权力配置,都无法保证权力配置符合社会公众的服务诉求。实定法是经过立法程序形成的规范,相比行政规则和契约更具客观性,更接近社会公众的普遍诉求。但是PPP政府权力配置所需要的实定法规范与传统行政权力配置的实定法规范有所不同。因为PPP模式中传统政府权力与PPP政府权力的功能发生了变化,其实定法的权力控制理念和要求均发生了变化。传统实定法规范秉持以权力制约权力的控权理念,该种理念下的政府权力均是审慎行使的消极权力;PPP政府权力包含审慎行使的消极权力和积极行使的积极权力,对权力间关系不仅有相互制约也有相互合作的要求,因此,其规范性质兼具控权法和赋权法属性。而实定法规范存在法律形式主义和工具主义的问题,需要更具灵活性和针对性的非法律规范如契约对其进行补充。因此,有必要探讨PPP模式政府权力配置的规范性框架。

契约治理视角下政府权力配置的规则体系②,已经不再局限于以政府为规范对象的行政法和行政规则,还包括契约法以及契约本身。契约治理,一方面起到倒逼行政规则自我完善的作用,另一方面契约也作为规则的来源对行政自由裁量权起到一定的控制作用。但契约在行政任务领域的运用对行政法规则体系产生了冲

① [英]马丁·洛克林:《公法与政治理论》,郑戈译,商务印书馆2002年版,第365页。

② 此处的规则是指包含法律、法规、规章等规范性文件和契约等具有指导性作用的规则。

击,行政契约的产生使行政法具有强烈动态感、实验感、紧张感和不确定感,①这是普遍性规则与个别化规则之间的冲突与张力,隐含的是传统行政法控权理念对政府完成行政任务的创造力与能动性的排斥。这种冲突与张力催生了合作行政法及其理论。② 契约带来的规则冲突感,不仅体现于行政法体系内,还体现于私法。传统契约法本属于私法框架,当契约成为行政任务的实现工具,"公共契约的出现便承载着公共政策和保护个人不受政府一切权力侵害两种需要"③,它们体现的是公共契约中政府特权与非政府主体权利保护的冲突,引发私法属性的传统契约法与两种需要的互动与冲突。因此,在公私合作领域的新契约法应当是兼具公私法属性的混合性契约法,而非传统契约法,契约法品格的变化也会引起公私合作契约性质的变化。因此,理论上,PPP 模式政府权力配置的规则体系包括行政法、合作行政法、契约法、混合契约法、行政规则和契约。

PPP 模式政府权力配置的规则包含不同类型,规则制定主体不同、规则制定方式不同、规则适用对象不同,形成了复杂的体系结构,因此其具体适用必须要解决不同规则之间的位阶问题。我国法律效力位阶共分为六级,从高到低依次是根本法、基本法、普通法、行政法规、地方性法规和行政规章。上述规则中行政法、合作行政法、契约、混合契约法效力冲突均有适用法律位阶原理的空间。但需要注意的是,它们原本的适用领域产生效力冲突的可能性不大,因为它们分别适用于公私法领域,即使存在不一致之处也可通过准用规范进行处理,但在 PPP 模式中,如政府在行使 PPP 协议便利终止权时,应当适应合作行政法还是混合契约法存在冲突,可通过特殊法优于一般法规则处理,但在以公私混合契约履行行政任务的场合中,合作行政法与混合契约法何种为特殊法仍有待考量。

行政规则和契约并非严格意义上的正式法律,能否适用法律位阶原理存有疑

---

① 参见[英]卡罗尔·哈洛、理查德·罗林斯:《法律与行政》(上卷),杨伟东等译,商务印书馆 2004 年版,第 400 页。

② 例如,美国行政法学者弗里曼因关注到不同角色在公共治理中的作用,以及由此引发的关于"不受限制的行政裁量权"及其责任缺失的问题,提出混合行政的新行政法理论。参见[美]朱迪·弗里曼:《合作治理与新行政法》,毕洪海、陈标冲译,商务印书馆 2010 年版。再如,我国行政法学者章志远指出在我国社会转型时期的行政法实践中,一种全景式的公私合作治理新动向正在生成。面对合作行政模式的兴起,建立在公私对立基础上、以行政合法性控制和行政相对人权利保障为取向、以司法审查为后盾的传统行政法学遭遇了结构性挑战,在行政法观念与原则、行政法关系与主体、行政法行为与责任等不同层面面临艰巨的重整任务。为顺应合作行政时代的现实需要,建构合作行政法尤为必要。参见章志远:《迈向公私合作型行政法》,载《法学研究》2019 年第 2 期。

③ [英]卡罗尔·哈洛、理查德·罗林斯:《法律与行政》(上卷),杨伟东等译,商务印书馆 2004 年版,第 415 页。

问。行政规则[①]主要是一种规范政府行政自由裁量权的内部规则,“行政规则是法律规定,而不是法律规范(外部法律规定)”[②],一般指代规章以下规范性文件。因此,行政规则一般不能直接适用于私人部门。但随着行政规则的发展,“行政规则效力的外部化已成为一种世界性现象,它的具体效力应视其样态和功能的不同而定”[③]。因此,行政规则与其他法律规则发生适用冲突时,是政府内部规定与外部法律规范的冲突问题,一般外部法律规范具有优先性。但行政规则与契约的适用冲突问题,是政府内部规定与外部约定的冲突问题。政府能否以内部规定对抗外部约定不同于私法领域公司内部规定与外部合同约定之间的冲突,后者是外部合同约定具有优先性,保护的是外部交易人合理信赖利益和市场交易效率,前者需要在公共利益保护和私人部门利益保护之间寻得平衡。同时,即使对外部产生效力的行政规则其本质上也是管理性规定,不能影响契约效力。另外,契约也是规则的一个来源,“订约被视为个人有限立法权力的行使”[④],但契约不同于契约法,并非法律规范。契约与其他法律规范的效力顺序问题,如果在私法领域,私法契约约定一般优先于契约法,但在公法领域,行政契约约定一般劣后于行政法,混合契约的约定是否优先于混合契约法亦是待解的问题。

PPP模式政府权力配置的规则体系之间存在复杂的效力顺序问题。因为这些规则并非都属于法律规范,无法简单适用法律位阶原理。而不属于法律规范的行政规则、契约又是调整PPP政府权力配置的主要规则,因此解决上述规则体系的适用顺序问题是PPP模式政府权力配置规范性的前提条件。本书认为,上述规则调整PPP模式中不同类型政府权力的配置,可通过识别具体政府权力来确定其调整

---

① 德国行政法学者毛雷尔认为“行政规则是指上级行政机关向下级行政机关、领导对下属行政工作人员发布的一般—抽象的命令。或者针对行政机关内部秩序,或者针对业务性的行政活动。行政规则的根据是上级行政机关的指令权,上级行政机关可以发布具体指令,也可以发布一般指令,即行政规则”。参见[德]哈特穆特·毛雷尔:《行政法学总论》,高家伟译,法律出版社2000年,第591页。英国学者也认为政府制定的规则是“管理者以准则或指示的形式将政策系统化,或把实践经验总结记录下来,在系统内部传达下去,并通过下级机构运用于个案”。参见[英]卡罗尔·哈洛、理查德·罗林斯:《法律与行政》(上卷),杨伟东等译,商务印书馆2004年版,第343页。

② [德]哈特穆特·毛雷尔:《行政法学总论》,高家伟译,法律出版社2000年,第592页。

③ 一般来说,行政规则表现为组织规则和业务规则、解释法律的行为规则或者规范具体化的行政规则、裁量控制的行政规则以及替代法律的行政规则等具体样态。对这些具体化的行政规则必须进行具体分析,可以说除了极少数行政规则仅适用于行政系统内部(如行政机关发布的公务员着装礼仪规定等)外,绝大多数行政规则在事实上都会对外发生效力。如果仅仅从形式意义上看,这些规范要求是行政机关的内部规定。但就功能意义而言,这些规定对外部行政相对人的合法权益都会产生实质性的影响。参见郑雅方:《我国行政规则研究中的若干误区之克服》,载《政法论坛》2012年第5期。

④ See H. L. A. HART, *The Concept of Law*, 2nd edition, Penelope A. Bulloch and Joseph Raz edited, Oxford University Press, 1994, p. 96.

规则的选择,因为不同政府权力具有不同功能需要不同的规则类型。PPP 模式中的传统政府权力和部分 PPP 政府权力,均属于政府绝对保留的权力范围,该类权力是带有强制性的项目控制手段,直接影响私人部门利益,该类权力的配置和行使必须要有法定依据,至少要有行政规则。这类规则体系强调的就是 PPP 模式政府绝对保留权力配置的法定性,其规则的约束力只能以法律为基础。相对地,PPP 模式中政府相对保留的权力即绝大部分的 PPP 政府权力,如绩效考核权、定价权等履约管理权,该类权力均是以契约为载体存在的权力,虽然其基本功能是保障 PPP 项目有效运营,但其更重要的功能是提升 PPP 项目运营效率,该类权力的配置和行使更适宜于约定方式。因此,契约规则强调的就是 PPP 模式政府相对保留权力配置的约定性,其约束力以合意为基础。

PPP 模式政府权力配置调整规则的法定性与约定性之分尚不能完全解决上述规则体系的效力冲突问题。因为政府绝对保留和相对保留的权力中有相当部分通过行政自由裁量权行使。[①] 而 PPP 模式中的行政自由裁量权既有控制项目的功能又有提升项目效率的功能,因而其调整规则既有控制权法属性又有赋权法属性,涵盖只能以法律为约束力基础的行政法、契约法、行政规则和以合意为约束力基础的契约。换言之,PPP 模式中政府权力功能并非单一的控制或促进功能,通常是兼具控制与促进功能,对其权力配置调整规则的选择,要事先判断具体权力的主要功能。促进功能更显著的应当优先适用约定性的契约规则或法定性的行政规则。因为 PPP 政府权力中不乏促进功能与控制功能相当的权力,如履约管理权和契约监管权,而行政规则与契约规则同样兼具有促进和约束权力的功能,在具体规则的适用选择上容易出现冲突,需要针对具体权力行使的具体场景进行判断。综上所述,根据 PPP 模式中政府权力的促进与约束功能锁定其调整规则,可将调整规则大致区分为法定性规则与约定性规则,但大部分政府权力兼具促进与约束双重功能,相应地,部分调整规则也兼具双重属性。因此,对具体权力配置调整规则的选择以及不同规则之间的效力冲突,需要视具体情况而定,并需要更有针对性的判断标准。

(二)PPP 模式政府绝对保留权力配置的法定性

PPP 模式政府绝对保留权力配置的法定性,是指调整政府绝对保留权力配置的规则均以法律为约束力基础。它包含行政法、合作行政法、契约法、混合契约法、行政规则等法律规定。因为是关于政府绝对保留权力的配置,其规范对象主要是政府行为,包括政府行使传统行政权的行为、行使行政自由裁量权的行为和行使缔

① PPP 模式中政府行政自由裁量权包括公共控制权、履约管理权和契约监管权,除由法律明确规定的传统行政权力之外,PPP 政府权力基本以行政自由裁量权的行使存在,除非让渡予私人部门成为后者的经营控制权和自我规制权。

约权的行为。针对这些行为所涉权力的不同功能,在规范选择上,政府行政行为主要受行政法规范,自由裁量行为主要受行政规则规范,缔约行为的规范依据则较为丰富,包括合作行政法、契约法、混合契约法和行政规则。

传统行政法,其作用“被限制在界定私人行为的抽象领域,以保证私人利益的自主追求”①。它强调政府行为和权力必须有明确的法定依据。它对政府权力的规定是通过“行政权”与“行政行为”等抽象性概念进行的,如法律规范中明确规定的具体行政行为与行政权力类型。政府的功能就是依据法律制定执行这些权力和行为。这些传统行政权力形成于秩序行政时期,并仍然存在于现代社会的行政任务领域,如警察权力、财政权力、征税权力以及执行刑罚或处罚权力等。现代政府的行政权力在行政任务不断扩张的同时获得了发展,包括行政立法权、行政裁决权等。PPP 模式是政府给付行政任务履行的一种方式,带有消极色彩的强制性法定行政权力运用不多。从整体角度看,政府在 PPP 模式中运用的传统行政权大致包括:中央政府及其部委的 PPP 政策制定权、规章制定权、预算权等;监管机构的行政处罚权、最终接管权、财政监督权、审计监督权等,或针对相关责任人员的治安拘留权等。

PPP 模式中政府行政自由裁量权主要受行政规则约束。现代政府行政权力分化后,不同性质权力的消极与积极色彩不同。行政决策权与行政监管权的消极色彩重于行政执行权,其积极色彩则弱于行政执行权。因此,行政执行权在 PPP 模式中承担更加积极的促进功能,与传统行政法具有消极色彩的控权理念不相适应,其规范依据一般是通过政府行政立法权制定的包含各类“专业知识”的行政规则,如技术标准和绩效标准等。相较于传统行政法规范,行政规则赋予政府行政自由裁量权充分的自由,其对裁量权的控制方式是提供统一的操作规范。这些具体的实体和程序标准在一定程度上替换了市场主体的自我管理,它旨在弥补市场缺陷。因此,政府自由裁量权在 PPP 模式中的运用较普遍。它主要表现在行政行为形式选择的自由,即在 PPP 项目启动前、执行中以及移交后,政府可采取以行政权方式履行责任,也可以采取契约方式履行责任。如私人部门的准入,可采取特许方式也可采取公开招投标竞争方式;如 PPP 项目运用过程中,再投资决定权,可采取政府自行决定方式也可采取双方事先约定投资总额方式。因此,受行政规则约束的行政自由裁量权主要是未采取契约方式的 PPP 政府权力。

PPP 模式中的政府缔约权是政府以契约方式履行责任的手段,它是政府自由选择行政行为形式的结果。选择不同的行政行为形式,也就是选择不同的行为规

---

① [德]图依布纳:《现代法中的实质要素和反思要素》,矫波译,载《北大法律评论》1999 年第 2 期。

范。契约是双方合意的法律行为,其法律效果取决于双方协商的过程,不同于行政行为其法律效果取决于政府单方意志。无论是行政法还是行政规则,均对权力内容、权力行使方式、权力行使过程以及权力行使效果作出了事先规定,政府必须遵循。但契约行为的结果是无法通过规范进行事先确定的,经过双方互相博弈之后才能获得其具体结果,因此,政府缔约行为无法从行政法、行政规则中获得规范依据。私法契约适用于契约法,契约法对契约的干预也仅是提供一般性的缔约程序规则和对等性的权利义务配置规则,并不对缔结结果进行干预,因此政府缔约行为有适用契约法的余地。但政府在 PPP 模式中缔结的契约,包括公私合作供给契约、公私合作监管契约属于混合性契约,虽能适用传统契约法的程序性规则,但其权力(利)义务配置并不遵循形式上的平等规则,它需要合作行政法、混合契约法提供规范依据。

控制功能是所有政府绝对保留权力的基本功能,根据控制程度的差异性,依次匹配控权属性不同的法律规范与规定,这是厘清不同绝对保留权力配置调整规则间关系的首要步骤。它的目的是为 PPP 模式中的政府行为确立法律保留原则,由法律保留的行为和权力是政府履行兜底责任的最后手段,是不能让渡或以弱强制性方式行使的,否则不利于公共风险的防御。同时,因为该类权力的强制性和严厉性,必须受法律的约束才能避免政府权力对非政府主体权利的侵犯。在法律保留原则之外,政府权力的促进功能不断增强,控制功能与促进功能共存,使不同调整规则适用冲突的解决显得不那么明朗。从行政行为形式自由选择角度看,消极行政行为、积极行政行为、缔约行为是不同的行政行为形式,政府可自由裁量。消极行政行为受传统控权法调整自无疑问,但积极行政行为和缔约行为所涉政府的积极行政权和缔约权兼具控制功能与促进功能,双重功能的权重只有轻微差别,无论是适用行政法和行政规则,还是适用合作行政法和混合契约法,其权力配置调整规范的选择主要取决于政府自由裁量。但是一旦政府作出了选择,就确定了相应的调整规则,如果仍然发生冲突则适用法律位阶原理,这就是 PPP 模式中政府权力行使的自由裁量原则。因此,政府绝对保留权力配置与行使遵循法律保留原则和自由裁量原则,均受"依法行政"的约束。

需要强调的是,政府绝对保留权力配置的调整规则之间是具有不同法律理性的规则,其存在的正当性基础、外在功能以及内在逻辑结构均具有差异性[①],其所规范的权力也存在于不同治理场景,因此通过对不同规则的法律理性进行观察也

---

① 每种法律理性类型还具有三个理性维度:规范维度、外在功能维度和内在结构维度。规范维度即规范理性强调的是相应法律存在的正当性基础,外在功能维度即系统理性则体现了相应法律在社会系统中所发挥的功能以及对其他子系统的回应能力,而内在结构维度即结构理性就是指相应法律规则的逻辑结构。参见王小钢:《托依布纳反身法理论述评》,载《云南大学学报法学版》2010 年第 2 期。

能解决不同权力配置调整规则的效力冲突。根据图依布纳的观点,法律经历不同演化阶段,形成了具有形式理性、实质理性与反身理性的法律①,不同理性的法律在不同的社会发展阶段扮演主导角色。当福利国家兴起后,法律从形式法转向实质法,法律规则体系也从一般化的规则转变为旨在实现目的规划的规章、标准和原则。② 但"实在法系统不能胜任功能分化社会的复杂性"③,因为它"忽视了法律系统认知能力的有限和其他社会子系统的独特运行逻辑"④。为解决形式法的形式主义和实质法的工具主义问题,法律演化进入反身法阶段。反身法的规则形式主要是对过程、组织、权利与权能分配予以规制的程序规范,它对社会行为控制是间接的和抽象的,因为法律制度仅仅决定未来行动的组织前提和程序前提。⑤ 像我国社会系统正处于不断分化的阶段,初步形成了各类子系统,但子系统之间的独立性仍然不足,因此三种理性类型的法律通常是共存的。正如我国 PPP 模式实践中所依赖的规则体系,行政法仍是具有形式理性的规则体系,调整消极行政权;而行政规则具有实质理性,可调整积极行政权,而合作行政法、混合契约法则具有反身理性,适宜调整政府缔约行为。

(三)PPP 模式政府相对保留权力配置的约定性

PPP 模式政府相对保留权力配置的约定性,是指调整政府相对保留权力配置的规则以合意为约束力基础。契约是调整政府相对保留权力配置的基本规则。政府相对保留权力分布于 PPP 项目的不同环节,它们均以契约为载体,主要包含于 PPP 项目执行环节的履约管理权和 PPP 项目监管环节的契约监管权中,是除契约便利终止权、单方变更权等政府绝对保留权力之外的契约权力(利)。这些政府权力功能均包含促进和约束功能,相较而言,履约管理权的促进功能强于契约监管权,但其约束功能弱于契约监管权,这与两者所承担的公共服务目标不同有关。

履约管理权应优先适用契约及混合契约法。因为履约管理权是政府让渡权利之后保留的监督权利,它的存在服务于私人部门的项目经营权利,以效率原则为

---

① 法律理性概念最早由韦伯提出,它关注的是法律内在结构合理性。哈贝马斯批判继承了韦伯的法律理性概念,哈贝马斯认为韦伯忽略了规范合理性,除内在结构合理性以外,法律理性还可能表现为系统合理性、策略合理性以及规范合理性。其中系统合理性、内在结构合理性和策略合理性都不能充分阐明法律理性,现代法律的合理性增长以它的规范合理性为衡量标准。参见[德]尤尔根·哈贝马斯:《重建历史唯物主义》,郭官义译,社会科学文献出版社 2000 年,第 251 ~258 页。

② See Gunther Teubner, *Substantive and Reflexive Elements in Modern Law*, Law and Society Review, Vol. 17:2, p. 257(1983).

③ [德]图依布纳:《现代法中的实质要素和反思要素》,矫波译,载《北大法律评论》1999 年第 2 期。

④ 谭冰霖:《环境规制的反身法路向》,载《中外法学》2016 年第 6 期。

⑤ 参见[德]图依布纳:《现代法中的实质要素和反思要素》,矫波译,载《北大法律评论》1999 年第 2 期。

优先。

首先,是契约规则对行政规则的优先性。财政部《PPP项目绩效管理指引》第17条规定:“项目实施机构应根据项目合同约定,在执行阶段结合年度绩效目标和指标体系开展PPP项目绩效评价。”即财政部以行政规则规定了项目实施机构的绩效评价权。如果公私主体通过约定改变了绩效评价权的配置,如由私人部门自行负责绩效评价并由项目实施机构继续负责绩效监控。这种冲突类似政府内部规定与政府外部约定之间的效力冲突。在私法领域,公司外部约定效力不受公司内部规定的影响,其价值考量是保护合同相对方的信赖利益进而提升交易效率。这种基于效率原则的效力冲突解决方式对履约管理权有借鉴意义,即政府外部约定仍然有效。根据行政规则的样态和功能,PPP行政规则基本上是对外部有效力的法律规定,可理解为行政法规、规章以及其他规范性文件中的管理性强制性规定。但即使如此,只有公司主体关于绩效评价权的约定违法了法律的效力性强制性规定才构成无效。通常,只有基本法律才能规定法律效力性强制性规定,管理性强制性规定不足以影响公私主体约定的效力。

需要强调的是,履约管理权中相对保留权力内容主要关于公共服务的生产销售过程,具有突出的私权属性,但其承担的是公共责任,因此,公私主体关于该部分权利的约定并不具有绝对的优先性。行政规则尤其是具有外部效力的行政规则仍有对其实施约束的必要性。它本质上是政府相对保留权力行使的不同形式之间产生冲突,如自由裁量行为(制定行政规则)和缔约行为的冲突。结合履约管理权的价值诉求和相对保留权力的功能,公私主体的约定应当优先于政府单方自由裁量行为,即使通过制定行政规则方式作出。如果政府想要强化特定履约管理权,如绩效评价权的控制程度,应当通过更高阶的法律文件形式作出,而在部门法选择上也应当以契约法形式作出,这更有助于保障公私主体合作关系的稳定性和公平性。

其次,是混合契约法与契约的效力冲突视具体履约管理权而定。履约管理权中的便利终止权和单方变更权虽然是政府绝对保留的权力,其具体行使程序、权利义务、法律后果等基本由契约法明确规定,但公私主体仍然得以对权利行使的具体情形、具体程序以及补偿标准的具体计算方式等细节作出规定。因便利终止权与单方变更权的主要功能是控制功能而非促进功能,当契约约定与混合契约法规定冲突时,优先适用混合契约法①;如果混合契约法未作出规定,只要不影响政府法定职责履行、不损害公共利益的,契约约定仍然有效。履约管理权中退出限制权、绩效考核权和介入权等PPP项目日常运行秩序维护权利的约定,只要不违反法律的效力性强制性规定均应当有效,即契约规则优先于混合契约法。总体上,属于政

① 混合契约法与合作行政法适用冲突时,应当遵循特殊法优于一般法原则。

府相对保留权力范围的履约管理权,由于其功能定位,公私主体的具体约定具有优先性。

契约监管权的配置存在契约规则与混合契约法规范冲突时,优先适用混合契约法。契约监管权相较于履约管理权,承担更重的PPP项目控制责任,只有在不增加公共责任风险的基础上才有追求监管效率的空间。即契约监管权可自由约定的范围较小。监管协议便利终止权和单方变更权是行政优益权,是政府行政自由裁量权的具体表现,在政府内部它受行政规则规范,在外部它受混合契约法规范,合作监管协议基本上不能对其行使条件、行使程序和法律后果作出细化或变通规定。只有外部考核权、行政约谈权、价格监督权、临时接管权等契约监管权的具体细化或再配置可通过合作监管协议进行约定,但不能违背混合契约法的具体规定。需要指出的是,契约监管权是行政监督权的派生形式,它受到较多的行政规则约束,但行政规则是政府的内部规定,当监管协议关于契约监管权(如外部考核权)规定与行政规则不一致时,不宜直接认定监管协议无效,因为行政规则不是效力性强制性规定,通常都是管理性强制性规定,为了保障合作监管的稳定性,只能发生协议履行不能的法律后果,如果强制政府履行会导致政府监管责任的丧失。这是契约监管权与履约管理权不同的地方之一。

综上所述,政府相对保留权力的配置规则主要是契约,但政府契约权力(利)上既负担了公共利益保护责任,也负担了私人利益保护责任,无可避免会存在契约与混合契约法适用的冲突,以及政府行政规则对契约约定的影响。总体做法是,根据权力(利)作用的不同环节,选择适宜的调整规则,在权力(利)促进功能和控制功能之间保持平衡。但即使是在混合契约法优先适用的场合,也应保障公私主体契约约定的自由空间,因为权力的契约化本身就是服务于公共服务供给效率目标的,即混合契约法不可过分介入契约约定。在特定情形下,即使没有外在的契约法律制度,主体借助契约也能达成自治行动纲领。在公私合作情境中,只要把这里的“个人”读作“政府”,“契约规制”的潜力就变得异常鲜明。① 因此,混合契约法应当是具有反身理性的法律,它既不是提供一般性规则,也不是处置特定争议的个别性规则,主要是提供有关权能、程序、组织和商谈的规范②,这些规范有助于其他社会系统民主的自我组织和自我规制。

---

① [英]卡罗尔·哈洛、理查德·罗林斯:《法律与行政》(上卷),杨伟东等译,商务印书馆2004年版,第403页。

② 如劳动法具有典型反身法特质,其对集体谈判的法律规制主要就是通过型塑集体谈判的组织、界定程序性规范、限制或扩展集体行为者的权能。法律试图平衡谈判权,但这只是间接地控制了谈判的具体结果。

第六章　政府改革:PPP 制度创新、央地关系与部门利益协调

政府改革即对政府行政模式的重新塑造,是政府对其文化、任务、结构、程序、运作等层面有意识和有目的地变革、重组、重构、改革与创新。[①] 19 世纪 70 年代,在新公共管理改革推动下,各国纷纷对其行政体系的结构、功能等进行全面改造,通过开展轰轰烈烈的政府再造运动,实现政府治理模式的重大调整。政府再造运动是现代政府公共权力新型分化和制衡结构产生的过程,公共权力归属不再仅限于国家和政府,政府公共权力配置和运作发生方式变化,由此产生各种不同的治理机制和治理模式,公私合作(PPP 模式)就是政府再造运动在公共服务领域的体现。政府公共权力的分化和社会化首先体现在中央政府公共权力内部和外部的再造,随后蔓延至地方政府。在我国,地方政府作为制度创新的行动者,对 PPP 模式的发展和实施效果产生很大影响。[②] 因而,公共服务公私合作机制在我国的本土化,需要嵌入我国政府再造变革过程,它既是央地关系协调问题,又是政府与社会合作问题。同时,我国地方政府作为制度创新的实际行动者扮演关键角色,公私合作制度的本土化又与地方政府制度竞争息息相关。只有完善央地政府、政府部门间等政府内部权力配置结构,政府才能以相对清晰的主体地位与私人部门展开实质

① 参见张成福:《面向 21 世纪的中国政府再造:基本战略的选择》,载《教学与研究》1999 年第 7 期。

② 参见陈婉玲、胡莹莹:《我国 PPP 模式的功能异化、根源与解决方案》,载《上海财经大学学报》2020 年第 3 期。

性的合作,这才是我国 PPP 健康发展的基本前提。

一、我国公私合作 PPP 制度的实践

我国政府在公共服务领域大力推广政府与社会资本合作(PPP)模式,其政策初衷是鼓励社会资本参与基础设施建设,配合公共服务供给侧结构性改革,与将“管理主义和契约主义”引入市场力量化解政府服务低效的理念相一致。因此,PPP 模式可视为我国政府再造进入重塑政府与社会关系阶段的一个重要信号。但本轮 PPP 热潮除上述深化改变的背景外,还有一个现实动因——规范地方政府举债融资机制,化解地方政府债务危机。现实情况是,地方政府借助 PPP 模式的融资功能实现建设资金筹集并拉动投资成为本轮热潮的重点,这直接导致 PPP 制度在实践中出现问题。

目前,PPP 模式已然成为我国地方政府实现大型基建项目投资的融资工具,在促进地方公共服务建设和控制地方债务风险的夹缝之间艰难行进,一方面,表现在民营企业参与的外部环境和动力不足;①另一方面,PPP 项目运作带有明显的债权投资特征,大量伪 PPP 被“改造”成形态多样的地方政府融资工具。② 这种 PPP 发展现状与公私合作治理的模式功能相去甚远,政府内外清晰的分工结构是多元合作的基本前提,而作为公私合作执行者的地方政府缺少相应的职能分工,当其与私人部门开展合作时,表现出的并非合作的努力,有时还会损害私人部门权利。

(一)我国政府改革与 PPP 模式权力配置

现代国家政府内部为构建公私合作模式主要从两个方面进行了改革:一方面,是政府权力配置结构的改革,即将行政权划分为决策权、执行权、监督权,为政府与非政府主体的权力配置结构奠定基础;另一方面,是政府权力行使方式的变革,即在不同权力主体如决策部门与执行部门之间采取绩效合同方式,为政府与非政府主体的权力关系方式创设新形式。政府内部关于权力配置结构和权力行使方式的变革是公私合作模式产生的行政体制条件。因此,政府再造运动是政府内外环境

---

① “明树数据”2017 年 9 月 11 日专题报告显示,从 2014 年至 2017 年 7 月,民营企业占 PPP 市场份额呈“先高后低”态势,2015 年 12 月是转折点。民营企业中标 PPP 项目总投资规模占已落地 PPP 项目总投资规模从 2015 年 12 月的 35.5% 下滑到了 2017 年 7 月的 24.77%;民营企业中标 PPP 项目个数占已落地 PPP 项目总数的比例从 2015 年 12 月的 55.75% 下滑到了 2017 年 7 月的 47.62%。参见《数据报告系列:民营企业参与 PPP 项目“双降”原因探析及政策建议》,载微信公众号“明树数据”,https://mp. weixin. qq. com/s/KgxNRV043Qd4thgG0N4iYQ,访问日期:2019 年 9 月 9 日。

② 《全国 PPP 综合信息平台项目库第 7 期季报》披露,截至 2017 年 6 月末,全国入库项目 1.36 万个,累计投资额 16.3 万亿元。而审计署报告披露,截至 2016 年年末,我国地方政府债务 15.32 万亿元,与 2010 年年底相比,增长率为 43.2%,地方政府债务率(债务余额/综合财力)为 80.5%,引发地方政府财政可持续性担忧,载 http://www. cpppc. org/zh/pppjb/9120. jhtml,访问日期:2019 年 12 月 1 日。

共同作用的结果，外部趋于多元的社会结构促使政府内部行政体制改革，而内部行政体制改革通过权力社会化方式强化社会的多元共识模式。

我国政府改革目前的现状是，政府内部权力配置结构改革仍停留于政府层面而未深入到政府组织层面，即主要是关于政府不同部门之间以及央地政府之间的行政权分配，尚不明确具体哪些行政主体或哪些行政任务环节可与非政府主体共享公共权力；政府权力行使方式改革也尚未触及非权力形式的运用，虽然在大量行政任务领域存在行政协议、PPP 协议，但尚未从体制改革方面予以确认。

我国政府改革最为典型的实践是 2004 年深圳推行的以“行政三分制”为主题的改革，它将政府部门一分为三，即按照决策权、执行权、监督权的划分标准分设决策局、执行局和监督部门，决策局与执行局之间同样采取签订绩效合同方式履行职能。深圳“行政三分制”改革被视为推进我国“部门行政”向“公共行政”的转变，必将成为转型期中国政府管理体制创新的方向。① 但深圳的“行政三分制”改革后来归于沉寂，因为改变过去以职能划分方式为流程方式，同样涉及决策局、执行局和监督部门的权限划分，会触及原有部门的权力格局（利益）以及地方政府部门设置与中央部门设置的对应性问题，同时还包括形成的新部门内部的管理问题。

我国政府改革的另一典型实践是 2008 年开始的“大部制”改革②。但学界对“大部制”改革意见存在两种理解：第一种看法认为大部制改革是权力结构的重组，它实行的是行政决策权、执行权和监督权的合理划分和相对分离；③第二种观点则认为大部制改革是以职能为基础的组织结构重组。④ 实际上，决策权、执行权、监督权既相互制约又相互协调，它既可以从权力配置层面去理解，意味着政府横向组成部门可以分政策性机构、执行性机构和监督性机构；它又可以从机构和部门层面去理解，意指就政府的一个组成部门或机构而言，它在其执行职能的运行中，也包含了决策、执行和监督三个方面，此时被理解为三种职能。⑤

---

① 参见易正春：《部门行政向公共行政的转变——从深圳“行政三分制”看中国行政改革新取向》，载《黑龙江社会科学》2003 年第 6 期。

② 党的十七届二中全会通过的《关于深化行政管理体制改革的意见》（以下简称《意见》）指出：“按照精简统一效能的原则和决策权、执行权、监督权既相互制约又相互协调的要求，仅仅围绕职能转变和理顺职责关系，进一步优化政府组织结构，规范机构设置，探索实行职能有机统一的大部门体制，完善行政运行机制。”参见中共中央、国务院共同印发的《关于深化行政管理体制改革的意见》，载中央人民政府网 2008 年 3 月 3 日，http://www.gov.cn/gongbao/content/2008/content_946042.htm。

③ 参见许耀桐：《大部制：再造政府权力结构的契机》，载《改革内参》2008 年第 6 期。

④ 如中编办副主任王峰指出：“通过这一轮机构的调整要达到一个什么目的呢？就是使我们的机构设置更加合理，使老百姓最关心领域里的机构的调整能够更科学，通过调整使职能的配置更科学，从而达到我们改革的目的。”参见王峰：《大部制完全正确，但要稳步推进》，载中国共产党新闻网 2013 年 3 月 11 日，http://theory.people.com.cn/n/2013/0311/c148980-20746624.html。

⑤ 参见竺乾威：《大部制改革与权力三分》，载《行政论坛》2014 年第 5 期。

我国大部制改革形成了多种权力划分方式并存的中央政府部门。如2018年的国务院机构改革方案,发改委、财政部、证监会、市场监督管理总局等均是按照“三权”划分方式的部门,而新组建的科学技术部、国家卫健委、生态环境部、自然资源部则是根据现代社会新公共服务需求(按照职能需求)划分的部门,以及其他重组或优化的科学技术部、司法部、水利部等部门则是根据原本的职能划分再行调整。横纵标准的交叉,使中央政府各部门在一定程度上共享决策权、监督权和执行权,实现相互制约和相互协调功能具有一定难度。因此,我国“决策权、执行权和监督权的相对分离指的是政府层面而不是机构层面上的分离”①。政府改革不足无法为社会主体介入公共服务领域提供相应的制度条件,即无法形成与社会多元主体共享公共权力的行政体制。以PPP项目实施机构为例,作为私人部门的合作方,它应当具有相对独立且职能清晰的项目执行权,但目前财政部、发改委等中央部门仍然掌握着绝大部分的PPP项目决策权和执行权。如对地方政府PPP项目规划的过度控制,在我国PPP项目综合信息管理平台建立之后,对于未录入该平台的地方政府PPP项目予以终止处理,未充分尊重地方政府的PPP项目启动权,也导致对私人部门正当利益的损害。中央部门对地方政府及其项目实施机构的干预是行政命令的简单运用,完全不同于绩效合同的约定方式,行政命令方式还会蔓延至项目实施机构与私人部门的关系。因此,这样的权力结构和权力运作方式难以获得真正意义上的公私合作。同时,财政部和发改委还掌握着PPP项目的行政监督权,并且通过项目实施机构行使具体项目监督权,项目实施机构的合作者身份容易被监督者身份吞噬,对私人部门的行政控制程度更强。而项目实施机构与私人部门之间的协议关系,更多时候是作为一种行政控制的工具,对其定性和争议处置也并未真正受到重视。

政府的权力观念直接决定政府主体与社会主体之间的关系方式。政府权力主导强化公民依赖性,两者互相作用,难以形成有效的公共权力分享和互动机制,进而无法推动社会主体治理能力和自治观念的培育。即使我们在不同的社会领域引入了公私合作制度,当政府面临较重的促进和培育公私合作制度发展任务的同时,以权力方式配置资源仍然是政府不可避免的选择。

(二)我国公私合作PPP模式制度发展现状

首先,PPP模式制度内核与我国非正式制度传统会产生矛盾。“公私合作制是通过契约约束机制明确公、私各方的具体权利和义务,其本质是政府以市场方式寻找匹配的合作伙伴。”②这种契约约束机制从不同层次和不同形态包括三个方面:

---

① 竺乾威:《公共行政的改革、创新与现代化》,复旦大学出版社2018年版,第131页。

② 陈婉玲:《公私合作制的源流、价值与政府责任》,载《上海财经大学学报》2014年第5期。

平等合作的契约精神和理念;交易惯例、协商机制等市场契约规则;契约法制度。这些正式制度和非正式制度都是 PPP 制度赖以产生的基础。然而,非正式制度的参考存在难度,"正式制度可以从一个国家移植到另一个国家,但与之相适应的非正式制度由于其内在的传统根性和历史沉淀,其可移植性较差,它取决于文化遗产对移植对象的相容程度"①。经过数十年的发展,我国已形成市场经济的契约精神和较为完善的契约约束机制,政府与社会资本的平等合作关系也处于观念培育和摸索过程。

PPP 的制度内核是私主体间的平等合作关系在公私合作领域的延伸,是"异质性"②主体间的平等合作,公私部门之所以能够合作,是基于对提高公共服务供给效率的共识。PPP 制度的诞生是发达国家在公共服务领域变革中,重新厘定政府与市场边界及其互动关系的产物。公共产品理论对私人物品与公共物品做了划分,并认识到市场在公共产品供给上的缺陷,从而界定了政府与市场在产品提供上的"专属领域"。现代社会,随着政府职能日益多元化,从刺激经济、维护市场竞争秩序到缓解就业和贫富差距问题,政府的支出责任不堪重负,兼之政府官僚制本身的缺陷,由政府"垄断"公共服务的方式不能回应社会对多样化公共服务的需求,市场力量被寄予新的期待,公共服务领域的公私合作模式应运而生,这种平等合作的观念基础是政府对"己方之劣势"的认识和"彼方之优势"的尊重。在我国,基于文化传统上的历史承继性,民众对公共服务供给的政府主导模式具有较强的依赖性,这种传统在公共服务领域的体现,一方面,是政府垄断公共服务供给的制度现实和民众对政府干预的心理认同;另一方面,是私人部门缺乏参与大型公共服务项目建设和运营能力。

其次,我国国有经济占主体地位的所有制结构对 PPP 模式的制度安排产生了深刻的影响,将社会资本合作方的范围拓宽至国有企业就是对这种所有制结构特征的适应性调整,这种调整形成了 PPP 实践的问题。将国有企业纳入社会资本范畴,一方面,是由于我国国有经济占主体地位且体量庞大,且很大一部分国有企业建立了现代企业制度并按照市场规则从事营利活动;另一方面,是因为 PPP 项目主要适用于基础设施和公用事业投资建设领域,这些领域过去一直由央企、国企承担,各类央企、国企积累并聚集了大量的专业知识、管理经验、人才队伍,相较私人资本,政府与国有企业在价值取向、行为方式、合作经验上更具契合性。但是这种契合性以及由此带来的 PPP 项目市场竞争环境是不够公平的,即政府难以通过真

---

① 熊必军:《试论非正式制度》,载《湖南省社会主义学院学报》2005 年第 1 期。

② 私主体之间在价值取向(逐利)、权力配置(平等的权利义务)、行为约束(外部法律、政策、惯例、理念)上基本是相同的,其开展平等合作所存在的障碍不同于公私合作。

正的市场方式寻找匹配的合作方。

PPP 模式作为内在协调的合作制度,需要一种统一有序的政策指导和规则体系,尽管以让渡“公共服务裁量权”为手段的“私人参与、公私合作、公私协商、公私共治”等多元公共服务治理模式已经成为改革追逐的目标,但政府职能的科学分工、定位与协调,首要得依靠政府自上而下的改革。

另外,PPP 模式在我国尚缺乏充分的配套性技术支撑。实际上,20 世纪 90 年代,我国基建领域就存在以吸引外资为主的公私合作 BOT(Build-Operate-Transfer)模式,无论是 BOT 中的外资方,还是 PPP 中的私人投资者(包括外资方),在央企、国企共同参与角逐的情况下,他们始终是配角,其原因在于公共部门若选择私人部门作为合作伙伴,既要承担制度实施责任,还要兼顾私人部门投资利润,监督私人部门建设运营行为,这将比与央企、国企合作付出更加高昂的合作技术成本。以 PPP 项目融资技术为例,基于我国私人部门融资存在障碍的现实,如果政府选择私人部门作为社会资本方,融资结构的安排对合作双方而言都是难题,政府面临为私人资本融资增信的政治、法律风险和承担私人资本融资失败的兜底风险,而融资技术安排不当将导致公私合作失败,进一步影响 PPP 项目的有效开展。①

除融资的结构安排外,公私合作需要解决的技术支撑条件还包括物有所值定量评价技术、财政承受能力论证技术、项目绩效考核技术、项目资产证券化技术等,它们是制度移植的配套性和适应性条件。PPP 项目具有长期性和系统性,完全不同于一次性交易或合约,其合作秩序是不确定的,合同安排亦是复杂的,无论是项目识别阶段的 PPP 模式价值考量,还是项目运行的绩效评价和过程监督,PPP 模式的具体实施都离不开上述技术条件的相互作用和支撑。对我国政府而言,虽然与央企、国企的结合能够通过行政命令和隶属关系减少合作技术的设计和实施成本,但也降低了政府对制度配套性技术支撑条件的建设热情与步伐。

综上所述,从整体来看,PPP 制度运行低效是因为与我国制度环境存在不适应性。在我国,公共服务“行政供给”思维牢固,国民在公共物品消费问题上对国家(政府)有较强的依赖性。由于在短时间整体塑造形成“政府理性克制、市场专业独立、社会自治和谐”的公私合作制度环境成本较大,因此,要实现 PPP 制度的真正价值,只有对 PPP 制度的内容及其运用作出创新性的修正,才能激发其生命力,这也是各国制度通常会采用的手段,但制度的创新同样受制度环境的制约,在我国,地方政府作为制度创新的行动者,对 PPP 的发展方向和实施效果产生重大的影响。

---

① 例如,曾在 2018 民企 PPP 中标榜单上高居第二位的“北京东方园林环境股份有限公司”,因盲目跟进 PPP 项目而陷入融资债务危机,为化解危机,其实际控制人何巧女夫妇将 5% 股权转让给朝阳国资委旗下企业。参见《何巧女“告别”东方园林,“女首富”在突围后谢幕》,载 https://mp.weixin.qq.com/s/x2SOLXgl2LIP50TGfk9owA,访问日期:2019 年 11 月 2 日。

二、央地关系协调:我国 PPP 模式政府权力结构完善的基础

解决我国公私合作制度问题必须建立在对我国政府“供给主导型”而非市场“需求诱致型”制度变迁特征的理性认识基础上,即虽然“我国改革的深化必然受到制度需求的影响,但在更大程度上受制于权力中心在既定的政治经济秩序下提供新的制度安排的能力和意愿”。① 因此,公私合作制度作为一种强制性制度安排,无论其正式与非正式规则都离不开政府的作用。② 更为重要的是,在制度变迁过程中,地方政府因信息优势一定程度上减弱了中央政府的主导地位,又因权力优势限制了微观主体的话语权,决定着制度变迁的具体实施,制度变迁的推进甚至取决于“地方政府的同意和支持”。③ 同时,中央部委作为中央政府的“政策代理人”,其部门利益与地方政府的地方利益容易产生“共谋”和“相互扯皮”的倾向,加大双方机会主义行为出现的风险。因此,我国公私合作制度的创新性构建,必须以协调央地关系为核心,消解中央政府层面“权力、利益部门化”问题,并采取激励和约束相结合的手段引导地方政府进行公共服务供给制度创新与竞争才有成效。央地关系协调的落脚点是地方政府获得相应自由裁量权,可与私人部门开展平等合作。

(一)地方政府 PPP 行政执行权的授予与保障

公私合作制度的创新与发展,授予和保障地方政府行政执行权是首要步骤。我国央地关系并不能简单地用分权或集权来概括,而且它也不是静态的而是动态变化的。有学者分析指出,市场化改革以后,我国央地关系基于特定的政策目标在不同的政策领域有收有放,呈现分权与集权并行的态势,相互间形成了“复杂且灵活的动态调整”过程。该过程具有三个特点:为了增强政策调整的适应性采取渐进式的集(分)权;由于不同政策的异质性采取有选择的集(分)权;基于政策工具的多样性形成了差异化的集(分)权。因此,我国央地关系的调整带有典型的功能主义特征,在不同维度上形成了权力和资源配置的集权与分权的混合结构。④ 这种

---

① 杨瑞龙教授提出中国向市场经济体制渐进过渡依次经过供给主导型、中间扩散型和需求诱致型制度变迁的三阶段假说并进行论证分析,该成果被认为处于中国制度经济学研究的前沿。“需求诱致型”即“由一个人或一群人在响应获利机会时自发倡导、组织和实行的”自下而上的制度变迁方式,而在“供给主导型”制度变迁中,“权力中心的制度创新能力和意愿是决定制度变迁方向的主导因素”,中间扩散型制度变迁方式,是指具有独立利益的地方政府充当制度变迁“第一行动集团”的制度变迁方式。参见杨瑞龙:《论制度供给》,载《经济研究》1993 年第 8 期;杨瑞龙:《我国制度变迁方式转换的三阶段论——兼论地方政府的制度创新行为》,载《经济研究》1998 年第 1 期。

② 参见胡书东:《论政府主导的中国制度变迁》,载《社会科学战线》2010 年第 6 期。

③ LI, H. *Government's Budget Constraint, Competition and Privatization: Evidence from China's Rural Industry*, Journal of Comparative Economics, 2003, 31, (4), p. 502.

④ 参见朱旭峰、吴冠生:《中国特色的央地关系:演变与特点》,载《治理研究》2018 年第 2 期。

混合结构的运作逻辑是,当初始(静态)央地关系权力配置结构出现治理偏差或治理失败时,通过分权和集权的灵活转换实现纠偏。[①] 详言之,分权与集权的转化,取决于央地治理目标的具体分配。而治理目标的分配要根据"事务性质的差异,以及中央与地方权力性质的不同"来确定,[②]通常以"中央管大事、地方管小事"或"中央决策地方执行"进行治理目标分配和治理任务安排。[③]

因此,"中央决策地方执行"是我国央地政府权力配置结构的一般原则。在PPP模式中,我国中央政府负责PPP的决策与监督,而地方政府负责PPP的执行,同时其权力配置伴随治理需求和治理目标的变化而变化,即地方政府的执行权受限程度随着PPP政策目标的变化而变化。引起PPP政策目标变化的因素非常繁复,因此其变动性具有不确定性,这在一定程度上导致中央政府在选择集权程度和分权程度时亦具有不确定性,它并不利于地方政府与私人部门之间的合作关系。因此,如何确保PPP政策目标变化的适当性和可预见性至关重要,除提高中央政府自身的政策水平外,更重要的是确保PPP政策目标变化所引起的央地权力结构变化要符合央地政府职能划分的客观规律。因为职能划分是基于不同政府部门的客观优势而形成的,如地方政府因具有信息优势而享有执行权,而中央政府因具有权力优势而享有决策权等。如果PPP政策趋严,中央政府就采取集权方式,相当于中央政府限制了地方政府的执行职能,反之,则是地方政府削弱了中央政府的决策职能,均不符合职能分配的客观规律。

符合职能划分规律的权力配置,才能使权力被正确行使。"权力行使的正确性"也是功能主义进路的权力配置原则,其要点在于"功能—机关"的明确勾连,不再拘泥于权力的"分""合"问题,它包括"以机关结构决定职权归属"和"因应职权需要调整机关结构"两方面的含义。[④] 这两方面含义在英国执行局化制度改革中的体现最为明显。英国政府执行机构设立需要符合一定程序和标准,通常那些服务目标不明确、服务对象群体不清楚、执法法规亦不健全的部门,如人事部门、财政

---

① 参见臧雷振、张一凡:《理解中国治理机制变迁:基于中央与地方关系的学理再诠释》,载《社会科学》2019年第4期。

② 参见宣晓伟:《治理现代化视角下的中国中央和地方关系——从泛化治理到分化治理》,载《管理世界》2018年第11期。

③ 参见王浦劬:《中央与地方事权划分的国别经验及其启示——基于六个国家经验的分析》,载《政治学研究》2016年第5期。

④ "以机关结构决定职权归属"意味着当某国家职能要分配时,要分析哪个机关在组织、结构、程序、人员上具有优势,以将这一国家任务与权限分配给功能最适的机关(最有可能做出正确决定的机关);"因应职权需要调整组织结构"意味着如果宪法将某个国家职能分配给某个机关,那么这个机关就应在组织、结构、程序、人员上不断演进,以符合履行此项职能的功能要求,使自己成为完成此项职权的功能最适机关。参见张翔:《我国国家权力配置原则的功能主义解释》,载《中外法学》2018年第2期。

部门、税收部门等，并不适宜采用决策与执行分开的管理模式。① 这类机关通过主要负责决策职能，而适宜采取执行局化制度的机关则负责执行职能，而且为了适应执行职能的履行需要将原有的机关结构分离为决策部门与执行部门。“英国执行局化改革后，其行政组织呈现了多样化的趋势。既有部—政策核心司—执行局的模式，也有只有政策核心司，而不设立执行机构的模式。因此，实际的执行局化改革充分照顾到了各部门的具体特点，并没有搞一刀切。”②我国 PPP 的决策部门即财政部门、发改部门并不适宜在其组织内部设立执行局的管理方式，即不应将 PPP 执行职能保留于财政部门与发改部门内部。地方政府在 PPP 项目执行职能方面，其组织、结构、程序、人员上均具有功能优势，即调动 PPP 项目执行所需的人财物等资源以及程序方面具有效率优势，符合 PPP 项目执行职能的特质，也符合权力行使正确性的权力配置原则。

公私合作制度所强调的政府内部权力配置结构，除地方政府掌握行政执行权、中央政府（部委）享有行政决策权外，还需解决行政监督权的配置问题。一方面，它是监督 PPP 项目运营的重要权力；另一方面，它也是平衡政府行政执行权与政府行政决策权关系的重要权力。地方政府作为 PPP 项目的执行者，并不具有行使 PPP 项目监督权的合理性，会陷入“既是裁判员又是运动员”的身份陷阱。因此，PPP 项目的行政监督权应当配置给中央政府。但其问题在于应当将行政监督权合并授予财政部门或发改部门，还是独立成立 PPP 项目监管机构。这本质上还是取决于监督职能与决策职能相融合是否符合职能划分规律的问题。

在我国现有国务院机构改革中，既有独立行使监督职能的部委，如银保监会，也有专门行使决策职能的部委，如财政部，还有兼具决策职能和监督职能的各类行业主管部门。这种划分方式与我国“部门行政体制”即以部门定职能有关。现有大部制改革则在此基础上又引入了行政过程的职能划分标准。有学者就将“行政三分”的划分标准称为功能（过程）分离主义，而将“部门行政体制”称为部门分离主义。③ 从职能角度看，公私合作制度本身就是一个从行政过程角度出发的职能再配置过程，由中央政府向地方政府让渡部分职能，自己保留部分职能，再由地方政

---

① 英国政府执行局设立的审查程序包括：（1）主管部门部长确认，所讨论的单位是否可以撤销或者实行私有化；（2）如果政府介入确有必要，那么这一服务是否可以通过合同出租的方式转给私营组织去完成；其标准包括：（1）这一单位是否提供一种可以明确确认的服务（即它所提供的服务是否具有独立性，可以与其他单位提供的服务明确区分开来；（2）这一单位是否足够规模，可以具有独立执行机构的身份；（3）所涉及的政策的制定和执行是否可以分开等。参见周志忍：《当代国外行政改革比较研究》，国家行政学院出版社 1999 年版，第 99 页。

② 参见柯陆萍：《英国执行局化改革对深圳行政三分制改革的启示》，载《江西行政学院学报》2004 年第 1 期。

③ 参见刘圣中：《决策与执行的分合限度：行政三分制分析》，载《中国行政管理》2003 年第 6 期。

府向私人部门让渡部分职能,自己保留部分职能。它遵循的是商业流程管理方法,不同流程交由具备不同优势能力的人负责,大家各司其职。功能分离主义的职能划分方式更适宜公私合作制度,应当将监督职能和行政监督权配置给专门的中央监督机构行使。

(二)中央政府PPP权力部门化问题的消解

我国PPP模式中的政府权力配置结构上存在一些部门化现象,财政部与发改委分工配合区隔了我国不同类型PPP项目的管理,而地方政府基于自身治理压力和利益诉求,通常采取变通执行PPP政策的方式。

首先,是形成专业统一的中央PPP决策部门。我国PPP模式双重主管部门体制,对社会主体而言,参与不同的PPP项目需要遵循不同主管部门的法规政策,而不同类型PPP项目的差异主要是形式上非实质上的,人为增加了非政府主体参与PPP项目的难度。就地方政府而言,无论是"游说"两部委,还是传递制度创新信息,都需要针对不同部门作出调适,同样增加了向上协调的难度。就中央政府而言,其治理目标被两部委的部门目标所替换。就整体的公私合作制度而言,是多元合作治理的制度障碍。鉴于PPP项目本身的财政和投资属性,以及财政部和发改委的部门历史,可采取过渡性的操作方式,即成立PPP联合决策或立法机制,以发改委和财政部为主导,联合行业主管部门,实现中央政府层面立法资源的融合。PPP联合决策机制的优势还在于让两部委的职能专注于决策职能,可对其干预施加程序约束,如必须通过联合决策机制形成共识文件才能进行干预。需要强调的是,公私合作制度对政府内部权力变革的要求,不仅包括权力配置结构,还包括权力运作方式,新的权力运作方式也能起到对新权力配置结构的强化作用,如英国执行局化制度改革中的绩效合同权力运作方式,两部委可通过绩效合同方式框定地方政府在PPP项目方面的行政执行权范围,这样能够避免两部委以行政命令方式任意变更地方政府权限,在一定程度上消解了中央部委不当权力行为扩大地方政府机会主义行为倾向的问题。

其次,是设置专业独立的PPP监管部门。监管职能与监管部门的相对独立已是共识。在PPP模式中,独立监管部门和监管职能的存在,是因为需要在地方政府与私人部门之外寻找一个权威中立的政府机关代表公民对PPP项目运营实施监管。PPP的监管职能不能赋予作为项目执行者的地方政府是理所应当的,同时因决策与执行的关联性,也不能赋予决策部门,否则也容易出现监管俘获问题。独立的PPP项目监管机构除居于中立地位以保护公民利益的最终目的外,还能起到缓解中央政府PPP权力部门化问题的作用。如果将监督职能纳入两部委的职能范围,那么处于PPP项目两端的地方政府和私人部门均会产生"游说"决策部门的强烈动机。因为在决策部门制定决策过程中,地方政府与私人部门所处的产业组织均有机会与决策部门发生利益关联,如决策咨询、决策调研等。参与 PPP 项目的私人部门及其所属的行业组织并非中小企业,是具有较强经济实力的市场主体,其“游说”能力不弱于地方政府,容易形成“游说”竞争,会加剧两部委争夺权力的动机。独立监管机构的成立,专司监督职能,公私主体“游说”动机和“游说”成功可能性会大大降低,因为相较两部委,地方政府和私人部门及其所属产业组织,与监管机构的关联性较弱。而关于中央政府层面 PPP 项目监管机构的具体设置,可参考银保监会,国务院直属事业单位或国务院直属部门,以与财政部、发改委以及其他行业主管部门相独立。

最后,是完善 PPP 决策部门与 PPP 监管部门间的协调机制。“决策权、执行权、监督权既相互制约又相互协调”是我国大部制改革的基本要求。它强调政府权力按照行政过程划分为决策权、执行权、监督权,但任何权力的划分均存在限度,因此它还强调三种权力间保持适当的协调。相互协调的要求也是避免出现权力专制,即决策部门、执行部门和监督部门基于自身权力的专业性和独立性形成权力垄断。就我国中央政府 PPP 权力的配置而言,监督职能分离于财政部、发改委是消解权力部门化的方式之一,PPP 项目监管机构与财政部、发改委等决策部门保持协调,同样是消解权力部门的方式之一,这就是在分权制衡原则基础上发展而来的分权协调(合作)原则。此外,就 PPP 模式本身发展而言,它强调 PPP 产业政策与 PPP 监管政策的协调,这必然对决策部门与监管部门的协调机制提出要求。而关于协调机制的设计,可采取联合协商方式,与财政部、发改委等决策部门的联合决策或立法机制相结合,因为监管法规、规章的制定也属于决策部门的政策制定权,而且两部门的协调内容主要表现在监管政策法规上,因此,监管部门可借助联合决策或立法机制与决策部门进行协调。

三、地方政府创新:我国 PPP 模式政府权力运作方式多样化的基础

地方政府是我国制度创新的实际主导者。在公私合作模式中,地方政府是项目合作者,凭借其信息优势和权力优势,可承担起公私合作制度创新主导者角色。因此,在央地政府的权力配置结构中应赋予地方政府充分的制度供给权。结合我国公私合作制度尚待完善等客观现实,地方政府制度创新的重心是公共权力运作方式的发展,因为它是政府与非政府主体突破非对等权力依赖关系以真正实现多元合作的前提性制度条件。但地方政府的制度创新行为具有非理性。财政分权和政治集中为核心的新型中央—地方的制度供给保障了地方政府进行制度创新的空间,[①]但财政分权也为地方政府带来独立利益,进而产生“行为悖论”。因此,本书

① 参见朱浩:《财政分权、政府治理与中国经济增长》,重庆大学 2014 年博士学位论文,第 42 页。

将结合我国地方政府制度创新的行为逻辑,探讨推广公私合作模式过程中地方政府制度创新角色、制度创新内容,以及对制度创新行为的规范。

(一)我国公私合作制度创新中地方政府的意愿、能力及角色

首先,我国地方政府在公私合作制度创新中的意愿。公共服务供给能力已经成为判断地方政府竞争实力的基本指标。① 但在公共服务的投入上地方政府受到地方税收能力的制约,如何整合各方资源以拉动基础设施建设成为地方政府执政的重中之重。PPP 模式作为一种既能在短期内整合市场资源又能在长期内持续供应公共服务的治理工具,是地方政府实现执政目标的最佳手段。即使在 2017 年之后,我国地方政府仍然对 PPP 模式颇为青睐。根据财政部《全国 PPP 综合信息平台管理库项目 2021 年半年报》,“PPP 市场规模稳中有增,签约落地项目投资大幅增长,开工建设项目投资显著增长。签约落地项目 331 个、投资额 7006 亿元,同比增加 2696 亿元、增长 62.6%。开工建设项目 244 个、投资额 3795 亿元,同比增加 736 亿元、增长 24.0%。”②可见,我国地方政府具有强烈的公私合作制度创新的意愿,这种意愿既有来自内部自发的选择,也有来自外部竞争的压力。

其次,我国地方政府的制度创新能力主要受两个方面的因素影响:一方面,是从计划经济体制转向社会主义市场经济体制,宪法秩序发生了变化,中央政府逐渐赋予地方政府自治权,这构成了地方政府制度创新的法律基础,即地方政府拥有了制度创新的资源;另一方面,是地方政府由于贴近地方和社会,具有信息优势即制度创新的信息资源,从而降低了制度创新的成本。因此,具备双重创新资源的地方政府在公私合作制度创新中也具有明显的能力优势。在 PPP 项目启动前,地方政府掌握辖区内社会公众的公共服务需求、公共服务供给方式选择、PPP 项目可行性、物有所值评价以及财政承受能力评估等信息,有助于形成合理的 PPP 项目规划方案,并为 PPP 项目选择合适的私人部门。在 PPP 项目执行过程中,地方政府是私人部门的合作者,能够掌握较为充分的 PPP 项目运营信息。相较而言,地方政府所掌握的信息不一定最真实但肯定最全面,不仅包含 PPP 项目运营信息还包含 PPP 政策信息,因此,它可以协助私人部门进行制度创新,也可以识别私人部门制度创新的优劣。地方政府的创新经验和权力资源还能弥补市场主体的缺陷。地方政府

---

① 蒂布特(Tiebout)提出了地方政府公共服务供给能力与地方政府竞争关系的模型,即“当居民不满意这一地方政府提供的公共物品的质量和数量时,居民就可以采取‘用脚投票’的方式,离开这一区域而选择公共产品的质量和数量符合其偏好的区域来居住。这样做的直接结果是,每一区域的居民可以通过自由流动而对本地区的公共产品达到满意,从而达到了帕累托最优状态。”See Tiebout, *A Pure Theory of Local Expenditures*, Journal of Political Economy, Vol. 64, No. 5 (Oct., 1956), p.418.

② 财政部:《全国 PPP 综合信息平台管理库项目 2021 年半年报》,载财政部政府与社会资本合作中心,https://www.cpppc.org/jb/1000863.jhtml。

创新经验是地方政府基于市场机制不完善而代行企业部分制度创新功能的产物，[①]目前，我国市场主体在公共服务供给领域的创新能力较弱，而且风险承受能力也较差。因此，在公私合作制度中，虽然地方政府在未来很长时期内仍然是制度创新主导者，但私人部门制度创新能力的释放是重心。

最后，关于地方政府在公私合作制度创新中的角色界定。公私合作制度创新主要是公私合作法律制度创新，因此，制度创新角色界定意味着制度供给权的分配。地方政府角色的界定，向上是与中央政府的制度供给权分配问题，向下是与私人部门等非政府主体的制度供给权分配问题。诺斯将政府、团体和个人区分为制度创新"初级行动集团"（或"第一行动集团"）和"次级行动集团"（或"第二行动集团"），在这些制度创新的不同主体中，代表国家的政府处于界定和行使产权的地位，因为"国家具有使其内部结构有序化的相应规则，并具有实施规则和与其他国家竞争的强制力"，另外，政府的制度创新"没有搭便车问题"。[②] 因此，在社会所有制度安排中，我国制度创新的主导者是政府。[③] 更准确地说，在我国制度创新中，地方政府因其信息优势扮演着关键行动者的角色，在大多数情况下起"第一行动集团"的作用，即制度创新主导者和践行者。但在公私合作模式中，充分发挥社会主体力量才能体现物有所值，地方政府应向私人部门、第三方机构等非政府主体让渡制度供给权，充分调动后者的制度创新能力，此时地方政府扮演的又是公私合作制度创新的合作者、担保者，而非实际践行者。

（二）我国地方政府公私合作制度创新的核心内容

正如上文所述，中央政府、地方政府、私人部门的创新角色决定了公私合作制度供给权在三者间的具体分配。作为公私合作制度创新确认者，"中央要从一个具体规则和立法模式的设计者逐渐转变为基础规则和进化环境的创造者"，[④]因此中央政府及其部委行使 PPP 行政法规、规章制定权，是关于我国公私合作基础性法律制度的创新；地方政府作为公私合作制度创新的实施者行使 PPP 配套制度供给权，负责公私合作基础性法律制度的细化设计和辅助性法律制度的创造；私人部门作为公私合作制度创新的合作践行者，与项目实施机构在 PPP 项目执行的过程中设置各类运行机制和程序。三种主体之间，从微观到宏观，不断进行着创新活动的产

---

① 参见陈天祥：《中国地方政府与制度创新》，载《中山大学学报（社会科学版）》2000 年第 6 期。

② 参见［美］道格拉斯·C. 诺斯：《经济史中的结构与变迁》，陈郁、罗华平等译，上海三联书店、上海人民出版社 1994 年版，第 32、106 页。

③ 参见林毅夫：《关于制度变迁的经济学理论：诱致性变迁与强制性变迁》，载［美］R. 科斯、A. 阿尔钦、D. 诺斯等：《财产权利与制度变迁——产权学派与新制度学派译文集》，刘守英译，上海三联书店、上海人民出版社 1994 年版，第 374 ~ 384 页。

④ 参见周尚君、郭晓雨：《制度竞争视角下的地方立法权扩容》，载《法学》2015 年第 11 期。

出、总结与确认,并最终形成具有普适性的公私合作法律制度。

地方政府及其项目实施机构与私人部门作为公私合作制度创新的践行者,其创新的核心内容是公共权力运作方式的多样化。公私合作制度本身具有兼顾公共服务供给的效率性和民主性的功能,它在政府公共治理领域的引入是为了提升现代政府行政的回应能力,故对现代政府行政模式提出了公共权力社会化的要求,包括政府内部权力配置结构和权力运作方式的革新,还包括政府与非政府主体权力配置结构和权力互动方式的革新。政府再造运动对内部权力配置结构进行了一定程度的改革,赋予地方政府较过去更为自主的行政执行权,但政府内部权力运作方式仍然保留着行政命令方式,在一定程度上限制了地方政府多样化行政任务履行方式的创新能力,也限制了公私主体合作的空间。管理主义对政府行政任务执行方式的变革是富有效率的,其最成功的变革是在公共任务领域引入了契约。

在公私合作制度中,公共权力运作的基本方式就是契约,在契约中政府不同部门间的关系不再是传统的上下级关系,公私主体间的关系也不再是对抗关系,而是合作(协作)关系。包含合作理念的权力互动关系,其优势在于,政府部门之间,如我国财政部和地方政府之间,可以就 PPP 模式具体推广中双方的责任、角色、权力边界作出约定,最大限度地减少行政命令式的随意干预,同时可以通过契约约定实现协调;地方政府(项目实施机构)与私人部门、第三方机构之间,也可以就 PPP 项目具体运营中双方的权利义务作出约定,最大限度地减少政府方行政自由裁量权的随意性,以及行政优益特权的过度主张,也可以通过契约约定的再调整机制、再谈判机制进行多方协调或争议处置等。因此,关于公共权力的契约运作方式,地方政府制度创新重点主要包括以下几个方面:

第一,设计契约式权力运作方式适用的情形、程序、后果及争议处置。相较传统行政权力方式,地方政府在作出具体或抽象行政行为时均具有法定的情形、程序、法律后果及争议处置,这些基本范畴的存在有助于规范政府权力的行使。同理,契约式权力运作方式也应遵循控权原则,只不过其控权方式并非消极的权力限制方式,而是通过对地方政府选择以契约行使履行行政任务的过程进行程序性的规范。其基本方式是,将上述规范共同施加于公私主体,借助私人部门与地方政府的协商博弈过程细化行政任务履行的实体内容。因此,需要为地方政府以契约履行行政任务的新型行政行为方式提供相应的法律规范,包括行政法和契约法规范。

第二,更新公私主体的契约权力(利)义务观念。在公私合作合同中,私人部门的义务呈现社会性和公共性特质,而政府的职责或义务呈现私法性和约定性特质。在民事合同中,私主体只承担与其私权利相适应的私法义务,私主体的财产权不受公法义务的约束。现代财产权的非私法义务也仅限于权利正当行使的社会义务。但在公私合作契约中,私人部门以受让公共资源为对价承担公共服务供给责任,这是一种典型的公法义务,其要求私人部门以克减私益最大化的方式实现公共利益的增值,这与私法契约原则相违背。虽然关于公私合作契约的性质仍有争议,但公共服务生产与供给过程本质上就是一个物质生产过程,与私有财产权的配置过程并无实质差异,对私人部门而言主要是契约目的存有差异,前者为公共利益与私益共同增值,后者仅为私益增值,契约目的的不同何以导致私主体契约权利义务性质的不同。因此,对公私合作契约中私主体的公法义务或社会性义务,即公共利益保障义务的理解需要新的理论。同理,对于地方政府在公私合作契约中正当行使行政优益权时的财务补偿原则的理解也需要新的理论。这种公私主体权益平衡原则与私法领域的损益相当原则具有相似性,是效率与公平相妥协的结果,完全不同于传统权力关系中的权力优位原则。

第三,探讨契约式权力运作方式与传统权力运作方式之间关系。公私合作制度是现代政府履行公共服务供给责任的一种方式,是与传统政府以权力方式供给不同的方式。两种方式有其各自的特点,均是政府可备选的权力运作方式。根据行政行为形式选择自由理论,只有"在合理正当的行政目的追求下,行政得就其行为形式作最适当、最合目的性的考量"。① 但"最适当、最合目的性"的考量不仅是对具体行政任务属性的判断,也是对不同权力运作方式对比结果的考量。因此,需要明确不同权力运作方式的选择规则、变更规则等,这些规则既要包含定性标准也要包含量化标准,如 PPP 模式的物有所值评价体系。这些均需要新行政法规范,如合作行政法提供相应调整规则。

第四,丰富公共权力运作过程中的契约类型。通过契约对公共服务提供者加以控制的观念已形成"契约文化",它并不必然限于绝对法律意义上的可在法院要求强制执行的契约,它包括"希望产生约束力"但却不符合——像很多行政规则一样——标准,不能获得正式法律认可的协定。但它用制定规则的方式起到组织和限制自由裁量权的作用,②在政府及其法律逐渐丧失回应能力时,以模拟市场的方式为政府权力的履行提供了新的方式,也提升了行政任务执行的效率。我国目前的行政权力运作可供选择的方式并不多,行政法理论上也未引入行政行为形式选择自由理论,地方政府在公私合作制度创新过程中有必要尝试不同契约类型的治理作用,这应是地方政府行政执行权的应有权限。

(三)我国地方政府公私合作制度创新行为的规范

制度创新是地方政府自治权的体现,对制度创新的规范,本质上是中央对地方

---

① 程修明:《行政法之行为与法律关系理论》,新学林出版股份有限公司 2005 年版,第 290 页。

② 参见[英]卡罗尔·哈洛、理查德·罗林斯:《法律与行政》(上卷),杨伟东等译,商务印书馆 2004 年版,第 278 ~279 页。

自治权行使的监督。从法学角度看,是对地方政府行政自由裁量权的约束。中央对地方的监督是一个在控制与放松之间不断寻求平衡的过程。监督的目的在于矫正地方政府自利性的制度创新行为,其主要手段是构建激励与约束相容机制。因而对公私合作制度创新的规范,是强调中央政府对地方政府在践行和丰富公私合作基础性制度以及发展和创新公私合作非基础性制度过程中的行为实施激励和约束。

1. 强化制度创新行为约束机制

第一,将制度创新纳入地方政府公共服务考核指标体系。制度是一种软性公共物品,它是优化公共物品供给结构的重要因素,在一定程度上显示一个地区公共物品的质量水平,诸如软性公共物品供给的数量和质量对民间组织和经济活力的影响。① 因此,首先,必须完善地方政府公共服务考核指标。但由于信息不对称和量化技术障碍,这种纵向问责机制在"塑造地方政府行为时天然地具有选择性特征",②容易出现地方政府履职的随意性和机会主义倾向。因而,必须完善公私合作制度的顶层设计,建立以公共服务供给结构优化导向的政府考核目标,形成制度创新实效评价、制度创新扩散等可量化的考核指标,减少地方政府"随意操作"或"变相规避"的空间。其次,增加干部管理和考核中的公共服务评价内容。地方政府考核不能等同于地方政府官员考核,地方政府作为一个机构整体与地方政府官员具有不同的行为目标和价值取向,由于地方政府自身不具有表达能力,其行为不可避免地受官员对政绩和福利最大化追求目标的影响,即地方政府决策层的集体素质决定了地方政府行为的合理性。为此,地方政府官员特别是主要官员的选拔任用必须与本地区公共服务供给质量挂钩,严防腐败、寻租和不作为等对公私合作制度健康发展的侵袭。最后,强化地方公共服务建设的信息管理。公共服务考核指标模糊虽然与公共服务项目(特别是制度性公共物品)分类、评价、考核的复杂性和不确定性有关,但更多的是由于上下级政府或部门之间信息不对称造成的,评价指标设置没有真实数据和信息支撑自然不会发挥应有作用。

第二,构建公私合作制度创新实效的评价体系。制度创新实效的评价,实际上是要求制度设计要为评价人(如上级政府、社会公众、第三方机构)提供量化的可能性,这就要求相关制度的具体实践是可观察的,并且形成相应的记录或痕迹。以 PPP 制度为例,PPP 项目物有所值评价制度要以项目运营能力的评估为核心内容。反对 PPP 制度的人认为它并不比传统模式(政府垄断供给模式)更有效率。③ 因而,PPP 模式

---

① 参见刘汉屏、刘锡田:《地方政府竞争:分权、公共物品与制度竞争》,载《改革》2003 年第 6 期。

② 郁建兴、高翔:《地方发展型政府的行为逻辑及制度基础》,载《中国社会科学》2012 年第 5 期。

③ See Bettignies, J-E de, & Ross, T. W., *The Economics of Public-Private Partnerships*, Canadian Public Policy, 2004, 30(2), p. 135.

与传统模式孰优孰劣必须具体分析。"物有所值"评价就是政府决策重要的辅助机制和分析工具。目前,许多国家和地区均颁布了完整细致的物有所值评估程序和评估指南。① 我国早期的 PPP 实践(1985 ~ 2012 年)主要强调 PPP 模式的融资功能,对是否采用 PPP 模式并没有形成明确的判断方法和成熟的前期决策机制②。目前各个国家和地区的物有所值评价仍以成本计算比较为主,忽略项目的长远负担能力和项目未来预期收益、项目带来的预期社会福利和外部性以及项目的不确定性等问题,③制度设计仍存在很大局限性。物有所值评价包括风险转移、服务水平、服务效率改进以及管理能力等多方面目标体系,价格或成本低不是它考量的唯一因素,即"报价最低的投标者并非都是合作方的最佳选择"。④ 在我国,政府部门在融资、税收、保险等方面存在更大优势,如果物有所值评价仅从价格成本考虑,公共服务项目则没有采取 PPP 模式的必要。因而,我国物有所值评价的核心内容应当围绕项目运营能力的考量而展开。而对项目运营能力的评估是困难的,这就需要地方政府创新项目运营能力评估制度以完善我国 PPP 项目的物有所值评价制度。

2. 完善制度创新行为激励机制

首先,地方政府有效制度创新行为有赖于央地利益的协调。如 PPP 制度异化为举债工具,关键原因是地方政府财政收入与公共服务支出的不匹配。我国财税体制改革实行全口径预算管理,全面取消地方政府的预算外收入,其实际上影响了地方政府预算内的各项支出能力,特别是财税收入较为薄弱的地区,在公共服务上的支出更加困难。因而,为避免地方政府变造 PPP 制度过度透支公共财政支出的合规途径,要理顺中央与地方在事权、财权上的关系,为地方保留一定的利益空间。国务院于 2016 年下发《关于全面推开营改增十点后调整中央与地方增值税收入划分过渡方案的通知》(国发〔2016〕26 号),将中央与地方的增值税分配比例由 75 : 25 调整为 50 : 50,同时,国务院根据公共服务的受益范围重新划分了中央与地方的财

---

① See Morallos D & Amekudzi A, *The State of the Practice of Value for Money Analysis in Comparing Public Private Partnerships to Traditional Procurements*, Public Works Management & Policy, 2008, 13(2), p. 114 – 125.

② 2014 年,财政部 76 号文首次提到"除传统的项目评估论证外,还要积极借鉴物有所值评价理念和方法";同年 12 月出台的《政府和社会资本合作模式操作指南》(财金〔2014〕113 号)中规定"财政部门会同行业主管部门,从定性和定量两方面开展物有所值评价工作,定量评价工作由各地根据实际情况开展";2015 年 12 月 28 日,财政部发布的《PPP 物有所值评价指引(试行)》(财金〔2015〕167 号),确定了我国 PPP 项目物有所值评价的实施细则。

③ 彭为、陈建国、Cui Qingbin、穆诗煜:《公私合作项目物有所值评估比较与分析》,载《软科学》2014 年第 5 期。

④ 陈婉玲:《公私合作制的源流、价值与政府责任》,载《上海财经大学学报(哲学社会科学版)》2014 年第 5 期。

政事权与支出责任,[1]其虽然在一定程度上增加了地方政府的财税收入,但仍需对税基小且公共服务供应能力不足的地区强化扶持力度,包括增加转移支付力度、放宽 PPP 项目财政支出红线以及增加专项债配额等。地方的自主性是 PPP 运行和制度创新的根本保障,中央层面刚性统筹则是防止地方逐利性对公共利益目的的侵袭的考量,协调处理地方政府 PPP 运行的自主性和中央政府统筹控制之间的关系事关 PPP 模式发展的效率。

其次,地方政府有效制度创新行为还有赖于社会力量的介入。吸收更多的社会资源是地方政府制度创新的重要动因,而赋予社会主体创新主体的话语权、参与权是吸引社会资源的重要方式。这意味着社会资源在很大程度上构成了地方政府实施理性制度创新行为的关键激励,这又反过来要求地方政府在创新(公私合作)制度上要充分保障社会主体的利益。仍然以 PPP 为例,合理的制度设计必然是在多元主体的利益平衡方面达到了均衡。陈婉玲、曹书(2017 年)从不同维度将 PPP 基本利益关系类型化为公私利益竞合关系、契约与非契约利益互补关系和多层次利益共生关系。[2] 因此,PPP 制度的顶层设计,特别是公私主体的责权利配置制度,要侧重于吸引私人部门,进而对地方政府的制度创新行为形成"良性循环"的激励,具体包括:(1)从公私权利(权力)强弱的角度进行制度约束和激励保障。具体包括建立政府部门在 PPP 项目中的权力清单制度,即政府绝对保留的权力范围,保障社会资本合理投资回报和经营自主权,建立 PPP 项目协商与再谈判机制。(2)从PPP 项目契约关系的不完全性特征入手,保持 PPP 契约关系的动态性和开放性,建立契约再谈判机制,实现契约条款的及时修改与补充,吸收非契约要素,合理配置剩余控制权。但鉴于公私双方谈判能力的差异,可以建立中立的专门委员会设计契约并辅助谈判。(3)从公私合作的核心利益入手,围绕项目公司双重目的(公共性与营利性)构建多层次的目标体系,然后进行目标分解并在不同层次的目标上寻求利益关系维系的平衡点。

---

① 参见国务院《关于推进中央与地方财政事权和支出责任划分改革的指导意见》(国发〔2016〕49号)。

② 以主体的逐利方向是否一致为标准,PPP 公私利益关系可以分为竞争关系与合作关系两类,简称为竞合关系;契约关系与非契约关系贯穿于 PPP 项目的始终,契约关系明确但不完整,非契约关系对契约难及之处予以控制,避免出现约束空白,由此形成 PPP 模式中的契约与非契约利益互补关系;以利益主体与 PPP 项目的关联性为分类标准,可以将 PPP 多层利益关系分为核心利益关系、一般利益关系和边缘利益关系。参见陈婉玲、曹书:《政府与社会资本合作(PPP)模式利益协调机制研究》,载《上海财经大学学报》2017 年第 2 期。